INSPIRIEREN / PLANEN / ENTDECKEN / ERLEBEN

CHILE
& OSTERINSEL

PERU
Arica
0 Kilometer
500
N
Iquique
BOLIVIEN
Calama
Filadelfia
PARAGUAY
Antofagasta
Norte Grande
und Norte Chico
Seiten 150–193
Salta
Asunción
Formosa
Copiapó
Santiago
del Estero
Corrientes
La Rioja
La Serena
San Juan
Córdoba
Santa Fe
Paraná
Río Cuarto
Rosario
Valparaíso
Santiago
Seiten 50–111
San Antonio
URUGUAY
Rancagua
Isla
Robinson
Crusoe
Buenos Aires
Valle Central
Seiten 114–149
ARGENTINIEN
Montevideo
Santa Rosa
Concepción
Mar del Plata
Temuco
Bahía Blanca
Neuquén
Seenregion
und Chiloé
Seiten 194–227
Puerto Montt
Castro
Chaitén
Rawson
Coyhaique
Comodoro Rivadavia
Nord-
patagonien
Seiten 228–247
Puerto Deseado
Atlantischer
Ozean
El Calafate
Südpatagonien
und Tierra del Fuego
Seiten 248–263
Punta Arenas
Puerto Williams

DK Vis-à-Vis

CHILE

& OSTERINSEL

INHALT

CHILE ENTDECKEN **6**

SANTIAGO ERLEBEN **50**

CHILE ERLEBEN **112**

REISE-INFOS **280**

Links: *Buntes Apartmenthaus in Valparaíso* (siehe S. 118–127)
Vorhergehende Seite: *Salzberge in der Atacama* (siehe S. 185)
Umschlag: *Panoramablick auf den Nationalpark Torres del Paine* (siehe S. 252–255)

CHILE
ENTDECKEN

WILLKOMMEN IN CHILE

Staubtrockene Wüsten und eisige Fjorde, tropische Strände und schneebedeckte Berge - Chiles Landschaften sind atemberaubend schön und beeindruckend vielfältig. Abwechslung bieten zudem seine spannenden Metropolen, verschlafenen Provinzstädte und einsamen Dörfer. Stellen Sie sich einfach Ihre ganz persönliche Traumreise zusammen!

1

2

3

4

1 *Ein moai an der Küste der Osterinsel*

2 *Neugieriger Pinguin auf der Isla Magdalena*

3 *Wanderer genießen den Blick auf den Glaciar Grey*

4 *Straßenszene in der Altstadt von Valparaíso*

Begrenzt von den Anden im Osten und dem Pazifik im Westen, erstreckt sich Chile wie ein schmaler Streifen mehr als 4200 Kilometer von Norden nach Süden – über eine fantastische Vielfalt von Landschaften, die unzählige Möglichkeiten zum Wandern, Raften, Tauchen und für viele andere Sportarten bieten. Hinzu kommen eine faszinierende Geschichte, historische Stätten, beeindruckende Architektur, fesselnde Museen und nicht zuletzt Seafood und Weine von Weltruf sowie großartige Kunst, Literatur und Musik.

Den Norden prägen Vulkane, Lagunen, Salzpfannen und Sanddünen in der Atacama-Wüste, in der Landesmitte erwarten Sie die pulsierende Hauptstadt Santiago, die lässige Hafenstadt Valparaíso und die Weingärten des Valle Central. Gut 3500 Kilometer jenseits der chilenischen Küste liegt die für ihre Schönheit und geheimnisvollen *Moai*-Figuren berühmte Osterinsel mitten im Pazifik. Im tiefen Süden sind die Nationalparks in Patagonien das Traumziel für alle, die die Natur am liebsten zu Fuß erkunden.

Wo fängt man am besten an? Die Möglichkeiten sind schier überwältigend. Um Ihnen die Planung zu erleichtern, stellen wir Chile in einzelnen Kapiteln samt genau beschriebenen Touren und Expertentipps vor, zur Orientierung vor Ort dienen detaillierte Karten. Ob für ein paar Wochen oder eine lange Reise: Viel Spaß in Chile!

LIEBENSWERTES CHILE

Im Osten die mächtigen Anden, im Westen der tiefblaue Pazifik und weit draußen die faszinierende Osterinsel. Im Norden die Milchstraße über dem Himmel der Atacama-Wüste, im Süden die Gletscher Patagoniens. Dazu Abenteuer in grandiosen Naturlandschaften, spannende Kultur und ausgelassene Partystimmung in den beiden pulsierenden Städten Santiago und Valparaíso. Es gibt unzählige Gründe, Chile zu lieben. Einige unserer Lieblinge stellen wir an dieser Stelle vor.

1 Patagoniens unendliche Weite

Patagonien ist das Land endloser Ebenen, eisiger Fjorde, mächtiger Gletscher und lautstarker Pinguine – und der Überlandstraße Carretera Austral *(siehe S. 245)*.

Lebenskunst in Valparaíso *2*

In einmaliger Hanglage am Pazifik fasziniert »Valpo« mit schöner Architektur, lässiger Lebensart und exzellenten Restaurants, Lokalen, Bars und Clubs *(siehe S. 118–127)*.

3 Rafting-Mekka Futaleufú

Auf kaum einem anderen Fluss in Südamerika kann man so gut raften wie auf dem »Futa«: Hier rauscht man durch mehr als 40 Stromschnellen der Klassen IV–V *(siehe S. 234f)*.

Blick ins unendliche All 4

Der Himmel über Nordchile ist einmalig. Am besten sieht man die Sterne in San Pedro de Atacama *(siehe S. 158–161)* und dem Valle del Elqui *(siehe S. 172–175)*.

Weit draußen – die Osterinsel 5

Die Osterinsel – die Einheimischen nennen sie Rapa Nui – gehört zu den abgelegensten besiedelten Orten der Welt. Hier faszinieren polynesische Kultur und rätselhafte *Moai*-Figuren *(siehe S. 264–277)*.

Heiße Quellen in der Seenregion 6

Nach einem erlebnisreichen Tag mit Wandern, Raften oder Kajakfahren rund um die Outdoor-Metropole Pucón *(siehe S. 214f)* bieten die heißen Quellen der Region Entspannung pur.

Vielfältige Landschaften 7

Von den Salzpfannen und Geysiren der Atacama *(siehe S. 37)* bis zu den Gletschern der Tierra del Fuego *(siehe S. 263)* besitzt Chile eine große landschaftliche Vielfalt.

Rastlose Metropole Santiago 8

Chiles Hauptstadt bietet herausragende Museen und eine beneidenswerte Gastroszene sowie gleich in der Nähe exzellente Skigebiete *(siehe S. 50–111)*.

9 Holzkirchen auf den Chiloé-Inseln

Auf den Inseln des Chiloé-Archipels *(siehe S. 220–227)* stehen mehr als 150 Holzkirchen und -kapellen aus dem 19. Jahrhundert – die 16 schönsten gehören zum UNESCO-Welterbe.

10 Surfer-Hotspot Pichilemu

An der Küste des Valle Central ist Pichilemu *(siehe S. 142)* Chiles Spitzenadresse für Surfer aller Leistungsklassen, von Anfängern bis zu Könnern und Profis.

Weingüter im Valle Central 11

Chilenischer Wein genießt weltweit einen guten Ruf. Viele Weingüter im Valle Central *(siehe S. 114–149)* organisieren Verkostungen und Führungen in traumhafter Landschaft.

Parque Nacional Torres del Paine 12

Der Torres del Paine ist Chiles berühmtester Nationalpark und ein Top-Ziel für Trekker, die auf herrlichen Routen wie dem Sendero W die Bergwelt entdecken *(siehe S. 252–255)*.

CHILE
AUF DER KARTE

Für diesen Reiseführer wurde Chile in sieben Regionen gegliedert: Santiago, Valle Central, Norte Grande und Norte Chico, Seenregion und Chiloé, Nordpatagonien, Südpatagonien und Tierra del Fuego sowie Osterinsel und Isla Robinson Crusoe. Jede Region hat eine eigene Farbe, in der sie auf der Karte eingezeichnet ist.

Südamerika

PERU
0 Kilometer 500
N
Arica
Iquique
BOLIVIEN
Calama
Filadelfia
PARAGUAY
Antofagasta
Norte Grande
und Norte Chico
Seiten 150–193
Salta
Asunción
Formosa
Santiago
del Estero
Corrientes
Copiapó
La Rioja
La Serena
Córdoba
San Juan
Santa Fe
Paraná
Río Cuarto
Valparaíso
Santiago
Seiten 50–111
Rosario
San Antonio
URUGUAY
Rancagua
Isla
Robinson
Crusoe
Buenos Aires
Valle Central
Seiten 114–149
ARGENTINIEN
Montevideo
Santa Rosa
Concepción
Mar del Plata
Temuco
Bahía Blanca
Neuquén
Seenregion
und Chiloé
Seiten 194–227
Puerto Montt
Castro
Chaitén
Rawson
Coyhaique
Comodoro Rivadavia
Nord-
patagonien
Seiten 228–247
Puerto Deseado
Atlantischer
Ozean
El Calafate
Südpatagonien
und Tierra del Fuego
Seiten 248–263
Punta Arenas
Puerto Williams

DIE REGIONEN CHILES

Schon beim Blick auf die Karte zeigt sich Chile als eine Besonderheit: ein schmaler Streifen Land, eingekeilt zwischen dem Pazifischen Ozean und den Anden, der sich von der staubtrockenen Atacama-Wüste über die Weingärten im fruchtbaren Valle Central bis Patagonien Tausende Kilometer von Norden nach Süden erstreckt - fast über ein Drittel der Länge Südamerikas. Zwischen dem 17. und 56. südlichen Breitengrad zieht sich Chile über eine ganze Reihe von Klimazonen und wartet mit spektakulären Landschaften auf.

Seiten 50–111

Santiago

Chiles Hauptstadt ist ziemlich modern und ziemlich beeindruckend. Im Osten stößt die pulsierende Metropole an die schneebedeckten Anden, und von den Wolkenkratzern im Finanzviertel ist es nicht weit zu bewaldeten Bergen. Die Hauptstädter strömen mit Vorliebe in die quirlige alte koloniale Innenstadt, um dort zu shoppen und zu einem Gläschen Wein an einem der Boulevards einzukehren. Santiago ist berühmt für seine großartigen Museen – und für seine spannende Gastroszene, die mittlerweile auch lang vergessene indigene Genüsse integriert.

Entdecken
Museen, Kultur, Gastroszene, Küche

Sehenswert
Museo Chileno de Arte Precolombino, Parque Quinta Normal, Parque Metropolitano de Santiago

Genießen
Feine Küche in einigen der besten Restaurants Chiles

Seiten 114–149

Valle Central

An der Pazifikküste des Valle Central brechen die Wellen an sonnigen weißen Sandstränden. Hier liegt Chiles lässige Kulturmetropole Valparaíso, in deren Straßen berühmte Künstler ein Freiluftmuseum mit bunten Wandbildern gestaltet haben, ein Nobelpreisträger für Literatur lebte und über 100 Jahre alte klapprige Standseilbahnen an steilen Hängen fahren. Im Landesinneren liegen in den fruchtbaren Ebenen staubige Städte aus der Kolonialzeit, dort lässt man sich auf Weingütern roten Carménère und Cabernet Sauvignon schmecken. Im Osten versprechen die Schneegipfel der Anden Pistenglück für Skifans.

Entdecken
Historische Städte, Weinproben, Skifahren

Sehenswert
Valparaíso, Casa Museo Isla Negra, Weingüter im Valle de Colchagua

Genießen
Eine Fahrt in Valparaísos Standseilbahn

Seiten 150–193

Norte Grande und Norte Chico

In Chiles Norden fasziniert die Atacama-Wüste mit ihren zutiefst beeindruckenden Landschaften. Geysire und Seen mit Flamingos sprenkeln die Hochebenen, über denen nachts die Milchstraße den Himmel erleuchtet. An den Stränden von Iquique treffen sich die Surfer, um auf riesigen Wellen zu reiten. Weiter im Süden erzählt das an einer weiten, ruhigen Bucht gelegene La Serena aufregende Geschichten von Freibeutern und Piraten.

Entdecken
Grandiose Landschaften, Sternenhimmel, Strände

Sehenswert
San Pedro de Atacama, Parque Nacional Lauca, Iquique, La Serena, Valle del Elqui

Genießen
Sternegucken in der Atacama

→

Seiten 194 – 227

Seenregion und Chiloé

Die Seenregion ist Chiles Top-Ziel für Outdoor-Fans, die hier Araukarienwälder und riesige Alercen bestaunen, von Púcon aus hoch hinauf zu vergletscherten Vulkankratern trekken und in Thermalquellen relaxen können. Nur durch einen schmalen Kanal vom Festland getrennt liegt der schöne Chiloé-Archipel mit seinen verschlafenen Fischerdörfern, bunten Häusern und Holzkirchen. Und nicht zuletzt gibt es hier exzellentes Seafood, zubereitet nach uralten Rezepten.

Entdecken
Nationalparks, Sport, historische Kirchen

Sehenswert
Parque Nacional Conguillío, Parque Nacional Villarrica, Valdivia, Parque Nacional Vicente Pérez Rosales

Genießen
Curanto in Chiloé

Seiten 228 – 247

Nordpatagonien

Vom grünen gemäßigten Regenwald bis zu den ewigen Gletschern an den Küsten führt die Carretera Austral durch Nordpatagonien. Auf der vorwiegend unasphaltierten Piste erkunden Autofahrer und Wanderer das patagonische Hinterland. Unterwegs versprechen die Gischt sprühenden Stromschnellen des Río Futaleufú Raftern unvergleichlichen Wildwasserspaß, und in den Nationalparks erstrecken sich stürmische Steppen und kobaltblaue Seen. Nordpatagonien bietet einfach fantastische Landschaften.

Entdecken
Majestätische Andenlandschaften, unendliche Überlandstraßen, Wildwasser-Raften

Sehenswert
Parque Pumalín Douglas Tompkins, Futaleufú, Parque Nacional Queulat, Parque Nacional Laguna San Rafael

Genießen
Fahrt auf der Carretera Austral

Seiten 248 – 263

Südpatagonien und Tierra del Fuego

Dem Zauber der Torres del Paine, die als drei Granittürme hoch in die Wolken ragen, kann sich niemand entziehen. Mit dem Schiff fährt man tief in die Kanäle und unberührten Fjorde hinein, die sich an der Küste reihen, und entdeckt dort einige verborgene Naturschätze. Wanderer zieht es zu hohen Bergen und Gletschern, Tierfreunde freuen sich auf Guanakos und schnatternde Pinguine – und erspähen mit viel Glück sogar einen Puma.

Entdecken
Gletscher und Berge, Trekking-Touren, Wildtiere

Sehenswert
Parque Nacional Torres del Paine, Punta Arenas, Puerto Williams

Genießen
Eine Schifffahrt im eindrucksvollen Beagle-Kanal

Seiten 264 – 279

Osterinsel und Isla Robinson Crusoe

Auf der über 3500 Kilometer von Festland-Chile entfernten Osterinsel starren die berühmten Steinfiguren *moai* seit Jahrhunderten stoisch zum Pazifik. Zum modernen Rapa Nui gehören mitreißende Tanzrhythmen in Hanga Roa und mörderische Sportwettbewerbe. Näher beim Festland liegt die Isla Robinson Crusoe im Archipiélago de Juan Fernández, wo ein UNESCO-Biosphärenreservat endemische Arten schützt.

Entdecken
Historische Stätten, indigene Kultur, Tauchgründe

Sehenswert
Ahu Tongariki, Rano Raraku, Ranu Kau und Orongo

Genießen
Das Tanz-/Musikfestival Tapati Rapa Nui

←

1 *Blick über die Wüstenlandschaft des Valle de la Luna*

2 *Zeremonialstätte Ahu Tahai im Licht der Abendsonne*

3 Marisquerías *im Mercado Central, Santiago*

4 *Bad in einer Thermalquelle, Termas de Puritama*

Wandern in einer der trockensten Wüsten der Welt, zu den Gletschern Patagoniens oder durch lebensprühende Städte - Chile ist unglaublich vielfältig. Wir haben für Sie Routen zusammengestellt, auf denen Sie in kurzer Zeit möglichst viel sehen und erleben können.

2 WOCHEN

Rundfahrt in Chile

Tag 1

In San Pedro de Atacama starten Sie mit einer geführten Tour zum Salar de Atacama *(siehe S. 185)*, einer riesigen gleißenden Salzpfanne mit beeindruckenden Seen, wie der von Flamingos bevölkerten Laguna Chaxa. Der Ausflug kann mit anderen Sehenswürdigkeiten kombiniert werden, wie den schönen *lagunas* Miscanti, Miñeques und Lejía und den malerischen Dörfern Toconao, Peine und Socaire *(siehe S. 185)*. Abends essen Sie im Café Adobe *(siehe S. 159)*.

Tag 2

Schon früh führt Sie ein organisierter Tagesausflug rund um San Pedro de Atacama. Erste Station ist das höchste Geothermalgebiet der Erde, die Géiseres del Tatio *(siehe S. 184f)*. In der Regel kann man in einer Thermalquelle baden, z. B. in den Termas de Puritama *(siehe S. 183)*. Zum Programm gehören auch die Oasendörfer Caspana und Chiu Chiu sowie die Prä-Inka-Stätte Pukará de Lasana *(siehe S. 182f)*. Wieder zurück in San Pedro de Atacama, essen Sie im Tierra Todo Natural *(siehe S. 159)* und lassen den Abend im Chelacabur *(siehe S. 161)* ausklingen.

Tag 3

Vormittags nehmen Sie an einer Führung durch das riesige Radioteleskop-Observatorium ALMA *(siehe S. 160)* teil. Dann besichtigen Sie die Ruinen der Prä-Inka-Festung Pukará de Quitor *(siehe S. 160)* und bewundern den Sonnenuntergang über dem Valle de la Luna *(siehe S. 184)*. Nach dem frühen Abendessen in der Pizzeria El Charrúa (Tocopilla 442) geht's zum Sternegucken *(siehe S. 160)*.

Tag 4

Rund eine Stunde dauert die (Bus-)Fahrt von San Pedro de Atacama nach Calama. Dort fliegen Sie weiter nach Santiago, wo Sie im Stadtzentrum bummeln und das herausragende Museo Chileno de Arte Precolombino *(siehe S. 66f)* besuchen. Abends gehen Sie in Lastarría *(siehe S. 79)* zum Essen und auf einen Drink ins Bocanáriz *(siehe S. 78)*.

Tag 5

Vormittags besuchen Sie das Museo de la Memoria y los Derechos Humanos *(siehe S. 90)*, das erschütternde Einblicke in die Pinochet-Diktatur bietet. Danach erholen Sie sich im Parque Quinta Normal *(siehe S. 88f)* und essen dann im Mercado Central *(siehe S. 81)* im Richard El Rey del Mariscal *(siehe S. 69)* oder einer anderen *marisquería* (Fischlokal) zu Mittag. Nachmittags fahren Sie mit der Standseilbahn auf den Cerro San Cristóbal *(siehe S. 102)* und genießen die Aussicht. Zum Abendessen locken viele Restaurants mit traditioneller Küche, eine gute Wahl ist das Boragó *(siehe S. 109)*.

1

2

3

Tag 6
Morgens starten Sie mit einem fünfstündigen Flug zur Osterinsel. Dort erkunden Sie Hanga Roa *(siehe S. 274)* und lernen im Museo Antropológico Sebastián Englert Geschichte und Kultur Rapa Nuis kennen. Danach genießen Sie den Sonnenuntergang an der Zeremonialstätte Ahu Tahai *(siehe S. 276)* und das Abendessen im Au Bout du Monde *(siehe S. 275)*.

Tag 7
Auf einer Führung nach Ahu Tongariki *(siehe S. 272f)* bewundern Sie den Sonnenaufgang über 15 monumentalen *moai*. Dann fahren Sie nach Rano Raraku *(siehe S. 268–271)*, wo die Figuren gemeißelt wurden. Nachmittags gehen Sie an der Playa Anakena *(siehe S. 276)* baden – dort sollen die ersten Siedler gelandet sein. Abends genießen Sie Drinks und Dinner im Te Moana *(siehe S. 275)*.

Tag 8
Heute wandern Sie hinauf zum spektakulären Vulkankrater Rano Kau *(siehe S. 274f)* und zu den Ruinen der Kultstätte Orongo, die eng mit dem Vogelmannkult verbunden ist. Abends besuchen Sie eine Kulturaufführung in Hanga Roa, oft gehört dazu ein traditioneller *curanto* (Fleisch, Fisch und Gemüse, auf heißen Steinen gegart).

Tag 9
Fliegen Sie zurück nach Santiago, wo Sie am späten Nachmittag im noblen Las Condes einen guten Cocktail und den Panoramablick in der schicken Dachbar des W-Hotels *(siehe S. 111)* genießen. Abends essen Sie im Liguria *(siehe S. 58)* oder einem anderen der vielen Restaurants im nahen Providencia.

Tag 10
Mit dem Auto oder Bus geht es in das Valle de Casablanca *(siehe S. 130)*, wo Sie in einem Weingut an einer Führung und Weinprobe teilnehmen und Mittag essen. Danach fahren Sie nach Valparaíso *(siehe S. 118–127)* und erkunden die stimmungsvollen *cerros* (Hügel) Concepción und Alegre. Dort spazieren Sie durch Pflastergassen vorbei an alten

1 *Restaurants in Santiagos Stadtteil Providencia am Abend* ↑

2 *Ein Wanderer blickt über den Krater Rano Kau auf der Osterinsel*

3 *Leuchtend bunte Street-Art von Aibar in Valparaíso*

4 *Die Granitgipfel Torres del Paine*

5 *Weingut im Valle de Casablanca*

6 *Wanderer im Valle del Francés*

Kirchen und Häusern im europäischen Stil, zu Aussichtspunkten und vielen Cafés und Lokalen. Abends essen Sie im El Peral *(siehe S. 121)* oder im Maralegre *(siehe S. 121)*, und danach gibt es ein *helado* (Eis) im Amor Porteño *(siehe S. 121)*.

Tag 11

Nach einem Bummel durch den alten Barrio Puerto bringt Sie der *ascensor* (Standseilbahn) zum Museo Marítimo Nacional *(siehe S. 119)*, das Chiles Geschichte präsentiert. Nach dem Mittagessen in der Bar La Playa *(siehe S. 120)* fahren Sie mit dem Bus »0« *(siehe S. 118)* zum einstigen Haus des Dichters Pablo Neruda, dem Museum La Sebastiana *(siehe S. 125)*, und bewundern die Street-Art im Museo a Cielo Abierto *(siehe S. 126)*. Nach dem Abendessen im Casa Altamira *(siehe S. 121)* genießen Sie in der Bar Liberty *(siehe S. 125)* Livemusik.

Tag 12

Von Santiago fliegen Sie nach Puerto Natales *(siehe S. 258f)*, wo Sie nachmittags gemütlich das Stadtzentrum erkunden. Im Museo Histórico Municipal lernen Sie die Stadtgeschichte kennen, danach gibt es im The Singular köstliches Seafood oder ein patagonisches Lammgericht *(siehe S. 257)*.

Tag 13

Schon früh starten Sie mit dem Auto, Bus oder auf einer organisierten Tour zum Parque Nacional Torres del Paine *(siehe S. 252–255)*. Dort verbringen Sie den Tag beim Wandern, z. B. zum Mirador las Torres *(siehe S. 254)*, der einen fantastischen Blick auf die Gipfel bietet. Die Nacht verbringen Sie auf einem Campingplatz, in einem *refugio* (Hütte mit Bettenlager) oder in einer Luxuslodge wie der Tierra Patagonia *(siehe S. 255)*.

Tag 14

Genießen Sie noch einmal die fantastische Landschaft Patagoniens, die Berge, Gletscher, Wasserfälle und Seen im Parque Nacional Torres del Paine. Zwei tolle Wanderungen führen zum Mirador Cuernos bzw. zum Mirador Ferrier *(siehe S. 254)*.

1

2

3

7 TAGE

in Südpatagonien

Tag 1

In Punta Arenas, der größten Stadt in Chiles tiefem Süden *(siehe S. 256f)*, beginnen Sie Ihre Tour an der Plaza Benjamín Muñoz Gamero und der Statue von Ferdinand Magellan. Danach bieten Ihnen der Palacio Sara Braun und das Museo Regional de Magallanes einen Eindruck von der Blütezeit der Stadt im späten 19. und frühen 20. Jahrhundert. Nach dem Mittagessen in einem Café im Zentrum lassen Sie sich von Chiles Seefahrtsgeschichte im Museo Naval y Marítimo faszinieren. Nach einem Spaziergang über den Cementerio Municipal Sara Braun essen Sie im Damiana Elena *(siehe S. 257)*.

Tag 2

Als Erstes unternehmen Sie einen organisierten Ausflug zur kleinen Isla Magdalena *(siehe S. 257)*. Auf der geschützten Insel nordöstlich von Punta Arenas leben 100 000 Magellan-Pinguine. Zurück in Punta Arenas, essen Sie im Zentrum zu Mittag. Danach geht es Richtung Süden nach Puerto Hambre (Hafen des Hungers; *siehe S. 256*), eine der ersten spanischen Siedlungen an der Magellanstraße. Abends genießen Sie einen Drink in der hübschen Taberna Club de la Unión *(siehe S. 257)*, die auch gute chilenische Küche serviert.

Tag 3

Am Morgen fahren Sie nach Puerto Natales *(siehe S. 258f)* und nach dem Mittagessen zur Cueva del Milodón *(siehe S. 258)*. In der großen Höhle nördlich von Puerto Natales wurden 1890 die Überreste eines Riesenfaultiers gefunden – die wiederum Bruce Chatwin zu seinem berühmten Reisebuch *In Patagonien* inspirierten. Besucher können die markante Höhle erkunden und die Exponate über Patagoniens Urtiere bestaunen. Abends essen Sie im Cangrejo Rojo *(siehe S. 257)*.

Tag 4

Weiter geht es zum beeindruckenden Parque Nacional Torres del Paine *(siehe S. 252–255)*, ein UNESCO-Biosphärenreservat und Paradies für Wanderer. Dort checken Sie im luxuriösen Explora Patagonia *(siehe S. 255)*

4

6

5

1 *Plaza Benjamín Muñoz Gamero in Punta Arenas* ↑

2 *Abendstimmung in Punta Arenas*

3 *Magellan-Pinguine*

4 *Blick von der Cueva del Milodón*

5 *Der blaue Glaciar Grey*

6 *Ausritt im Parque Nacional Torres del Paine*

ein, das exklusive Hotel bietet einen fantastischen Blick auf die Torres del Paine. Nach einem leichten Mittagessen im Restaurant des Hauses unternehmen Sie einen Ausritt in den Park. Hoch im Sattel entdecken Sie tiefblaue Seen und uralte Buchenwälder, erspähen Kondore, Guanakos und andere Wildtiere.

Tag 5

Stehen Sie früh auf und genießen Sie ein kräftiges Frühstück – Sie brauchen die Stärkung für die herrliche Tageswanderung, die Sie zum Fuß der Las Torres (»Die Türme«) genannten Granitnadeln führt. Die Route – eigentlich der erste Abschnitt des beliebten mehrtägigen Sendero W – mäandert durch eine abwechslungsreiche Landschaft mit Wiesen, Wäldern und Buschland zu türkisblauen Seen und steilen Bergen. An den Las Torres, die wie zackige Scherben in den Himmel ragen, nehmen Sie sich Zeit, um den einmaligen Blick zu genießen. Danach geht es zurück zum Hotel, wo Sie sich im Spa entspannen und erholen.

Tag 6

Heute steht der Lago Grey auf dem Programm – der traumhaft schöne See wird auf der Nordseite von einem mächtigen Gletscher begrenzt und auf der Ostseite von den markanten Gipfeln der Cordillera del Paine überragt. Am besten paddeln Sie über den schimmernden, von Eisbergen übersäten See mit einem Kajak. Geführte Touren organisiert der Anbieter Kayak en Patagonia (www.kayakenpatagonia.com). Auf Tagesausflügen erkunden Sie den See und den sich sanft schlängelnden Río Grey. Hungrig nach einem Tag in herrlicher Natur, genießen Sie im Cangrejo Rojo *(siehe S. 257)* wunderbares Seafood.

Tag 7

Vormittags fahren Sie zurück nach Puerto Natales, wo Sie den Rest des Tages durch die Stadt bummeln und im Museo Histórico Municipal *(siehe S. 258)* Puerto Natales' Piongeschichte kennenlernen. Nach dem Abendessen lassen Sie den Tag bei einem Drink in der Last Hope Destillery ausklingen.

Auf dem Wasser

Raften und Kajakfahren sind perfekt für die Erkundung der Flüsse, Kanäle, Seen und Fjorde in der Seenregion und Patagonien. Ein Top-Ziel zum Wildwasser-Raften ist der Río Futaleufú *(siehe S. 234f)*, nicht minder beeindruckend sind Kajaktouren über die Gewässer des Parque Nacional Laguna San Rafael *(siehe S. 238f)*, wo man zwischen Eisbergen zu Gletschern und Seelöwenkolonien paddelt.

←

Pause an einer der wenigen ruhigen Stellen des Río Futaleufú

CHILE FÜR OUTDOOR-FANS

Chile genießt ganz zu Recht einen hervorragenden Ruf als Land der großen Sportabenteuer. Spannende Angebote findet man überall, seien es fantastische Bootstouren oder Bergwanderungen, unter Wasser oder am Himmel.

Hoch in der Luft

An der trockenen Küste Nordchiles bietet die Stadt Iquique *(siehe S. 162–165)* für Paraglider die ideale Kombination aus Lage und Klima: Die Sonne scheint das ganze Jahr, es regnet selten, der Himmel ist meist wolkenlos, und die Luftströmung pfeift über den Pazifik. Und nicht zuletzt ist der Blick von oben – insbesondere von der riesigen Sanddüne Cerro Dragón *(siehe S. 162f)* – grandios. Ein beliebter Anbieter in Iquique ist Puro Vuelo (www.purovuelo.cl).

Entdeckertipp
Adrenalin City

Wo nisten sich Outdoor-Fans am besten ein? In Pucón *(siehe S. 214f)* in der Seenregion, Chiles Hauptstadt für Abenteuersportler. Das breite Angebot der dortigen Veranstalter reicht von Ausflügen über Fallschirmspringen bis Wildwasser-Rafting.

Sichere Landung in der Wüste bei Iquique in Nordchile ↑

↑ *Blick auf den Villarrica von Nahem und aus der Ferne* (Detail)

Oben auf dem Vulkan

In Chile gibt es mehr als 2900 Vulkane – zu einigen organisieren Veranstalter für Bergsteiger geführte Wanderungen. In der Seenregion führt Summit Chile (www.summitchile.org) im Parque Nacional Villarrica *(siehe S. 202f)* Wanderer auf den Lanín, Villarrica und Quetrupillán, im Parque Nacional Vicente Pérez Rosales *(siehe S. 204f)* bietet Huella Andina Expeditions (www.huellandina.com) Touren auf den Volcán Osorno an.

Unter Wasser

Zwei riesige Meeresschutzgebiete liegen rund um die Osterinsel und Isla Robinson Crusoe. Vor der Osterinsel tummeln sich im Wasser rund 140 Arten von Meereslebewesen, ähnlich artenreich ist das Meer vor der Isla Robinson Crusoe. Mike Rapu (www.mikerapu.cl) ist ein Tauchzentrum in Hanga Roa *(siehe S. 274)*, die Refugio Náutico Eco Lodge (www.islarobinsoncrusoe.cl) organisiert Tauch- und Angelausflüge rund um die Isla Robinson Crusoe.

→ *Taucher bei Ahu Tongariki, Osterinsel*

Urbane Hochgenüsse

Santiago entwickelt sich derzeit zu einem kulinarischen Zentrum in ganz Amerika. Viele Restaurants der Hauptstadt sind Weltspitze. Exzellent sind z. B. das innovative Boragó *(siehe S. 109)* mit seinem Fokus auf einheimische Zutaten und das Bocanáriz (www.bocanariz.cl) mit einer herausragenden Auswahl chilenischer Weine. In Valparaíso zieht es Gourmets in originelle Restaurants wie das elegante Maralegre *(siehe S. 121)*, das für seine kreative Fischküche bekannt ist.

→

Valparaíso besitzt eine kreative Restaurantszene

CHILE FÜR FOODIES

Im Vergleich zu anderen lateinamerikanischen Ländern, vor allem zu Peru und Mexiko, erregt Chiles Küche kaum Aufmerksamkeit. Für Feinschmecker hat das Land jedoch Seafood von Weltklasse, eine boomende Weinindustrie, eine ganze Reihe von traditionellen Gerichten und hervorragende Restaurants zu bieten.

Süß und herb

Im Valle Central bieten die Weingüter Führungen und Weinproben an. Viele sind Stationen an Weinstraßen, die z. B. durch das Valle de Casablanca *(siehe S. 130)* und das Valle de Colchagua *(siehe S. 148f)* führen. Nicht ganz so bekannt wie der chilenische Wein ist der klare Weinbrand *pisco*, der gern als Pisco Sour serviert wird: ein starker Cocktail mit Limettensaft, Bitter, Zuckersirup und Eiklar. Im Valle del Elqui *(siehe S. 172–175)* im Norte Chico, dem Zentrum der *Pisco*-Produktion, können Destillerien besichtigt werden *(siehe S. 175)*.

←

Pisco Sour, ein in ganz Südamerika beliebter Cocktail

Opulent und regional

Chiloé und die Osterinsel liegen zwar gut 3500 Kilometer voneinander entfernt, haben jedoch eine gemeinsame Spezialität: *curanto*. Traditionell gart man dazu im Erdofen – einer mit Blättern abgedeckten Grube im Boden – über Stunden oder gar Tage ganz langsam auf heißen Steinen Fisch, Meeresfrüchte, Fleisch und stärkehaltiges Gemüse (in Chiloé auch Teigtaschen). Das Ergebnis lohnt das Warten! Ganz allgemein sind Fisch und Meeresfrüchte in Chile Grundnahrungsmittel. An der Littoral Central (Zentralküste) servieren die berühmten *marisquerías* (Fischlokale) u. a. Muscheln mit Käsekruste, Meeraalsuppe und superfrische Ceviche.

←

Curanto *wird auf heißen Steinen im Erdofen zubereitet*

→

Obst- und Gemüsestand in Santiagos Mercado Central

TOP 5 Chilenische Gerichte

Asado
Barbecue mit Rindfleisch (oder Lamm im Süden), Würstchen und Beilagen.

Pastel de choclo
Hackfleisch mit Maispüreekruste.

Cazuela
Suppe mit Gemüse und Fleisch am Knochen.

Humitas
In Maisblättern gedämpfte Maiskuchen.

Chorrillana
Ein Berg aus Rindfleischstreifen, Zwiebeln, Pommes frites und darauf einem Spiegelei.

Santiagos große Märkte

Auf den zwei großen Märkten der Hauptstadt kann man leicht Stunden verbringen. Der Mercado Central *(siehe S. 81)* ist in einem eleganten Gebäude aus der Mitte des 19. Jahrhunderts untergebracht, nur wenige Blocks entfernt befindet sich der rustikalere und weniger touristische La Vega *(siehe S. 106)*. Auf beiden biegen sich die Stände unter den frischen Waren aus dem ganzen Land, Fischlokale bieten preiswertes Seafood.

Mapuche-Statuen im Museo Chileno de Arte Precolombino ↑

KUNST
IN CHILE

Kunstfans kommen in Chile voll auf ihre Kosten – das Spektrum reicht von jahrtausendealten Artefakten bis zu Avantgarde-Mode, von indigenem Schmuck bis zu sozialkritischer Street-Art.

Street-Art

Kreative, großflächige Street-Art mit häufig politischen Themen hat in Chile lange Tradition. Im ganzen Land sieht man Wandbilder und Graffiti an den Fassaden. Besonders interessant ist die Szene in Santiago und Valparaíso. Führende Street-Art-Viertel sind in der Hauptstadt Bellavista, Brasil und Yungay. In Valparaíso ist das Museo a Cielo Abierto *(siehe S. 126)* eine Freiluftgalerie mit Werken von bekannten chilenischen Street-Artists. Führungen von Santiago Street Art Tours (www.stgostreetart.com) und anderen Anbietern lohnen schon allein deshalb, weil viele Werke unsigniert sind.

Moderne Kunst in Santiago

Santiagos Museo Chileno de Arte Precolombino *(siehe S. 66f)* gehört mit seiner fantastischen, umfassenden Sammlung zu den Spitzenmuseen in Südamerika. Das Museo Nacional de Bellas Artes *(siehe S. 79)* präsentiert vor allem chilenische Kunst, gleichermaßen beeindruckend ist das Museo de Arte Contemporáneo *(siehe S. 80)*. Sehenswert sind auch der Kulturkomplex Estación Mapocho *(siehe S. 80)* in einem alten Bahnhof und das Museo de la Moda *(siehe S. 110)*. Das Modemuseum besitzt eine Sammlung mit über 10 000 Objekten.

← *Fassade des Museo Chileno de Arte Precolombino*

TOP 5 Chilenische Künstler

Roberto Matta
Schlüsselfigur des Surrealismus und abstrakten Expressionismus im 20. Jahrhundert.

Rebeca Matte Bello
Berühmtestes Werk der Bildhauerin ist *Ikarus und Dädalus.*

Carlos Sotomayor
Führender Neo-Kubist Südamerikas.

Gracia Barrios
Die Malerin entwickelte den »realismo informal«.

Nemesio Antúnez Zañartu
Maler und Gründer von Workshop 99.

Entdeckertipp
Bellas Artes

Die Metrostation Bellas Artes ist ein Treffpunkt der Künste. Hier können Sie Street-Art von Inti und die Werke im Museo Nacional de Bellas Artes *(siehe S. 79)* bewundern.

Eine Mapuche webt farbenfrohe Stoffe ↑

↑ *Gonzalo Matiz' Wandbild, ein Beispiel für Santiagos lebendige Street-Art*

Indigene Kunst

Die Mapuche *(siehe S. 207)* sind Chiles größte indigene Gruppe: Rund zehn Prozent der Bevölkerung haben Mapuche-Vorfahren. Obwohl sie seit Jahrhunderten diskriminiert werden, haben sie sich doch ihre Kultur und Lebensart bewahrt. In ihrem Kunstschaffen sind sie vor allem für ihre Textilien, Metallarbeiten und ihren Silberschmuck bekannt. Mapuche-Kunst zeigen Museen in der Seenregion, das Museo de los Volcanes *(siehe S. 207)* und das Museo Regional de la Araucanía *(siehe S. 206)*.

Die Parkroute

Nach einer Landspende von Tompkins Conservation *(siehe S. 232)* an den chilenischen Staat konnte 2018 die Ruta del los Parques (Route der Parks; www.rutadelosparques.org) eröffnet werden. Sie verbindet 17 Parks und führt über gut 2700 Kilometer von Puerto Montt zum Kap Hoorn. Die Ruta soll den nachhaltigen Tourismus und Umweltschutz in Patagonien und der Tierra del Fuego – samt Renaturierungsprojekten – fördern und den häufig abgelegenen, unterversorgten Gemeinden wirtschaftliche Möglichkeiten eröffnen.

Beim Wandern im Parque Nacional Torres del Paine ↑

WANDERN
IN CHILE

In Sachen Wandern können es weltweit nur wenige Länder mit Chile aufnehmen. In den vielen Nationalparks des Landes führen unterschiedlich anspruchsvolle Routen durch die verschiedensten Landschaften, von Wüsten über Regenwälder bis hin zu eisigen Gletschern.

Mehrtägige Treks

Chiles bekannteste mehrtägige Treks sind der Sendero W und der Circuito Grande im Parque Nacional Torres del Paine *(siehe S. 252–255)*. Beide bieten Blick auf die berühmten drei Gipfel des Parks und sind extrem beliebt, die Unterkünfte sollte man vorab buchen. Südlich des Parque Nacional Torres del Paine ist Puerto Williams *(siehe S. 261)* – die südlichste Stadt der Welt – Startpunkt für die vier- bis fünftägige Trekking-Tour Dientes de Navarino. Die anspruchsvolle, aber spektakuläre Route führt durch die majestätische Bergwildnis der Tierra del Fuego.

Glaciar Grey im Parque Nacional Torres del Paine ↓

Wandern für Anfänger

Herrliche Kurzrouten findet man im Parque Pumalín Douglas Tompkins *(siehe S. 232f)*, etwa den Sendero Laguna Tronador mit Blick auf den Vulkan Michinmahuida. Der Parque Nacional Queulat *(siehe S. 236f)* bietet den drei Kilometer langen Sendero Ventisquero Colgante, der Parque Nacional Patagonia *(siehe S. 243)* einige mehrstündige Touren. Auf der Osterinsel führen Wege zum Krater Rano Kau und zur alten Kultstätte Orongo *(siehe S. 274f)*.

TOP 4 Wanderregeln

Planen
Achten Sie auf angemessene Ausrüstung.

Wildtiere schützen
Berühren Sie keine Tiere und kommen Sie ihnen nicht zu nahe.

Abfall
Nehmen Sie Ihren Abfall mit und entsorgen Sie ihn nach Vorschrift.

Nichts mitnehmen
Nehmen Sie nichts aus der Natur mit.

Andenmöwe im Parque Nacional Lauca ↑

↑ *Rast an einem See im herrlichen Parque Nacional Lauca*

Tagestouren

Im Valle de Cochamó in der Seenregion sind viele Routen für mehrstündige oder Tagestouren geeignet. Der La-Junta-Trek (12 km) ist eine alte Holzfällerroute im Regenwald. Im Norte Grande führen einige Tagestouren im Parque Nacional Lauca *(siehe S. 166f)* durch ein Hochland mit Vulkanen, farbenprächtigen Seen, Vicuñas und über 140 Vogelarten. Bevor man startet, sollte man sich Zeit nehmen, sich ausreichend zu akklimatisieren.

Schnatternde Pinguine

Von November bis März lebt auf der Isla Magdalena *(siehe S. 257)* in der Magellanstraße eine Pinguinkolonie, die man auf Tagesausflügen ab Punta Arenas besuchen kann. Das Monumento Natural Islotes de Puñihuil *(siehe S.220f)* ist Heimat einer Kolonie Magellan-Pinguine. In Bahía Inútil in der Tierra del Fuego sieht man Königspinguine und in der Reserva Nacional Pingüino de Humboldt *(siehe S. 191)* im Norte Chico Humboldt-Pinguine.

→

Königspinguine beim Plauschen in der Tierra del Fuego

CHILES TIERWELT

Lärmende Pinguinkolonien in Patagonien, scheue Kamelherden in der Atacama-Wüste, hoch am Himmel kreisende Kondore in der Seenregion und nicht zuletzt riesige Wale, die durch das Wasser der Magellanstraße pflügen - Chiles Tierwelt ist groß und faszinierend.

Majestätische Kondore

Mit drei Meter Spannweite zählt der Andenkondor zu den größten flugfähigen Vögeln der Welt – sein Anblick hoch über den Anden ist unvergesslich. Chiles Nationalvogel lebt im Conguillío *(siehe S. 198f)*, Tolhuaca *(siehe S. 208f)* und anderen Nationalparks in der Seenregion. Man sieht ihn aber auch bei den Termas de Cauquenes *(siehe S. 138)*, in der Reserva Nacional Altos de Lircay *(siehe S. 143)*, im Parque Nacional Laguna del Laja *(siehe S. 147)* und dem Parque Nacional Pan de Azúcar *(siehe S. 189)*.

←

Ein Kondor überblickt sein Revier im Parque Nacional Torres del Paine

Riesige Wale

Die Magellanstraße *(siehe S. 260)* trennt Südpatagonien von der Tierra del Fuego, verbindet den Pazifik mit dem Atlantik – und ist die Kinderstube für Buckelwale. Bei Bootsausflügen im Parque Marino Francisco Coloane sieht man mit etwas Glück die majestätischen Tiere. Touren organisiert z. B. Far South Expeditions (www.farsouthexp.com) in Punta Arenas, die Firma besitzt ein Öko-Camp im Schutzgebiet auf der Isla Carlos III.

Blauwale, die größten Säugetiere der Welt, sieht man vor Melinka *(siehe S. 240)* in Nordpatagonien und in der Reserva Nacional Pingüino de Humboldt *(siehe S. 191)*, wo auch Pott- und Buckelwale vorbeischauen.

← *Buckelwal im Parque Marino Francisco Coloane*

↑ *Ein neugieriges Guanako in der Atacama*

Wollige Kamele und Viscachas

Chiles heimische Kamele – Lamas, Alpakas, Guanakos und Vicuñas – sieht man vorwiegend in den Höhenlagen der Anden. Alle vier Arten leben im Parque Nacional Lauca *(siehe S. 166f)* im Norte Chico, wobei die eleganten Vicuñas am scheusten sind. Im Parque Nacional Nevado de Tres Cruces *(siehe S. 190)* und Parque Nacional La Campana *(siehe S. 137)* gibt es auch Viscachas, eine Chinchilla-Art mit langem Schwanz.

Rettung für den Blauwal

In Bezug auf den Schutz gefährdeter Meerestiere weist Chile eine beeindruckende Erfolgsbilanz vor – das gilt besonders für die Rettung der Blauwale. Die Giganten unter den Säugetieren standen kurz vor der Ausrottung, deshalb war die Freude umso größer, als man 2003 vor Chiloé Blauwalweibchen mit ihren Kälbern entdeckte. Seit 2008 ist der Walfang in chilenischen Gewässern ausnahmslos verboten, 2014 wies das Land ein Schutzgebiet in der Größe Santiagos für Meerestiere mit abnehmendem Bestand, Delfine und gefährdete Otter aus. 2017 wurden zwei weitere Meeresschutzgebiete eröffnet.

Historische Schönheiten
Teils sehr schöne Bauwerke stammen aus der Kolonialzeit. Auch in Santiago sind noch viele zu sehen, herausragend sind z. B. der Palacio de la Real Audiencia und die Catedral Metropolitana *(siehe S. 68)*. Im Chiloé-Archipel beeindrucken die bunten Jesuitenkirchen *(siehe S. 224f)*, die typischerweise Richtung Meer blicken. 16 dieser Holzkirchen gehören zum UNESCO-Welterbe.

→

Iglesia de Achao, eine der 16 Kirchen, die zum UNESCO-Welterbe gehören

CHILES ARCHITEKTUR

Geisterstädte in der Wüste und Herrenhäuser aus dem später 19. Jahrhundert, über 400 Jahre alte Kirchen und farbenfrohe Fischerhäuser, die auf Stelzen stehen - Chiles Architektur ist spannend, bunt und vielfältig.

Malerische *palafitos*
Die farbenfrohen *palafitos* *(siehe S. 223)* stehen in Castro, der Hauptstadt des Chiloé-Archipels, auf Stelzen direkt über dem Wasser. Viele dieser schönen Holzhäuser zerstörte 1960 das Valdivia-Erdbeben, doch glücklicherweise blieben einige erhalten. Heute dienen sie häufig als Gästehäuser, Hostels und Restaurants.

→

Typische palafitos *an der Uferfront von Castro*

Chic in Valparaíso

An den steilen Hängen von Valparaíso stehen viele großartige Häuser aus dem späten 19. und frühen 20. Jahrhundert, als die Stadt als Handelszentrum florierte. In den schönsten Vierteln, Cerro Alegre und Cerro Concepción, lebten früher europäische Kauf- und Geschäftsleute. Sie erbauten an den steilen Pflasterstraßen Stadthäuser mit üppigen Gärten, die heute größtenteils in Hotels oder Restaurants umgewandelt wurden, aber auch schlichte Kirchen und Promenaden mit Aussicht auf den Pazifik.

↑ *Aus Schiffscontainern erbautes Hotel in Valparaíso*

Alejandro Aravena

Alejandro Aravena (* 1967) ist Chiles berühmtester zeitgenössischer Architekt. Der Gründer des Architekturbüros Elemental schuf bahnbrechende Sozialwohnungsprojekte in ganz Lateinamerika und erhielt 2016 den renommierten Pritzker-Preis für seine preiswerten Hausentwürfe.

Öde Geisterstädte

Ab dem 19. Jahrhundert war die Atacama-Wüste aufgrund ihrer riesigen Nitratvorkommen eines der lukrativsten Gebiete der Welt – heute sind die Arbeitersiedlungen Santa Laura und Humberstone *(siehe S. 178)* zu Geisterstädten verwaist. Während Santa Laura mit seinen verrottenden Maschinen wie der Schauplatz eines Steampunk-Romans wirkt, haben sich in Humberstone die leeren Häuser besser erhalten.

↑ *Verlassene Fabrik in Humberstone und am Rand der Geisterstadt* (Detail)

Nerudas Wortkunst
»Langsam stirbt, wer nicht reist, wer nicht liest, wer keine Musik hört, wer nicht Edles in sich selbst findet«, schrieb Pablo Neruda, der mit dem Nobelpreis für Literatur geehrt wurde. Mit erst 19 Jahren veröffentlichte er seinen zweiten Gedichtband, der mehr als 20 Millionen Mal verkauft wurde. Drei seiner Häuser sind heute Museen: La Chascona *(siehe S. 105)* in Santiago, La Sebastiana *(siehe S. 125)* in Valparaíso und die Casa de Isla Negra *(siehe S. 128f)*.

→

Pablo Nerudas Haus Isla Negra im Valle Central

CHILE FÜR BÜCHERWÜRMER

Aus Chile stammen zwei Nobelpreisträger und einige der einflussreichsten lateinamerikanischen Schriftsteller des 20. und frühen 21. Jahrhunderts - damit spielt das Land in der literarischen Meisterklasse. Chile hat zudem berühmte Wissenschaftler und Reiseschriftsteller zu bahnbrechenden Werken inspiriert.

Gabriela Mistrals Magie
Gabriela Mistral war die erste Frau aus Lateinamerika, die den Nobelpreis für Literatur erhielt. Tiefen Einfluss auf ihre Dichtung übte das schöne Valle del Elqui *(siehe S. 172–175)* aus, in dem sie geboren wurde und aufwuchs. In ihrer verschlafenen Heimatstadt Vicuña widmet sich heute ein wunderbares Museum ihrem Werk und Leben. Mistral zog später nach Montegrande. Am Südrand des Dorfs kann man ihr Grab an einem stillen Hang besuchen.

←

Die Dichterin Gabriela Mistral erhielt den Nobelpreis für Literatur

Auf den Spuren von Bruce Chatwin

Südchile spielt eine bedeutende Rolle in Bruce Chatwins richtungsweisendem Reiseroman *In Patagonien*. Anlass seiner donquichottischen Reise war die Haut eines Riesenfaultiers aus der Cueva del Milodón *(siehe S. 258)* bei Puerto Natales. Chatwin erkundete nicht nur die Höhle, sondern besuchte auch Punta Arenas *(siehe S. 256f)*, wo ein entfernter Verwandter lebte. In seinem Essayband *Was mache ich hier* schrieb er über die Holzkirchen, die regnerische Landschaft und die »zerquälten Mythologien« des Chiloé-Archipels.

← *Der Reiseschriftsteller Bruce Chatwin*

TOP 4 Literarische Werke

***Das Geisterhaus*, Isabel Allende (1982)**
Familiensaga vor dem Hintergrund der chilenischen Geschichte.

***Diarios de Motocicleta*, Che Guevara (1992)**
Guevaras Schilderung seiner 1952 erfolgten Reise durch Südamerika wurde 2004 verfilmt.

***Die wilden Detektive*, Roberto Bolaño (1998)**
Literaturbetriebs-Roman über zwei Dichter.

***Pinochet in Piccadilly*, Andy Beckett (2002)**
Buch über die Verhaftung Pinochets 1998 in London.

Auf Charles Darwins Route unterwegs

Im Verlauf seiner Reise auf der HMS *Beagle* erkundete Charles Darwin zahlreiche Ziele in Chile, darunter auch den San-Rafael-Gletscher *(siehe S. 238f)*, Chiloé, Concepción *(siehe S. 146)* und Valparaíso *(siehe S. 118–127)*. Den Cerro La Campana bestieg er über die Nordseite, wo er vom Gipfel das vom Pazifik und den Anden begrenzte Chile »wie auf einer Landkarte« überblickte.

→ *Darwins Route führte auch zur spektakulären Allee der Gletscher im Beagle-Kanal*

Ausstellung im Museo de la Memoria y los Derechos Humanos ↑

CHILE FÜR GESCHICHTSFANS

Chiles historische Stätten, Museen und Ruinen nehmen den Besucher mit auf eine Reise durch 8000 Jahre Menschheitsgeschichte. Unterwegs sieht man die ältesten Mumien, die je gefunden wurden, Pioniersiedlungen in Patagonien, 450 Jahre alte Städte und vieles mehr.

Historische Städte

In Chiles zweitältester Stadt, La Serena *(siehe S. 168–171)*, stehen so schöne Kirchen wie die klassizistische Catedral de La Serena und die Iglesia Santo Domingo. In Valdivia *(siehe S. 200f)*, das 1552, acht Jahre nach La Serena, gegründet wurde, sieht man bei einem Spaziergang am Fluss eindrucksvolle deutsche Architektur aus dem 19. Jahrhundert und die Ruinen der drei mächtigen Festungen Fuerte de Niebla, Fuerte de Mancera und Fuerte de Corral.

→ *Die klassizistische Catedral de La Serena in La Serena*

Museen für das kollektive Gedächtnis

Santiago besitzt einige Museen von Weltrang. Im Stadtzentrum präsentiert das Museo Chileno de Arte Precolombino *(siehe S. 66f)* eine fantastische Sammlung zu Lateinamerikas präkolumbischen und indigenen Gesellschaften. Westlich des Zentrums erzählt das Museo de la Memoria y los Derechos Humanos *(siehe S. 90)* mithilfe von Multimedia, persönlichen Gegenständen, Texten, Archivmaterial und sonstigen Exponaten die Geschichten von einigen der geschätzt 3000 Menschen, die unter Pinochet »verschwanden« oder ermordet wurden.

← *Museum über die Pinochet-Opfer*

Geoglyphen

Für Geoglyphen werden Materialien der Umgebung verwendet, z. B. Steine, Bäume oder Erde. Historische Geoglyphen hatten für die damaligen Gesellschaften spezielle Bedeutung, die heute meist vergessen ist. Über ihren Sinn und Ursprung gibt es deshalb viele Theorien. Eine der weltberühmten Geoglyphen in Chile ist der Riese von Atacama, die weltgrößte prähistorische anthropomorphe Darstellung.

Entdeckertipp
Radtour

In La Serena führt ein Radweg durch die lebhafte Stadt und zu ihren vielen historischen Kirchen. Räder können Sie in den Gästehäusern mieten.

Chinchorro-Mumien im Museo Arqueológico San Miguel de Azapa ↑

Die Mumien kehren zurück

Die Angehörigen der Chinchorro-Kultur (6000 – 2000 v. Chr.) mumifizierten ihre Verstorbenen mit verschiedenen aufwendigen Verfahren und bestatteten sie dann in Gemeinschaftsgräbern in der Atacama. Die wenigen, die noch erhalten sind, entstanden bereits vor den berühmten ägyptischen Mumien und gelten heute als die ältesten der Welt. Am Stadtrand von Arica präsentiert das Museo Arqueológico San Miguel de Azapa *(siehe S. 156f)* ein paar der Chinchorro-Mumien.

DAS JAHR IN CHILE

In Chile und auf der Osterinsel finden das ganze Jahr über spektakuläre und farbenfrohe Feste statt, die teils präkolumbische, teils christliche Wurzeln haben.

Januar

△ **Festival Internacional Teatro a Mil** *(Jan–Anfang Feb).* Das bedeutende Festival der darstellenden Künste findet alljährlich in Santiago statt. Als größtes Festival des Landes soll es die Künste in Chile fördern.

Februar

△ **Tapati Rapa Nui** *(Anfang Feb).* Zweiwöchiges Festival der Kultur von Rapa Nui (Osterinsel).

Festival Costumbrista Chilote *(Mitte Feb).* Das Festival feiert Chiloés Kultur, Folklore und traditionelle Küche.

Mai

△ **Glorias Navales** *(21. Mai).* Militärzeremonien mit Paraden und Reden erinnern an das Seegefecht vor Iquique von 1879.

Juni

△ **Fiesta de San Pedro** *(29. Juni).* Fischer bringen Statuen ihres Schutzheiligen aufs Meer und bitten dabei um Glück.

Pride *(Mitte/Ende Juni).* Chiles größtes Fest der LGBTQ+ Community findet in Santiago statt.

September

△ **Fiestas Patrias** *(18. Sep).* Chiles Unabhängigkeitstag wird mit Feierlichkeiten, Straßenfesten, Tanz, Musik und reichlich Essen und Trinken begangen.

Festival de Cine Internacional *(Mitte Sep).* Filmfest in Viña del Mar.

Oktober

Festival de los Mil Tambores *(1. Wochenende im Okt).* Valparaíso feiert mit dem Tausend-Trommeln-Festival den Frühlingsbeginn.

Día de la Raza *(12. Okt).* Früher feierte das Fest Kolumbus' »Entdeckung« Amerikas, heute die indigenen Kulturen Chiles.

△ **El Ensayo** *(Ende Okt/Anfang Nov).* Bedeutendes Pferderennen in Santiagos Club Hípico.

März

△ **Festival de la Vendimia** *(ganzer März).* In vielen Weinregionen finden zur Weinlese Verkostungen und weitere Veranstaltungen statt. Das Fest ist bei Besuchern extrem beliebt.

Lollapalooza *(Mitte März).* Das populäre Musikfestival findet in Chile in Santiagos Parque Bicentenario statt.

April

Semana Santa *(März/Apr).* Nach den Prozessionen und Messen in der Karwoche und an Ostern zieht es viele Chilenen ins Wochenende.

△ **Fiesta de Cuasimodo** *(1. So nach Ostern).* Nach der Messe fahren die Priester in verzierten Karren oder auf (Motor-)Rädern zu Kranken, die Ostern nicht zur Kirche gehen konnten. Begleitet werden sie von *huasos* (Cowboys).

Juli

△ **Festival de La Tirana** *(12.–16. Juli).* Die große Fiesta für die Virgen de la Carmen verbindet präkolumbische und katholische Traditionen.

Fiesta de la Virgen del Carmen *(16. Juli).* Militärparaden zu Ehren der Streitkräfte, des Unabhängigkeitskriegs und der Schutzpatronin.

Carnaval de Invierno *(3. Wochenende).* Punta Arenas feiert Karneval mit Umzügen.

August

Santiago Fashion Week *(2./3. Aug).* Zu Chiles größtem Mode-Event kommen Designer aus ganz Südamerika nach Santiago.

△ **Jesús Nazareno de Caguach** *(21.–31. Aug).* Chiloé feiert das wichtige religiöse Fest mit Messen, Prozessionen und Ruderwettkämpfen.

November

△ **Día de Todos los Santos** *(1. Nov).* An Allerheiligen werden die Gräber besucht.

Feria del Libro *(Anfang Nov).* Zum Literaturfestival in Santiagos Centro Cultural Estación Mapocho gehören Ausstellungen und Lesungen von Autoren aus der ganzen Welt.

Dezember

△ **Fiesta Grande de la Virgen de Rosario** *(Ende Dez).* Tausende fahren nach Andacollo zum Fest für die Schutzheilige der Bergarbeiter.

Noche Buena *(24. Dez).* Heiligabend wird mit großem Abendessen und Christmette gefeiert.

Navidad *(25. Dez).* Weihnachten wird im Kreis der Familie gefeiert.

Fin de Año/Año Nuevo *(31. Dez).* Das neue Jahr wird an Silvester mit Feuerwerk begrüßt.

1

KURZE GESCHICHTE

Es war ein harter Weg, bis sich Chile schließlich zum Land mit der stabilsten Wirtschaft und Demokratie Südamerikas entwickelte. Verheerende Erdbeben, gewaltsame Konflikte zwischen indigenen Völkern, Kolonialmächte und eine 17-jährige Diktatur prägten das moderne, facettenreiche Gesicht der Nation.

Die ersten Pioniere

Ausgrabungen in Monte Verde bei Puerto Montt in der Seenregion zeigen, dass Menschen vor rund 15 000 Jahren Chile erreichten. Ihre Vorfahren waren rund 2000 Jahre zuvor über die Beringstraße und dann über Land oder mit Booten südwärts gezogen. In den folgenden 10 000 Jahren domestizierten diese nomadischen Jäger-Sammler-Gesellschaften die einheimischen Kamele als Lasttiere und praktizierten komplexe Bestattungsriten. Die Chinchorro begannen vor rund 7000 Jahren ihre Toten zu mumifizieren. In Patagonien fuhren die Menschen in Kanus, jagten mit Harpunen und Netzen.

1 *Alte Karte von Chile* ↑

2 *Pioniere landen an der Küste Chiles*

3 Blick auf die Denkmäler der Osterinsel *von William Hodges*

4 *Porträt von Ferdinand Magellan*

Chronik

13 000 v. Chr.
Gründung von Monte Verde, Chiles erster bekannter Siedlung

1200 n. Chr.
Polynesier siedeln auf der Osterinsel

1520
Magellan erreicht Tierra del Fuego und die Magellanstraße

1528
Francisco Pizarro und Diego de Almagro landen in Peru

2

3

4

Polynesische Siedler

Um 1200 siedelten sich Polynesier, die knapp 2000 Kilometer über das Meer gesegelt waren, auf Rapa Nui (Osterinsel) an – gemäß dem Ursprungsepos der mythische Häuptling Hotu Matu'a und sein Volk aus dem legendären Land Hiva. Auf Rapa Nui entwickelte sich eine komplexe Gesellschaft mit dem *ariki mau* (Häuptling oder König) an der Spitze. Die Errichtung der *moai* und das Bevölkerungswachstum führten zur Entwaldung der Insel, zu Kriegen und einer insgesamt prekären Situation.

Ankunft der Europäer

Als erster Europäer erreichte Ferdinand Magellan 1520 die Tierra del Fuego und das heutige Chile. 1541 drangen spanische Konquistadoren unter Pedro de Valdivia aus dem bereits kolonialisierten Peru nach Süden, gründeten Santiago und brachten das Land unter spanische Kontrolle. Die Mapuche hielten sie jedoch davon ab, südlich des Río Bío Bío vorzudringen, noch im 18. Jahrhundert flackerten Kämpfe in diesem jahrhundertelangen Konflikt auf. Die Spanier teilten das Valle Central in *encomiendas* auf und versklavten die indigene Bevölkerung.

Indigene Gesellschaften

Die größte Gruppe unter Chiles diversen indigenen Gesellschaften bilden die Mapuche mit rund 1,7 Millionen Angehörigen. Auch heute leben viele Mapuche in kleinen, patrilinearen (männliche Erbfolge) Gemeinschaften.

1541
Pedro de Valdivia gründet Santiago

1574
Juan Fernández entdeckt Inseln im Pazifik

1704
Alexander Selkirk, Vorbild für *Robinson Crusoe*, wird auf der unbewohnten Isla Más a Tierra ausgesetzt

1722
Jacob Roggeveen landet am Ostersonntag als erster Europäer auf Rapa Nui

1774
Kapitän James Cook besucht Rapa Nui

1

2

Unabhängigkeitskampf

Je mehr sich die zentrale Kolonialherrschaft über Chiles lang gezogenes, schmales Territorium stabilisierte, desto schwächer wurden die Verbindungen zu Spanien. Als Napoléon 1808 in Spanien einmarschierte, nahm die Unabhängigkeitsbewegung an Fahrt auf. Bis 1818 dauerte der erbitterte blutige Konflikt zwischen den Royalisten und den letztendlich siegreichen *patriotas*. Erster Staatspräsident des unabhängigen Chile wurde der reiche Großgrundbesitzer und Heereschef der Patrioten, Bernardo O'Higgins.

Salpeterkrieg

In den folgenden Jahrzehnten wuchs Chiles Wirtschaft rasant an. Im Norte Chico wurden so riesige Mengen an Kupfer abgebaut, dass das Land zum Weltmarktführer aufstieg. Als 1879 chilenische Investoren keine Exportsteuern für den Nitratabbau in den damals zu Peru und Bolivien gehörenden Gebieten in der Atacama zahlen wollten, löste dieser Streit den vierjährigen Salpeterkrieg aus. Das siegreiche Chile vergrößerte sein Territorium um ein Drittel samt den lukrativen Nitratgebieten.

↑ *Boote vor der Osterinsel, Bild von Horace Castelli*

Chronik

1808

Napoléon erobert Spanien

1818

Nach zehnjährigem Krieg zwischen Royalisten und Patrioten erklärt Chile seine Unabhängigkeit

1826

Mit der Kapitulation der letzten spanischen Truppen auf Chiloé endet Spaniens Präsenz

1834

Charles Darwin segelt auf der HMS *Beagle* vor Chile

3

Unterdrückung der Indigenen

Chile expandierte auch gen Süden: Zwischen 1861 und 1883 eroberte es in der »Befriedung Araukaniens« die Gebiete der Mapuche, die sich seit dem 16. Jahrhundert erst den Spaniern, dann den Chilenen widersetzt hatten. Rund 100 000 Mapuche – etwa 90 Prozent der Bevölkerung – wurden getötet, das Land der Mapuche fiel fast ganz an den chilenischen Staat.

Annexion der Osterinsel

1888 annektierte Chile zudem die Osterinsel. Die Inselbevölkerung war durch die Pocken, die Europäer eingeführt hatten, sowie von peruanischen Sklavenfängern dezimiert worden. Diese hatten 1500 Rapa Nui – damals rund die Hälfte der Bevölkerung – verschleppt. In den folgenden 50 Jahren verwandelte die schottische Williamson-Balfour Company die Insel in eine riesige Schaffarm und verdrängte die Inselbewohner in ein kleines Gebiet im Osten. Dies endete 1954 mit der Übernahme der Insel durch die chilenische Marine. Erst zwölf Jahre später erhielten die Rapa Nui Bürgerrechte und das Recht, an chilenischen Wahlen teilzunehmen.

1 *Schlacht im Unabhängigkeitskampf* ↑
2 *Hafenszene während des Salpeterkriegs*
3 *Mapuche-Dorf*

Schon gewusst?

»Chile« stammt wohl von dem Mapuche-Wort *chili*, das »wo das Land endet« bedeutet.

1849
Valparaíso ist ein wichtiger Hafen für den Goldrausch in Kalifornien

1879
Beginn des Salpeterkriegs mit Chiles Besetzung der Hafenstadt Antofagasta

1883
Die »Befriedung Araukaniens« vertreibt die Mapuche von ihrem Land

1888
Chile annektiert die Osterinsel

1

2

Wirtschaftskrise und Salvador Allende

Mitte des 20. Jahrhunderts brach Chiles Salpeterindustrie zusammen, die Kupferpreise fielen in den Keller. 1970 wurde der Sozialist Salvador Allende zum Präsidenten gewählt. Er verstaatlichte die Kupfervorkommen und konfiszierte Land zur Umverteilung im Rahmen einer Agrarreform. Streiks, eine galoppierende Inflation und die Verknappung von Waren stürzten das Land ins Chaos. Am 11. September 1973 putschte die Armee unter General Augusto Pinochet. Als die Luftwaffe den Präsidentenpalast bombardierte, beging Allende Suizid.

Pinochet-Diktatur

In den folgenden 17 Jahren waren Parteien verboten, mehr als 80 000 Oppositionelle wurden eingesperrt, gefoltert und hingerichtet. Die Wirtschaft wurde liberalisiert, unter anderem durch Privatisierungen. Eine neue Verfassung vergrößerte Pinochets Macht. Nach langen heftigen Protesten stimmte das Land 1988 in einem Plebiszit gegen Pinochet und wählte 1989 Patricio Aylwin von der Mitte-links-Koalition Concertación zum ersten Präsidenten des neuen demokratischen Chile.

1 *Salvador Allende hält eine Rede* ↑

2 *Proteste gegen Augusto Pinochet*

3 *Michelle Bachelet, Chiles erste Präsidentin*

1945

erhält Gabriela Mistral als fünfte Frau und erste Lateinamerikanerin den Literaturnobelpreis.

Chronik

1966

Die Rapa Nui erhalten die chilenische Staatsbürgerschaft und das Wahlrecht

1970

Salvador Allende wird Präsident

1973

Das Militär putscht gegen Allende

1988

Pinochet verliert Plebiszit, Chile kehrt zur Demokratie zurück

3

Nachwirkungen der Diktatur

Nach der Rückkehr zur Demokratie behielten die Mitte-links-Präsidenten Pinochets ökonomischen Kurs bei, der zwar die Wirtschaft stabilisierte, aber die Wohlstandskluft vergrößerte. In Chile und international wurde gefordert, die Menschenrechtsverletzungen der Diktatur zu verfolgen, doch Pinochet besaß Immunität – bis der spanische Richter Báltazar Garzón seine Auslieferung beantragte. Pinochet wurde wegen Verbrechen gegen die Menschlichkeit angeklagt und 2001 unter Hausarrest gestellt. Er wurde jedoch nie verurteilt und starb 2006 im Alter von 91 Jahren.

Chile heute

2006 wurde Michelle Bachelet Chiles erste Präsidentin. Ihr folgte 2010 der rechte Milliardär Sebastián Piñera, dann wurde 2014 wieder Bachelet und 2018 Piñera gewählt. In dessen zweiter Amtszeit führten die wachsende soziale Ungleichheit und die allgemeine Verteuerung 2019 zu landesweiten Protesten *(siehe S. 106)*. 2022 wurde Gabriel Boric, ein ehemaliger Anführer von Studentenprotesten, zum Präsidenten gewählt.

Michelle Bachelet (*1951)

Michelle Bachelet wurde als Tochter eines Allende-treuen Generals 1975 von Pinochets Geheimpolizei inhaftiert und gefoltert. Sie floh über Australien in die DDR, kehrte aber schon 1979 nach Chile zurück. Bachelet, die während ihrer Amtszeiten für ihre progressive Politik verehrt wurde, war von 2018 bis 2022 bei der UN Hohe Kommissarin für Menschenrechte.

2006

Michelle Bachelet wird Präsidentin, Pinochet stirbt im Dezember

2010

Sebastián Piñera wird Präsident, ein schweres Erdbeben erschüttert Zentralchile

2010

Eine Milliarde Menschen verfolgt die Rettung von 33 Bergarbeitern

2018

Als Polizisten einen unbewaffneten Mapuche töten, flammen Proteste auf

2019

Gut eine Million Chilenen protestieren gegen soziale Ungleichheit

SANTIAGO ERLEBEN

Im Ausgehviertel Providencia

GOOSE
ISLAND

SANTIAGO
AUF DER KARTE

Für diesen Reiseführer wurde die Hauptstadt Santiago in drei attraktive Stadtteile gegliedert: Plaza de Armas und Zentrum, Westlich des Zentrums sowie Nordöstlich des Zentrums.

BARRIO EL SALTO
Parque Metropolitano de Santiago
BARRIO VITACURA
Club de Golf Los Leones
LAS CONDES
BARRIO EL GOLF
Nordöstlich des Zentrums
Seiten 98–111
Gran Torre Santiago
BARRIO SUECIA
Parque Metropolitano de Santiago
Santuario Inmaculada Concepción
Zoológico Nacional
PROVIDENCIA
BARRIO BELLAVISTA
Patio Bellavista
Chile
LOS ESTANQUES
SANTIAGO
BARRIO ITALIA
DALMACIA

DIE STADTTEILE SANTIAGOS

Seit seiner Gründung im Jahr 1541 ist Santiago Chiles politischer, wirtschaftlicher und kultureller Dreh- und Angelpunkt. Heute leben im Ballungsraum Santiago mehr als sieben Millionen Menschen – Tendenz steigend. Die meisten Sehenswürdigkeiten liegen in den folgenden drei Stadtteilen.

Seiten 62–83

Plaza de Armas und Zentrum

Im Herzen der Innenstadt ist die Plaza de Armas perfekt zum Flanieren und Leutegucken. Ringsum stehen viele sehenswerte, geschichtsträchtige Bauwerke, allen voran die Kathedrale und der Präsidentenpalast. Unbedingt einen Besuch wert ist das faszinierende Museo Chileno de Arte Precolombino mit seiner herausragenden Sammlung indigener lateinamerikanischer Kunst. Im reizvollen Kontrast dazu stehen die quirligen Einkaufsstraßen und geschäftigen Märkte des Viertels.

Entdecken
Historische Architektur, Museen von Weltrang, bunte Märkte

Sehenswert
Museo Chileno de Arte Precolombino

Genießen
Seafood zum Mittagessen in einer der *marisquerías* im Mercado Central

Seiten 84–97

Westlich des Zentrums

Nachdem es lange Zeit vernachlässigt wurde, erlebt das Gebiet westlich des Stadtzentrums eine wahre Renaissance. Alte, schöne Viertel wie Brasil, Yungay und Concha y Toro sind mittlerweile trendige, hippe Adressen zum Wohnen und Ausgehen, und viele der opulenten *palacios*, in denen einst Santiagos Elite lebte, wurden saniert und erstrahlen in alter Pracht. In diesem Stadtteil finden sich auch einige sehenswerte Museen, allen voran das erschütternde Museo de la Memoria y los Derechos Humanos.

Entdecken
Elegante *palacios*, hippe Viertel und eindrucksvolle Museen

Sehenswert
Parque Quinta Normal

Genießen
Das Museo de la Memoria y los Derechos Humanos informiert über die Pinochet-Diktatur und deren Nachwirkungen

Seiten 98–111

Nordöstlich des Zentrums

Richtung Anden wird Santiago grüner und moderner, hier liegen viele Wohnviertel, in denen ein Großteil der Mittel- und Oberschicht lebt. Sehenswert sind nicht zuletzt der Parque Metropolitano de Santiago, einer der größten Stadtparks der Welt, und die Gran Torre Santiago, bislang der höchste Wolkenkratzer in Südamerika. Einen Besuch wert sind die zahlreichen Restaurants, Bars und Clubs, die sich hauptsächlich im lebhaften Bellavista scharen.

Entdecken
Die lebhafte Gastroszene und weitläufige Grünanlagen

Sehenswert
Parque Metropolitano de Santiago

Genießen
Bei einer Graffiti-Führung die Street-Art-Szene der Stadt kennenlernen

←

1 *Blick vom Cerro San Cristóbal über Santiago*

2 *Statue auf der Plaza de Armas*

3 *Garnelen an einer* marisquería *auf dem Mercado Central*

4 *Straße in Bellavista*

Chiles Hauptstadt und größte Metropole fasziniert mit großartiger Architektur, beeindruckenden Museen, ruhigen weitläufigen Parks und exzellenten Restaurants. Wir haben Ihnen die Höhepunkte für einen zweitägigen Trip zusammengestellt.

2 TAGE *in Santiago*

Tag 1

Vormittags Nach dem Frühstück spazieren Sie zur Plaza de Armas – Santiagos zentraler Platz ist der perfekte Ausgangspunkt zur Erkundung des historischen Zentrums. Unterwegs sehen Sie beeindruckende Gebäude wie die Catedral Metropolitana und den Ex Congreso Nacional, in dem früher der Kongress tagte, und beim Bummel durch die geschäftigen autofreien Straßen Ahumada, Bandera und Huérfanos Läden, Arkaden und Cafés.

Nachmittags Weiter geht es zum Mercado Central *(siehe S. 81)*, wo Sie im Richard El Rey del Mariscal *(siehe S. 69)*, einer der vielen *marisquerías* (Fischlokale) des Markts, stimmungsvoll zu Mittag essen. Danach spazieren Sie zurück ins Stadtzentrum zum exzellenten Museo Chileno de Arte Precolombino *(siehe S. 66f)*, wo Sie die riesige Sammlung präkolumbischer Artefakte bewundern. Den kleinen Hunger zwischendurch können Sie mit frisch gebackenen *empanadas* vom nahe gelegenen El Rápido *(siehe S. 69)* stillen.

Abends Östlich der Innenstadt unternehmen Sie im quirligen und weltläufigen Stadtteil Lastarria *(siehe S. 79)* einen Abendspaziergang. Danach genießen Sie Ihr Abendessen im Bocanáriz *(siehe S. 78)* und zum Abschluss Eiscreme im Emporio la Rosa *(siehe S. 69)*.

Tag 2

Vormittags Beginnen Sie westlich des Stadtzentrums mit dem eindrucksvollen Museo de la Memoria y los Derechos Humanos *(siehe S. 90)*, das der vielen Tausend Opfer der brutalen Pinochet-Diktatur gedenkt. Danach spazieren Sie durch den benachbarten Parque Quinta Normal *(siehe S. 88f)*, einen der ruhigsten Parks in der City.

Nachmittags Mittags essen Sie im Stadtteil Bellavista, der von der Innenstadt leicht zu Fuß Richtung Westen zu erreichen ist. Hier laden das Liguria *(siehe S. 58)* sowie zahllose weitere Lokale zur gemütlichen Einkehr ein. Anschließend besichtigen Sie das wunderschöne Haus La Chascona *(siehe S. 105)*. Der einstige Wohnsitz des berühmten Schriftstellers und Nobelpreisträgers Pablo Neruda ist heute ein malerisches Museum. Anschließend fahren Sie mit der Standseilbahn auf den Cerro San Cristóbal und genießen den einmaligen Blick über die Stadt bis zu den Anden. Bei warmem Wetter gehen Sie in einem der beiden Bäder auf dem Hügel zum Schwimmen.

Abends Mit der Metro oder dem Taxi fahren Sie in das wunderbare Stadtviertel Providencia. Nach einem Drink im Baco *(siehe S. 109)* lassen Sie den Abend bei einem Essen im Le Flaubert *(siehe S. 58)* oder im per Taxi erreichbaren Boragó *(siehe S. 109)* ausklingen.

Livin' La Vida Local
Chilenische Spezialitäten sind unbedingt einen Bissen wert. Die besten *empanadas* der Stadt serviert El Rápido *(siehe S. 69)*, im Liguria *(siehe unten)* schmecken Klassiker wie *pastel de choclo* (Hackfleisch mit Maispüreekruste). In der Confitería Torres *(siehe S. 92)* wurde der köstliche *barros luco* erfunden. Das Steak-Käse-Sandwich war ein Lieblingsgericht des Präsidenten Ramón Barros Luco.

→

Das chacarero *ist ein Sandwich mit Rindfleisch, Tomaten und grünen Bohnen*

SANTIAGO FÜR FOODIES

Historische Märkte, weltberühmte Weingüter, zahllose Lokale, die klassische chilenische Gerichte servieren, Nobelrestaurants, die unter den besten in Lateinamerika rangieren - Santiago ist großartig für alle, die gutes Essen und feine Getränke lieben.

Restaurant

Liguria
Das charmante Restaurant im Stil eines Bistros aus den 1920er Jahren ist in einem neobarocken Gebäude untergebracht und überzeugt allein schon mit seinem skurrilen Interieur. Zu den Spezialitäten des Hauses gehören klassische chilenische Gerichte wie *cazuelas* (Eintöpfe) und *carne mechada* (geschmortes Rindfleisch).

Av. Providencia 1353
So liguria.cl
$$$

Elf am Nachmittag
Once – elf – heißt eine Mahlzeit mit Sandwiches oder Toast, Tee und Kaffee, die in der Regel zwischen 17 und 19 Uhr eingenommen wird. In einem *Salón de té* sind *Onces* eine opulente Angelegenheit – besonders üppig wird man im Liguria oder im Le Flaubert (Orrego Luco 125) verwöhnt.

→

Nostalgie pur: Alte Schilder und Fotos schmücken die Wände des Liguria

Pinot und *pisco*

Außerhalb von Santiago liegen einige der ältesten Weingüter Chiles. Die meisten bieten Führungen und Weinproben an, auch die Viña Cousiño-Macul (www.cousinomacul.com). Näher bei der Innenstadt liegt Santiagos vielleicht beste Weinbar, Baco *(siehe S. 109)*. Der berühmte Terremoto (Erdbeben) im El Hoyo *(siehe S. 91)* ist eine sensationelle Mischung aus süßem fermentiertem Vino Pipeño und Ananaseis.

→

Eine Auswahl von Rotweinen für eine Degustation

Stilvoll speisen

Santiagos kulinarische Szene genießt Weltruf, einige Restaurants der Stadt gehören zu den besten in Lateinamerika. Stars der Szene sind z. B. das Boragó (www.borago.cl), dessen Küche auf regionalen Zutaten und indigenen Rezepten basiert, und das Ambrosia (www.ambrosia.cl) mit seinen vielfältigen südamerikanischen Gerichten.

←

Vorspeise im Boragó, einem der absoluten Spitzenrestaurants in Chile

Fisch und Obst

Am 1872 eröffneten Mercado Central *(siehe S. 81)* servieren die *marisquerías* (Fischlokale) köstliche Seafood-Gerichte wie etwa Ceviche und *paila marina*. Gleich in der Nähe bieten die einfachen Lokale auf dem Obst- und Gemüsemarkt La Vega *(siehe S. 106)* authentische chilenische Hausmannskost. Hier schmecken herzhafte Gerichte wie *cazuela*, ein Eintopf aus Rindfleisch samt Knochen und Gemüse.

→

Reiche Auswahl an frischem Obst und Gemüse auf dem Markt La Vega

Showtime in Santiago

Ob klassizistische *teatros* oder Indie-Bühne – Santiago bietet unzählige Locations für Shows, Theater und Konzerte. Die führende Theater- und Opernbühne ist das Teatro Municipal *(siehe S. 76)*, innovativ zeigt sich das Centro Gabriela Mistral *(siehe S. 79)* mit (Tanz-)Theater und Konzerten, Kino und Kunst. Publikumsmagneten sind aber auch das multifunktionale Kunstzentrum Matucana 100 *(siehe S. 92)* und das Centro Cultural Estación Mapocho *(siehe S. 80f)* mit seinem breiten Kulturangebot.

→ *Der ehemalige Bahnhof Estación Mapocho ist heute ein Kulturzentrum*

SANTIAGO FÜR KULTURFANS

Ob renommierte Kunstmuseen oder kaleidoskopisch bunte Graffiti, cooles Indie-Kino oder mitreißende Livekonzerte - Santiagos pulsierende Kunst- und Kulturszene hat für jeden etwas zu bieten.

Street-Art

Santiagos Street-Art genießt Weltruf. Wandgemälde sieht man in der ganzen Stadt, vor allem jedoch in Bellavista und Yungay. In San Miguel umfasst das Museo a Cielo Abierto eine Freiluftgalerie mit 40 Wandbildern. Bei Führungen mit Santiago Street Art Tours *(siehe S. 107)* und anderen Anbietern lernt man die Künstler sowie die politischen, sozialen und historischen Hintergründe kennen.

Eindrucksvolle, spannende Street-Art in Bellavista ↑

Kunst!

In einem spektakulären Jugendstil-*palacio* am Parque Forestal präsentiert das Museo Nacional de Bellas Artes *(siehe S. 79)* eine riesige Sammlung unter anderem mit sakraler Kunst aus der Kolonialzeit, Landschafts- und Historiengemälden aus dem 19. Jahrhundert und Arbeiten von Roberto Matta und anderen Surrealisten aus dem 20. Jahrhundert. Im selben Haus zeigt zudem das Museo de Arte Contemporáneo *(siehe S. 80)* – in der Regel nur kurz MAC genannt – ein Kontrastprogramm mit moderner Kunst, z. B. von einflussreichen Gruppierungen und Strömungen wie dem Grupo Signo und der Generación del Trece. Das MAC veranstaltet zudem regelmäßig Wechselausstellungen, häufig mit Werken von erfolgreichen lateinamerikanischen Künstlern.

←

Experimentelle Kunst im Museo de Arte Contemporáneo

TOP 4 Chilenische Filme

***Der Schakal von Nahueltoro*, 1969**
Film von Miguel Littín über die brutalen Morde eines Bauern.

***No!*, 2012**
Film von Pablo Larraín über die Kampagne der Pinochet-Gegner vor dem Referendum 1988.

***Bear Story*, 2015**
Computeranimierter Kurzfilm über einen einsamen Bären von Gabriel Osorio Vargas.

***Eine fantastische Frau*, 2017**
Prämierter Film von Sebastián Lelio über eine Transgender-Frau, deren Partner stirbt.

Film

Film spielt in Chile – und Santiago – eine wichtige Rolle, und chilenische Filmemacher haben auch zunehmend international Erfolg. 2017 erhielt das in Santiago gedrehte Melodram *Eine fantastische Frau* als erster chilenischer Film den Oscar für den besten fremdsprachigen Film. Santiago ist aber nicht nur Drehort, sondern richtet im Oktober das Santiago Festival Internacional de Cine (SANFIC) aus, das viele Stars anzieht. Und nicht zuletzt gibt es hier exzellente Kinos wie das beeindruckende Matucana 100 *(siehe S. 92)*.

→

Plakat für den mit Preisen ausgezeichneten Spielfilm Eine fantastische Frau

Die wunderbar ausgestattete Catedral Metropolitana (siehe S. 68)

Plaza de Armas und Zentrum

Die Plaza de Armas, Santiagos belebter Hauptplatz, war schon immer der Mittelpunkt der Stadt. Der »Waffenplatz« wurde im Jahr 1541 von Pedro de Valdivia in seiner Funktion als erster Gouverneur Chiles und Stadtgründer Santiagos angelegt. Die Kathedrale, der Gouverneurspalast, der Gerichtshof und mehrere luxuriöse Villen wurden in kurzer Zeit um den Platz herumgebaut, auf dem seitdem alles von öffentlichen Hinrichtungen und Stierkämpfen bis hin zu Märkten und Festen stattfindet. Viele dieser Gebäude fielen Erdbeben oder Bränden zum Opfer, die verbliebenen stammen meist aus dem 18. und 19. Jahrhundert.

Dennoch sind der von Palmen gesäumte Platz und die sich um ihn herum auffächernden Blocks nach wie vor der geschichtsträchtigste Teil von Santiago, in dem Einheimische und Besucher die lebhafte Atmosphäre und die berühmtesten Einkaufsstraßen der Stadt genießen.

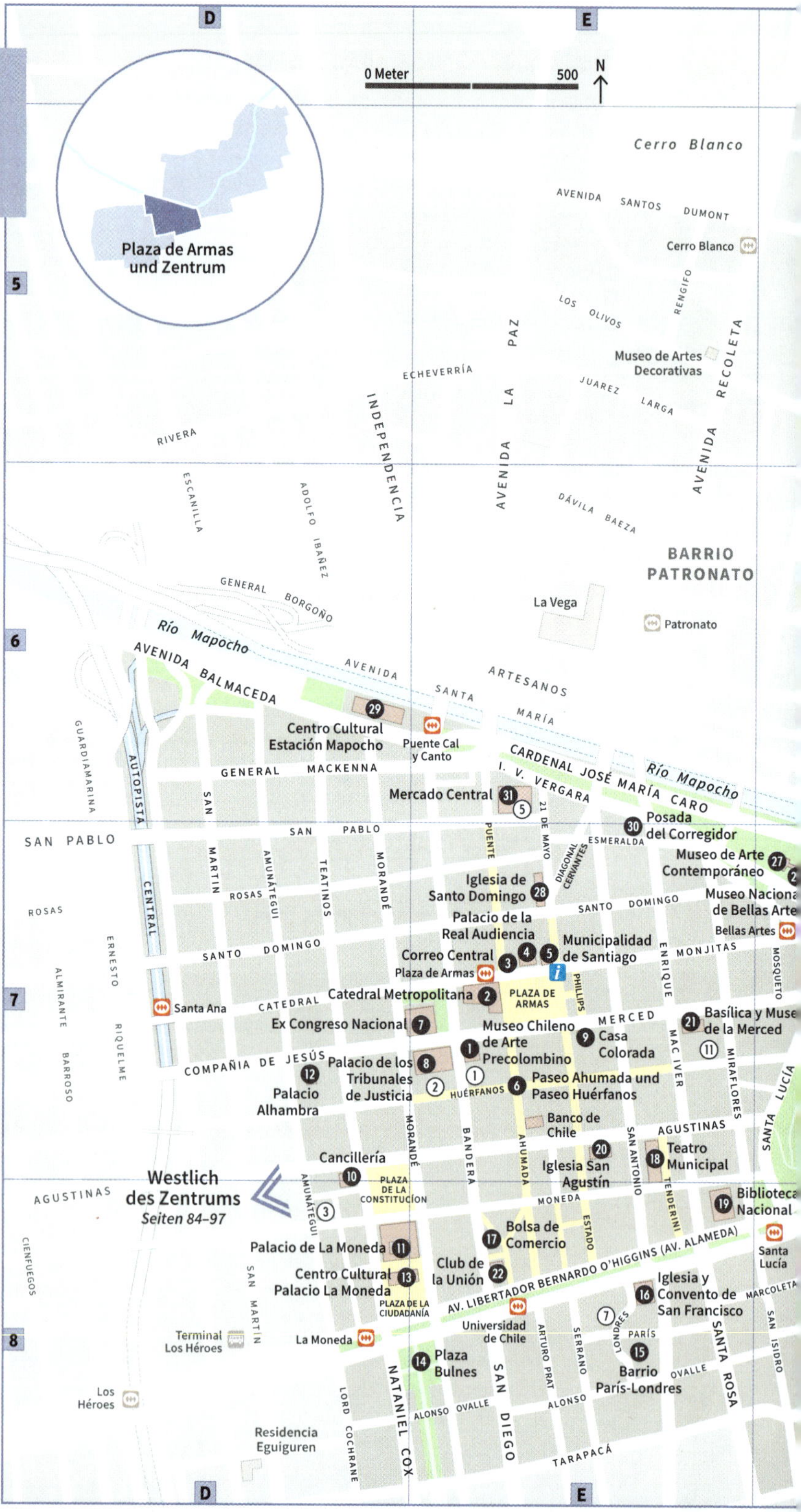

Plaza de Armas und Zentrum
0 Meter 500
Cerro Blanco
BARRIO PATRONATO
La Vega
Patronato
Río Mapocho
Centro Cultural Estación Mapocho
Puente Cal y Canto
Mercado Central
Posada del Corregidor
Museo de Arte Contemporáneo
Museo Nacional de Bellas Artes
Bellas Artes
Iglesia de Santo Domingo
Palacio de la Real Audiencia
Municipalidad de Santiago
Correo Central
Plaza de Armas
PLAZA DE ARMAS
Catedral Metropolitana
Santa Ana
Ex Congreso Nacional
Museo Chileno de Arte Precolombino
Casa Colorada
Basílica y Museo de la Merced
Palacio de los Tribunales de Justicia
Palacio Alhambra
Paseo Ahumada und Paseo Huérfanos
Banco de Chile
Cancillería
PLAZA DE LA CONSTITUCIÓN
Iglesia San Agustín
Teatro Municipal
Biblioteca Nacional
Westlich des Zentrums
Seiten 84–97
Palacio de La Moneda
Bolsa de Comercio
Club de la Unión
Centro Cultural Palacio La Moneda
PLAZA DE LA CIUDADANÍA
Santa Lucía
Iglesia y Convento de San Francisco
Universidad de Chile
La Moneda
Terminal Los Héroes
Los Héroes
Plaza Bulnes
Barrio París-Londres
Residencia Eguiguren
Museo de Artes Decorativas
Cerro Blanco

Plaza de Armas und Zentrum

Highlight

1. Museo Chileno de Arte Precolombino

Sehenswürdigkeiten

2. Catedral Metropolitana
3. Correo Central
4. Palacio de la Real Audiencia
5. Municipalidad de Santiago
6. Paseo Ahumada und Paseo Huérfanos
7. Ex Congreso Nacional
8. Palacio de los Tribunales de Justicia
9. Casa Colorada
10. Cancillería
11. Palacio de La Moneda
12. Palacio Alhambra
13. Centro Cultural Palacio La Moneda
14. Plaza Bulnes
15. Barrio París-Londres
16. Iglesia y Convento de San Francisco
17. Bolsa de Comercio
18. Teatro Municipal
19. Biblioteca Nacional
20. Iglesia de San Agustín
21. Basílica y Museo de la Merced
22. Club de la Unión
23. Cerro Santa Lucía
24. Museo de Artes Visuales
25. Barrio Lastarría
26. Museo Nacional de Bellas Artes
27. Museo de Arte Contemporáneo
28. Iglesia de Santo Domingo
29. Centro Cultural Estación Mapocho
30. Posada del Corregidor
31. Mercado Central

Restaurants

1. El Rápido
2. Bar Nacional
3. Blue Jar
4. Emporio la Rosa
5. Richard El Rey del Mariscal

Bar

6. Bocanáriz

Hotels

7. Hotel Vegas
8. Merced 88
9. Río Amazonas
10. Luciano K

Shopping

11. Libreria Inglesa

Nordöstlich des Zentrums Seiten 98–111

1

Museo Chileno de Arte Precolombino

E7 Bandera 361 +56 2 2928 1500 Plaza de Armas
Di–So 10–18 precolombino.cl

Das enzyklopädische Museo Chileno de Arte Precolombino ist dem künstlerischen und symbolischen Vermächtnis der Kulturen in Chile und Lateinamerika gewidmet und beherbergt alle möglichen Gegenstände und Relikte, die mit den Inka, Azteken, Maya und anderen alten Völkern in Verbindung stehen.

Sitz des 1981 gegründeten Museums ist der eindrucksvolle, klassizistische Palacio de la Real Aduana, der von 1805 bis 1807 als königliches Zollhaus erbaut wurde und später als Nationalbibliothek und Gerichtshof diente. Als das Museum eröffnete, umfasste die Sammlung 1500 Exponate, heute sind es doppelt so viele.

In den drei temporären Ausstellungsräumen im ersten Stock werden vertiefte Ausstellungen gezeigt, die sich auf bestimmte Kulturen konzentrieren. Die Säle im zweiten Stockwerk zeigen faszinierende Sammlungen, die nach Kulturräumen in Mesoamerika, Mittelamerika, im Amazonasgebiet, in der Karibik sowie den Zentral- und Südanden unterteilt sind. Von besonderem Interesse ist die Sammlung von Textilien und Keramik. Im Eingangsbereich gibt es ein Café und Raum für Veranstaltungen im Freien. Nach Vereinbarung sind Führungen möglich.

Entdeckertipp
Sala Textil
Verpassen Sie nicht die Sala Textil (Textilausstellung), die einige bemerkenswerte Exponate aus ganz Lateinamerika zeigt. In ihrem Bestand befindet sich ein fast 3000 Jahre alter Stofffetzen der Chavín-Kultur (aus dem heutigen Peru).

Highlight

Sergio Larraín García-Moreno

Das Museum wurde von einem charismatischen Bonvivant und visionären Sammler lateinamerikanischer und europäischer Kunst gegründet: Sergio Larraín García-Moreno (1905–1999). Der Architekt mit leidenschaftlichem Interesse für Archäologie und altamerikanische Kulturen handelte mit moderner Kunst und sammelte präkolumbische Werke. Mit Unterstützung der Stadt Santiago baute García-Moreno das abgebrannte königliche Zollhaus in ein Museum um, zudem ließ er Experten Artefakte aus Privatsammlungen in ganz Europa und Amerika erwerben.

←

Sammlung von Chemamulles, hölzerne Grabstatuen der Mapuche

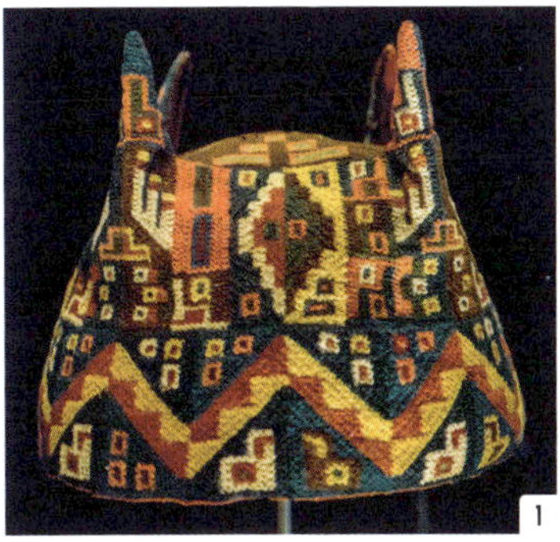

1

2

3

1 *Farbenfroher Wollhut, der von den Aymara in der Altiplano-Region getragen wurde.*

2 *Das markante Äußere des Museums. Das Gebäude wurde ursprünglich im 19. Jahrhundert als Palast erbaut.*

3 *Maya-Keramikvase, die einen Buckligen darstellt. Sie stammt aus der Zeit um 600–900 n. Chr.*

SEHENSWÜRDIGKEITEN

2 Catedral Metropolitana

E7 Plaza de Armas
Plaza de Armas
Di–Sa 11–19, So 9–19
iglesiadesantiago.cl

Die Catedral Metropolitana an der Westseite der Plaza de Armas wurde 1775 geweiht und ist die vierte Kirche an dieser Stelle. Die vorangegangenen Gebäude wurden bei Erdbeben zerstört. Diese bedeutendste Kathedrale Chiles ist Sitz der Erzdiözese von Santiago de Chile. Die Originalpläne für die im Lauf der Jahrhunderte viele Male renovierte und umgebaute Kirche stammten von bayerischen Jesuiten. Deren Einfluss ist noch immer an den imposanten Holzarbeiten zu sehen.

Der prächtige dreischiffige Innenraum ist 90 Meter lang. Im rechten Schiff bewahrt eine Urne die Herzen der Kriegshelden der Schlacht von Concepción im Salpeterkrieg (1879–83). Zu den Glanzpunkten im Mittelschiff zählen die 1850 aus London verbrachte Orgel, die Originalkanzel der Kathedrale aus dem 18. Jahrhundert und der Hauptaltar. Er wurde 1912 in München gefertigt. In der Krypta hinter dem Altar liegen Chiles Kardinäle und Erzbischöfe begraben. Ein Nationaldenkmal ist das linke Schiff, die Iglesia de Sagrario (Tabernakelkirche): Hier wurde Chiles erste christliche Pfarrgemeinde gegründet. Die Capilla del Centesimo Sacramento (Kapelle des hundertsten Sakraments) zieren herrliche Silberarbeiten der Jesuiten.

Von der Kirche gelangt man in das kleine Museo de Arte Sagrado. Es präsentiert Silberarbeiten der Jesuiten.

3 Correo Central

E7 Plaza de Armas 983
+56 2 2956 5153 Plaza de Armas Mo–Fr 9–18:30, Sa 10–14 correos.cl

Der Correo Central steht an der Stelle, an der das erste Haus von Santiago erbaut wurde. Ursprünglich wohnte hier der Stadtgründer Pedro de Valdivia, später diente das Gebäude als Sitz des Regierungsrats und nach der Unabhängigkeit bis 1846 als Residenz des Präsidenten. 1881 zerstörte ein Feuer Teile des Hauses. Ricardo Brown errichtete hier ab 1882 ein großes Postamt. Dabei integrierte er Fundament und Teile der Mauern des bestehenden Gebäudes in das neue Bauwerk. 1908 erhielt der Architekt J. Eduardo Ferham den Auftrag, die Fassade zu erneuern. Er renovierte sie im Stil der Renaissance.

Heute erinnert im ersten Stock ein Museum u. a. mit einer Briefmarkensammlung an die Geschichte der chilenischen Post.

4 Palacio de la Real Audiencia

E7 Plaza de Armas 951
+56 2 2411 7010 Plaza de Armas Di–So 10–18
museohistorico nacional.cl

Der von 1804 bis 1808 erbaute klassizistische Palacio de la Real Audiencia erlebte einige der wichtigsten Ereig-

Die Catedral Metropolitana an der belebten Plaza de Armas

> Expertentipp
> **Plaza Life**
>
> Obwohl tagsüber viel los ist, wird die Plaza de Armas am frühen Abend erst richtig lebendig. Kommen Sie möglichst früh, suchen Sie sich einen Platz auf einer der Bänke und sehen Sie dem bunten Treiben zu.

nisse des Landes. 1811 war der Palast Sitz von Chiles erstem Nationalkongress, später beherbergte er die Büros von Chiles Befreier und erstem Präsidenten, Bernardo O'Higgins. Im 20. Jahrhundert befanden sich in dem Gebäude das Rathaus und die Post.

In dem alten Palast führt heute das Museo Histórico Nacional mit chronologisch präsentierten Exponaten durch Chiles Geschichte von der Kolonialzeit bis zum Militärputsch von 1973. In den Ausstellungsräumen rund um den zentralen Innenhof sind seltene Gemälde des 18. Jahrhunderts sowie Möbel und ein Sakristeischrank zu bewundern. Nachgebaute Wohnräume, traditionelle Gewänder und landwirtschaftliche Geräte erzählen vom Leben im kolonialen Chile, andere Abteilungen widmen sich dem Transport- und Schulwesen. In der Sala Patrimonial Plaza de Armas finden Wechselausstellungen zu Kultur und Brauchtum Chiles statt.

5 Municipalidad de Santiago

E7 Plaza de Armas s/n Plaza de Armas für Besucher municipalidaddesantiago.cl

Santiagos Rathaus ist für die Öffentlichkeit geschlossen, seine Architektur ist jedoch gut von der Plaza de Armas aus zu sehen. 1548 wurde hier der *cabildo* errichtet, das koloniale Rathaus mit dem ersten Gefängnis der Stadt. Drei frühere Gebäude an dieser Stelle wurden nacheinander durch Erdbeben bzw. Brände zerstört. 1785 errichtete der italienische Architekt Joaquín Toesca in dem für ihn typischen klassizistischen Stil – wie man ihn mehrfach in Santiago sehen kann – die heutige Municipalidad.

Im Jahr 1883 lagerte man das Gefängnis aus und schuf so mehr Platz für die Büros. Zehn Jahre später wurde das Rathaus bei einem Großbrand zerstört, Santiagos Stadtverwaltung konnte jedoch schon 1895 wieder einziehen. Auch das erneuerte Gebäude gab sich klassizistisch, zeigte jetzt aber auch Elemente des italienischen Renaissance-Stils, so etwa Bogentore und große, von Säulen flankierte Fenster an der Frontfassade. Das Wappen an der Fassade des Rathauses ist ein Geschenk Spaniens.

Eine alte, im Museo Histórico Nacional ausgestellte Dampfmaschine

Restaurants

El Rápido
Preisgünstiges Lokal mit übersichtlicher Speisekarte. Die frisch gebackenen *empanadas* sind köstlich.

E7 Bandera 3471 So elrapido.cl
\$

Bar Nacional
Etwas altmodisches Lokal im Stadtzentrum, das deftige Portionen chilenischer Klassiker serviert.

E7 Huérfanos 1151 So barnacional.cl
\$

Blue Jar
Das Café-Restaurant ist gut für Kaffee, leichte Mahlzeiten und alkoholische Getränke. Das Abendessen am ersten Donnerstag im Monat (nur mit Reservierung) ist hervorragend.

D8 Profesora Amanda Labarca 102 Sa, So bluejar.cl
\$\$

Emporio la Rosa
Eisdiele mit origineller Geschmacksvielfalt.

F7 Merced 291 emporiolarosa.cl
\$

Richard El Rey del Mariscal
Eine der besten *marisquerías* (Seafood-Restaurants).

E6 Mercado Central, San Pablo 943 +56 2 2269 6255 Mo
\$\$

6

Paseo Ahumada und Paseo Huérfanos

E7 Plaza de Armas

Der Paseo Ahumada und der Paseo Huérfanos sind seit 1977 Fußgängerzonen und werden von zahlreichen Shopping-Centern, Restaurants, Elektronik- und anderen Läden gesäumt. Den ganzen Tag über bummeln Tausende Menschen durch diese attraktiven Straßen. Für Unterhaltung sorgen zahlreiche Straßenkünstler.

Der Paseo Ahumada verläuft von der Avenida del Libertador Bernardo O'Higgins, meist Avenida Alameda genannt, bis zum Mercado Central *(siehe S. 81)*. Wo die Calle Agustinas auf den Paseo Ahumada trifft, steht das ehemalige Hotel Crillón. Heute residiert hier im ersten Stock die Galería Crillón, eine der vielen City-*galerías* – labyrinthische Einkaufszentren, in denen man von Kunsthandwerk bis Designerware einfach alles erhält.

Der Paseo Huérfanos verläuft parallel zur Agustinas und kreuzt den Paseo Ahumada nahe dem Banco de Chile. Die 1921 bis 1925 von dem österreichischen Architekten Alberto Siegel erbaute Bank ist mit ihren reich verzierten Innenräumen unbedingt sehenswert.

7

Ex Congreso Nacional

E7 Catedral 1158
+56 2 2674 7800
Plaza de Armas
Mo – Fr 10 – 17:30

Das imposante klassizistische Gebäude mit den mächtigen Säulen im Stil des römischen Pantheons wurde 1976 zum nationalen Denkmal erklärt. Der Ex Congreso Nacional wurde ab 1858 erbaut und erst im Jahr 1876 unter der Leitung des Architekten Manuel Aldunate y Avaria fertiggestellt. 1895 brannte das Gebäude fast bis auf die Grundmauern ab. 1901 wurde es von dem Architekten Emilio Doyère wieder aufgebaut.

In dem Gebäude fanden die Sitzungen des Kongresses statt, bis dieser 1973 von Diktator Augusto Pinochet aufgelöst wurde. Heute sind hier Büros des Senats sowie die Abgeordnetenkammer untergebracht.

Die üppigen exotischen Gärten um das Gebäude sind bemerkenswert gestaltet und öffentlich zugänglich. Die auffällige Marienstatue wurde zum Gedenken an die 2000 Menschen aufgestellt, die 1863 beim Brand der in der Nähe stehenden Iglesia Compañía de Jesús ums Leben kamen.

Shopping

Libreria Inglesa

In dieser Buchhandlung, die eine kleine (und etwas teure) Auswahl an englischsprachigen Titeln anbietet, können Sie sich mit Lesematerial für Ihre Reisen eindecken. Es gibt auch einige weitere Filialen in der Stadt.

E7 Huérfanos 669
So libreria inglesa.cl

↑ *Die Balkone der Casa Colorada*

8

Palacio de los Tribunales de Justicia

E7 Compañía de Jesús, Ecke Morandé +56 2 2412 5700 Plaza de Armas Mo–Fr 8–14 (Ausweis muss am Empfang hinterlegt werden)

Der 1905 bis 1930 nach Plänen von Emilio Doyère erbaute Palacio de los Tribunales de Justicia zeigt klassizistische und gräkorömische Stilelemente. Das monumentale Gebäude erstreckt sich von der Calle Morandé bis zur Calle Bandera auf einer Fläche von 4000 Quadratmetern. In das Gebäude führt eine Marmortreppe, die zwei schöne Karyatiden flankieren. Hinter der strengen, repräsentativen Fassade verbirgt sich faszinierende Architektur des 20. Jahrhunderts. Über der offenen, dreigeschossigen zentralen Halle mit umlaufenden Innenbalkonen wölbt sich eine Decke aus Glas und Metall. Über dem Eingang schmückt ein Basrelief einen Kondor, der ein Buch mit den Lettern LEX – lateinisch »Gesetz« – in den Fängen hält.

Heute ist der Palacio Sitz von Chiles Oberstem Gerichtshof, des Berufungsgerichts, der Militär- und Polizeigerichte sowie der Bibliothek des Obersten Gerichtshofs.

← *Der Ex Congreso Nacional inmitten schöner Gärten*

9

Casa Colorada

E7 Merced 860 +56 2 2386 7400 Plaza de Armas Mo–Fr 12–18 santiagocultura.cl

Die Casa Colorada gehört zu den wenigen verbliebenen Kolonialgebäuden in der Hauptstadt. Das »Rote Haus« ist ein unverfälschtes Beispiel eines chilenischen Großbürgerhauses aus der Kolonialzeit. 1769 wurde es für den reichen Unternehmer Don Mateo de Toro y Zambrano (1727–1811) erbaut, dem ersten Conde de la Conquista. Er diente unter spanischer Herrschaft als ranghöchster Offizier und später als Gouverneur. Am 18. September 1810 wurde er zum ersten Präsidenten der neu gewählten Regierungsjunta in Chiles noch jungem Kampf für Unabhängigkeit gewählt. 1817, nach der Schlacht von Chacabuco, wohnten die Revolutionäre José San Martín und Bernardo O'Higgins in der Casa Colorada, später zog Lord Cochrane dort ein.

Die Casa Colorada hat, ungewöhnlich für Häuser aus jener Zeit, zwei Etagen. Die Familie lebte im Obergeschoss, die unteren Räume nutzte Don Mateo als Büro. Das Haus besaß eine rot gestrichene Ziegelfassade, die an der Basis mit dekorativen Steinen verstärkt war, Bogenfenster, Balkone und einen zentralen Innenhof.

MetroArte

Santiago ist bekannt für seine Street-Art, die man auch im Untergrund entdecken kann. Im Rahmen des städtischen Projekts MetroArte wurden U-Bahn-Stationen in Open-Air-Galerien verwandelt. Berühmtestes der 57 präsentierten Kunstwerke ist das riesige Wandbild *Memoria Visual de una Nación* von Mario Toral an der Haltestelle Universidad de Chile, das die Historie des Landes illustriert.

Die stattliche Fassade der Cancillería

10 Cancillería

D7 Teatinos 180 +56 2 2827 4200 La Moneda minrel.gob.cl

Chiles Außenministerium, die Cancillería, residiert in dem 17-stöckigen Gebäude des ehemaligen Hotels Carrera. Das bis 2003 führende Grandhotel wurde von dem Architekten Josué Smith Solar mit seinem Sohn José entworfen. Ersterer hatte sich bereits durch die Gestaltung des Club Hípico *(siehe S. 96f)* einen Namen gemacht. Auf der Gästeliste des Hotels standen u. a. Fidel Castro, Henry Kissinger, Charles de Gaulle, Nelson Rockefeller und Neil Armstrong.

Das nahe dem Palacio de La Moneda gelegene Hotel erlangte während des Putsches im Jahr 1973 Berühmtheit, als hier fast alle in Chile arbeitenden internationalen Journalisten wohnten. Die meisten Bilder von den Bombardierungen des Präsidentenpalasts wurden von den Fenstern oder auch vom Dach des Hotels aufgenommen. Das Carrera selbst wurde bei den Angriffen leicht beschädigt.

2004 wurde das Hotel für 24 Millionen Dollar verkauft und für das Außenministerium umgestaltet. Heute erinnert außer der Lobby mit den hohen Marmorsäulen nur noch wenig an das einstige Grandhotel. In der Lobby stellt das gläserne Wandbild des spanischen Künstlers Luis Egidio Meléndez die Entdeckung Amerikas dar.

Schon gewusst?

Das Silvesterfeuerwerk findet an der Torre Entel nahe dem Palacio de La Moneda statt.

11 Palacio de La Moneda

D8 Avenida Alameda, zwischen Calle Morandé und Teatinos +56 2 2690 4000 La Moneda tägl. 9–17 visitasguiadas.presidencia.cl

Der Palacio de La Moneda, eines der schönsten klassizistischen Bauwerke in Chile, ist Hauptsitz des Präsidenten. Das 1784 bis 1799 von den Spaniern errichtete Gebäude wurde 1805 als Casa de Moneda (Münze) eingeweiht. Ab 1845 waren hier Regierungsbüros untergebracht, bis 1958 diente sie als Residenz des Präsidenten. Der Palast war im 18. Jahrhundert das größte Gebäude im Kolonialreich.

An der Nordostseite ist die Grünfläche der Plaza de la Constitución von Wegen durchzogen. Besucher müssen ihren Pass hinterlegen.

Die Plaza wurde in den 1930er Jahren für den neu entstehenden Barrio Cívico angelegt, das Verwaltungs- und politische Zentrum des Landes. An der Südseite erinnert eine Statue an Chiles ehemaligen Präsidenten Salvador Allende, der hier während des Pinochet-Putschs von 1973 ums Leben kam. Jeden zweiten Tag kann man um 10 Uhr am Platz zudem dem Wachwechsel zusehen. Von der Plaza gelangen Besucher in die Innenhöfe. Der Patio de los Cañones heißt nach den beiden hier ausgestellten Kanonen, die 1778 in Peru gefertigt wurden. Der Patio de los Naranjos ist mit Orangenbäumen bepflanzt.

12 Palacio Alhambra

D7 Compañía de Jesús 1340 +56 2 2698 0875 La Moneda wegen Renovierung

Der Palacio Alhambra sticht mit seiner beeindruckenden Architektur aus der vorwiegend klassizistischen und modernen Bebauung seiner Umgebung hervor. Er wurde nach Entwürfen von Manuel Aldunate y Avaria von 1860 bis 1862 nach dem Vorbild der Alhambra in Granada erbaut. Er schuf eine kleinere Version des Palasts mit prächtigem Deckenputz, verzierten Pfeilern und einer

Kopie des Löwenbrunnens aus dem Löwenhof. Nach dem Tod des ursprünglichen Eigentümers wurde der Palacio von Don Julio Garrido Falcón, einem wohlhabenden Philanthropen, gekauft, der ihn 1940 der Nationalen Gesellschaft der Schönen Künste schenkte.

Heute ist der Palast wegen Renovierungsarbeiten bis auf Weiteres geschlossen.

Der Palacio Alhambra sticht aus der vorwiegend klassizistischen und modernen Bebauung seiner Umgebung hervor.

13

Centro Cultural Palacio La Moneda

E8 Plaza de la Ciudadanía 26 +56 2 2355 6500 La Moneda tägl. 10–18:30 cclm.cl

Das topmoderne Centro Cultural Palacio La Moneda war das Lieblingsprojekt des ehemaligen Staatspräsidenten Ricardo Lagos. 2006 eröffnete es als Teil des Proyecto Bicentenario 2010, in dessen Rahmen neue Museen gebaut und das Straßennetz verbessert wurden. Das Kulturzentrum liegt im ehemaligen Keller des Palacio de La Moneda.

Das Zentrum wurde von dem chilenischen Architekten Cristián Undurraga mit drei unterirdischen Geschossen und einer zentralen Halle entworfen. In drei Sälen finden Internationale Wechselausstellungen und Werkschauen bekannter chilenischer Künstler statt. Zum Haus gehören außerdem die Bibliothek des Dokumentationszentrums, das nationale Filmarchiv, Restaurants und Cafés sowie ein hervorragender Laden mit Kunsthandwerk aus ganz Chile. Die Plaza de la Ciudadanía mit Wegen und Wasserbecken fungiert als Dach des unterirdischen Zentrums.

14

Plaza Bulnes

E8 Nordende des Paseo Bulnes La Moneda

Unter Pinochet fanden auf der Plaza Bulnes Militär- und patriotische Feiern statt. Sie diente aber auch als Zentrum für Protestveranstaltungen sowohl unter der Diktatur als auch nach der Rückkehr zur Demokratie.

1975 ließ General Pinochet auf der Plaza die umstrittene Ewige Flamme der Freiheit aufstellen. Da sie von vielen als Symbol der Diktatur empfunden wurde, versuchten Dissidenten immer wieder, sie aus Protest zu löschen.

1979 wurden unter Pinochet die sterblichen Überreste des Revolutionshelden und ersten chilenischen Präsidenten Bernardo O'Higgins *(siehe S. 259)* vom Cementerio General *(siehe S. 104)* an die Plaza verlegt. Man wollte damit einen vaterländischen Schrein schaffen, Symbol einer Rückkehr zu traditionellen Werten.

Auf der 2005 renovierten Plaza Bulnes kann man heute die sterblichen Überreste von Bernardo O'Higgins in einer unterirdischen Krypta sehen.

↑ *Die höhlenartige Haupthalle des Centro Cultural Palacio La Moneda*

Hotels

Hotel Vegas
Das Mittelklassehotel liegt günstig und erfüllt die grundlegenden Anforderungen: gut ausgestattete Zimmer, gute Preise und effizienter Service.

E8 Calle Londres 49 hotelvegas.net

$$$

Merced 88
Neben sauberen Vier- bis Zehn-Bett-Schlafsälen verfügt das in einem Gebäude aus den 1920er Jahren untergebrachte Hostel über Privatzimmer, eine gut ausgestattete Küche und eine Dachterrasse.

F7 Merced 88 +56 9 4238 3365

$$$

Río Amazonas
Nur zehn Minuten von Bellavista entfernt, ist das entzückende Gästehaus ein Ort für Reisende jeden Alters. Tolle Atmosphäre und viele Informationen.

G7 Vicuña Mackenna 47 hostalrioamazonas.cl

$$$

Luciano K
Das Boutique-Hotel ist ein architektonisches Juwel mit schöner Art-déco-Ausstattung, großzügigen Bädern und einem hervorragenden Restaurant auf der Dachterrasse.

F7 Merced 84 lucianokhotel.com

$$$

15

Barrio París-Londres

E8 Londres und París Universidad de Chile

Mit seinen kleinen, kunstvollen Häusern bildet das winzige Viertel París-Londres eine architektonische Oase in einem Stadtteil voller Parkgaragen und Zweckbauten aus den 1960er und 1970er Jahren. Der *barrio* wurde 1922 auf dem Gartengrund des Convento de San Francisco nach Plänen von Ernesto Holzmann erbaut. Nach Ansicht des Architekten mangelte es in Santiagos Innenstadt an attraktiven Wohngegenden, die in Gehweite von Dienstleistern und Läden entfernt lagen. Er kaufte den Garten vom Convento de San Francisco und beauftragte Architekten mit dem Bau eines »Modellwohnblocks«, den er in anderen Gebieten der Stadt nachbauen wollte.

Der kleine, gut erhaltene Stadtteil überzeugt mit seinem eleganten Ambiente, Cafés und Innenhöfen. In einem Radius von vier Häuserblocks findet man hier Kopfsteinpflasterstraßen und Gebäude im Stil der italienischen Renaissance (Londres 65), des französischen Klassizismus (Londres 70) und Neokolonialismus (Londres 69).

Das Haus Londres 38 war während der Diktatur (1973–90) ein berüchtigtes Folterzentrum. Hier können Besucher diverse Exponate zu den Repressionen der Pinochet-Jahre erkunden.

16

Iglesia y Convento de San Francisco

E8 Londres 4 +56 2 2639 8737 Universidad de Chile Mo–Fr 9:30–13, 15–18, Sa, So 10–14 museosanfrancisco.com

Die Iglesia y Convento de San Francisco ist das älteste bestehende Gebäude in Santiago und ein Nationaldenkmal mit Architekturelemen-

1951
wurde die Iglesia y Convento de San Francisco zum nationalen Denkmal erklärt.

←

Schöne Straße im Barrio París-Londres

ten aus verschiedenen Epochen. Pedro de Valdivia erbaute hier im 16. Jahrhundert als Erster eine Kapelle zu Ehren der Virgen del Socorro, deren Bildnis er immer bei sich trug und die, so glaubte er, die Konquistadoren vor Angriffen der Indianer geschützt hatte. Im Jahr 1618 errichteten die Franziskaner eine Kirche mit Steinmauern und Kassettendecke, zudem erweiterten sie die Anlage um einen Kreuzgang, Gärten und eine Krankenstation. Außer den beiden Glockentürmen überstand das Gebäude zwei starke Erdbeben. Den heutigen Turm entwarf Fermín Vivaceta im Jahr 1857 im klassizistischen Stil.

Die riesigen Mauersteine der ersten Kirche sind noch heute zu sehen. Gleiches gilt für die aufwendigen Schnitzereien und die geschnitzten Kirchenportale aus Zedernholz. Der grüne, ruhige Innenhof des Klosters und die Ziegeldächer sind typisch für die traditionelle Architektur in Chile *(siehe S. 36f)*.

In dem angeschlossenen Museo San Francisco illustriert eine Bilderserie aus dem 17. Jahrhundert das Leben des heiligen Franz von Assisi. Zudem sieht man antike Schlösser und Darstellungen mit Szenen aus dem Leben der Virgen del Socorro. Im Salón Gabriela Mistral ist die Nobelpreis-Medaille für Literatur der Dichterin und Diplomatin *(siehe S. 38)* ausgestellt.

17 Bolsa de Comercio

E8 · La Bolsa 64 · +56 2 2399 3000 · Universidad de Chile · Mo–Fr 9:30–16 (Nov–Feb: Mo–Fr 9:30–17) · bolsadesantiago.com

Chiles Börse eröffnete 1884 mit nur 160 geführten Unternehmen. Diese Zahl verdoppelte sich innerhalb von nur zehn Jahren. Anfang des 20. Jahrhunderts florierte Chiles Wirtschaft immer noch – hauptsächlich aufgrund des Booms in Bergbau und Nitratabbau in der Wüste im Norden.

Heute ist das Finanzviertel der Hauptstadt, La City, ein winziger Stadtteil mit schönen Kopfsteinpflasterstraßen und historischen Gebäuden. Das Herz des Wirtschaftszentrums schlägt in der Bolsa de Comercio. Santiagos lebhafte Börse sitzt in einem dreieckigen Gebäude im Stil der französischen Renaissance mit römischen Säulen, Schieferdach und Kuppel. Das elegante Bauwerk wurde 1917 nach Plänen von Emilio Jecquier (1866–1949) errichtet, der sich mit dem Museo Nacional de Bellas Artes *(siehe S. 79)* bereits einen Namen gemacht hatte.

Wer den hektischen Trubel der Börse als Besucher verfolgen möchte, muss am Eingang seinen Pass oder Ausweis vorzeigen. Obwohl die Bolsa de Comercio in den vergangenen Jahrzehnten enorm mit neuester Technik aufgerüstet wurde, hat sie sich in den Innenräumen ihre originale Pracht erhalten.

→

Die beeindruckende Bolsa de Comercio, Sitz von Santiagos Börse

↑ *Die glänzenden Marmor-Innenräume des Teatro Municipal*

18

Teatro Municipal

E7 Agustinas 794
+56 2 2463 8888
Universidad de Chile
municipal.cl

Das Teatro Municipal ist Chiles bedeutendste Bühne für klassische Musik, Oper und Theater. Es wurde 1853 bis 1857 nach Plänen von Claude François Brunet de Baines im Stil des französischen Klassizismus erbaut. Eröffnet wurde das Haus mit einer Inszenierung von Verdis *Ernani*. Rasch wurde das Teatro zum kulturellen und sozialen Treffpunkt von Santiagos Elite, die bedeutende Opernaufführungen großzügig unterstützte. Nach einem Großbrand 1870 konnte der Architekt Lucien Henault das fast zerstörte Theater in alter Pracht rekonstruieren. 1873 wurde es wieder eröffnet.

Im Foyer, La Capilla, stehen zwei Skulpturen von Nicanor Plaza: *Prólogo* und *Epílogo*. Der große Konzertsaal fasst 1500 Zuschauer, die Sala Arrau im zweiten Stock hat 250 Sitze. Der innere Saal wurde nach dem Vorbild der Pariser Oper mit seitlichen Logen, großer Kuppeldecke und prächtigen Kristallleuchtern von 1930 versehen.

Zum Haus gehören zudem Kostümschneidereien, Probebühnen, Garderoben und eine Kulissenwerkstatt. In dem Theater treten auch das Orquesta Filarmónica, das Ballet de Santiago und der Chor des Teatro Municipal auf. Berühmte Gaststars waren u. a. Igor Strawinsky, Anna Pawlowa und der chilenische Pianist Claudio Arrau.

Führungen gibt es von Dienstag bis Samstag.

19

Biblioteca Nacional

E8 Avenida Alameda 651 +56 2 2360 5310
Santa Lucía Mo–Fr 9–19, Sa 9:15–14
bibliotecanacional.cl

Über einen ganzen Block erstreckt sich die imposante Biblioteca Nacional. Sie wurde 1914 bis 1927 von dem Architekten Gustavo García Postigo im Stil der Pariser Académie Française erbaut. Mit Bronzebalustraden, Marmortreppen, Wandgemälden und ornamentalen Holzschnitzereien ist sie für ein Bauwerk des 20. Jahrhunderts eher untypisch ausgestattet.

Die Bibliothek besitzt eine herausragende Sammlung kolonialzeitlicher Literatur. Geschätzte 60 Prozent der Werke, die während der Kolonialzeit in Lateinamerika gedruckt wurden, findet man in der Sala Medina im zweiten Stock – darunter *Teología Mística* aus Mexiko (1547), *La Doctrina Cristina* aus Peru (1584) und die Chroniken von Entdeckern wie Sir Francis Drake.

20

Iglesia de San Agustín

E7 Agustinas 828
Universidad de Chile
Mo–Fr 9–18
iglesiadesantiago.cl

Mit dem Bau der Iglesia de San Agustín, früher Templo de Nuestra Señora de Gracia genannt, wurde die katholische Augustinermission in Chile gegründet. Augustinermönche erreichten Chile 1595 von Peru aus. 1625 bauten sie in Chile ihre erste Kirche. Diese wurde 1647, wie fast die ganze Stadt auch, bei einem Erdbeben zerstört. 1707 wurde sie wieder aufgebaut, 1730 erneut beschädigt und schließlich von Fermín Vivaceta restauriert und mit Säulen an der Fassade und den Glockentürmen versehen.

Die Statue des *Cristo de Mayo* wurde nach dem Beben im Jahr 1647 unbeschädigt geborgen. Nur die Dornenkrone war um den Hals

In kurzer Zeit wurde das Teatro Municipal zum kulturellen und sozialen Treffpunkt von Santiagos Elite, die bedeutende Opernaufführungen großzügig unterstützte.

Entdeckertipp
Mysteriöse Tafel
Die Basílica y Museo de la Merced enthält bemerkenswerte Exponate von der Osterinsel, etwa eine Tafel, die mit der nicht entzifferten Rongorongo-Schrift bedeckt ist – ein Glyphensystem der Rapa Nui.

der Jesusfigur gefallen. Dies wurde als Wunder angesehen, war doch der Durchmesser der Krone kleiner als der des Kopfes. Um dieses Ereignis zu feiern, zogen die Priester in einer Prozession durch die zerstörten Straßen Santiagos. In den folgenden Jahrzehnten wurde der 13. Mai im Gedenken an dieses »Wunder« zum bedeutendsten religiösen Feiertag der Stadt. Der Tag wird auch heute noch gefeiert, aber in bescheidenerem Rahmen.

21 Basílica y Museo de la Merced

E7 Mac Iver 341 +56 2 2664 9181 Plaza de Armas Mo–Fr 10–13, 15–19:30 mercedarios.cl

Die Basilika wurde 1566 vom Mercedarier-Orden erbaut, der mit der ersten Expedition nach Chile gekommen war. Anfänglich wurde sie von Santiagos Oberschicht gefördert. Deren Mitglieder sind hier zum Teil bestattet, darunter der Gouverneur Rodrigo de Quiroga und dessen Frau Inés de Suárez. Sie war die erste Spanierin in Chile. Die heutige Basilika wurde 1760 errichtet und später von Joaquín Toesca mit klassizistischen Elementen versehen. Zur Barockausstattung gehören eine handgeschnitzte Kanzel und eine Maria von der Barmherzigkeit von 1548. Im Museo de La Merced sind Artefakte von der Osterinsel sowie koloniale Kunst und Figuren (18. Jh.) zu sehen.

22 Club de la Unión

E8 Avenida Alameda 1091 Universidad de Chile clubdelaunion.cl

Der exklusive Club de la Unión wurde von 1917 bis 1925 von dem bekannten chilenischen Architekten Alberto Cruz Montt (1879–1955) im Stil des französischen Klassizismus erbaut. Im Inneren findet man große Speiseräume, Säle mit schönen antiken Möbeln, eine private Kunstgalerie, die längste aus Eichenholz geschnitzte Bar des Landes sowie glänzende Marmorwände, Antiquitäten, Kristallleuchter und andere schöne Elemente.

In den bis dahin reinen Männerclub wurde 2006 das erste weibliche Mitglied aufgenommen.

Basílica y Museo de la Merced an einem baumbestandenen Platz ↓

23

Cerro Santa Lucía

F7 Avenida Alameda 499 +56 2 2633 1418 Santa Lucía tägl. 9–20

Der Hügel mit dem schönen Park ragt mitten in Santiago auf. 1541 gründete der Konquistador Pedro de Valdivia genau an dieser gut zu verteidigenden Stelle die Stadt. Nach der Landnahme nannten die Mapuche den Hügel *huelén* – »Schmerz« oder »Trauer«. 1871 ließ Bürgermeister Benjamín Vicuña Mackenna den 69 Meter hohen Hügel in eine grüne Oase mit eisernen Geländern im gotischen Stil, Wegen, Statuen, Brunnen und Aussichtspunkten verwandeln. Er selbst wurde hier in der winzigen Capilla la Ermita bestattet. In einen zwei Meter hohen Stein ist eine Passage aus einem Brief von Pedro de Valdivia an Karl V., Kaiser des Heiligen Römischen Reichs, gemeißelt. Valdivia beschreibt darin die schöne Landschaft Chiles. Eine Statue erinnert an den Ketzerfriedhof, der einst zum Cerro Santa Lucía gehörte. Dort wurden Nichtkatholiken und Selbstmörder begraben. Das Castillo Hidalgo auf der Hügelkuppe wurde 1816, während des chilenischen Unabhängigkeitskriegs, von Royalisten erbaut.

Von der Avenida Alameda aus spaziert man auf den Hügel über die monumentalen Treppen an der Plaza Neptuno oder von der Calle Agustinas aus über eine gepflasterte Straße. Nur gelegentlich fährt der gläserne Aufzug an der Calle Huérfanos. Seit dem 18. Jahrhundert erschallt täglich um 12 Uhr mittags ein Kanonenschuss.

Die Treppe an der Plaza Neptuno am Cerro Santa Lucía

24

Museo de Artes Visuales

F7 José Victorino Lastarría 307 +56 2 2664 93 37 Universidad Católica Di–So 10–18 mavi.cl

Das 1994 eröffnete Museo de Artes Visuales (MAVI) ist ideal für Besucher, die Skulpturen, Gemälde, Fotografien und Konzeptkunst zeitgenössischer chilenischer Künstler kennenlernen möchten. Die Sammlung umfasst mehr als 1500 Kunstwerke. Zu sehen sind etwa Bilder des Neo-Expressionisten Samy Benmayor, Öl-, Acryl- und andere Arbeiten von Gonzalo Cienfuegos sowie Installationen von Rodrigo Cabezas.

Im zweiten Stock zeigt das Museo Arqueológico de Santiago in einem Saal über

Bar

Bocanáriz

Diese Weinbar mit Hunderten von Flaschen und Dutzenden von glasweise verfügbaren edlen Tropfen gilt als beste der Stadt. Sie bietet auch eine gute Speisekarte und eine angenehme Atmosphäre.

F7 Lastarría 276
bocanariz.cl

3300 Artefakte aus dem präkolumbischen Chile, darunter eine Chinchorro-Mumie, Utensilien für Halluzinogene aus der Atacama, Alltagsobjekte, Werkzeuge und dekorative Artefakte von den Aymara, Mapuche, Fuegino und Rapa Nui.

25

Barrio Lastarría

F7 José Victorino Lastarría +56 2 2638 3975 Universidad Católica barriolastarria.com

Im auch Barrio Parque Forestal genannten Barrio Lastarría wohnen viele Künstler, Schauspieler und andere Kreative. In der Calle Lastarría und ihren schmalen Nebenstraßen findet man zahlreiche Cafés, Restaurants, *Artesanía*-Läden mit Kunsthandwerk, Kunstgalerien, Buchhandlungen und einige Boutiquen. Hier kann man wunderbar bummeln und shoppen. In der Mitte der Calle Lastarría steht die schlichte, klassizistische Iglesia de Vera Cruz von 1858.

Hauptattraktion im Barrio Lastarría ist die winzige **Plaza Mulato Gil de Castro**. Der Platz war früher der Hof eines Hauses. Heute heißt er nach dem berühmten Porträtisten José Gil de Castro, der im 19. Jahrhundert im *barrio* lebte. Auf der Plaza findet donnerstags bis samstags ein sehenswerter Bücher- und Trödelmarkt statt.

Das Kunstzentrum **Centro Gabriela Mistral**, benannt nach dem ersten lateinamerikanischen Literaturnobelpreisträger, veranstaltet regelmäßig Konzerte, Theater- und Tanzaufführungen. Es befindet sich in einem bemerkenswerten Gebäude und ist ein Labyrinth aus kleinen Plätzen und Cafés. Im ersten Stock sind Ausstellungsräume, in denen chilenische Künstler ihre Werke zeigen.

Entdeckertipp
Bildende Kunst
Südlich des Barrio Lastarría feiert das Museo Violeta Parra den ersten chilenischen Künstler, der eine Louvre-Ausstellung hatte (www.museovioletaparra.cl).

↑ *Die schöne Halle mit gewölbter Glasdecke im Museo Nacional de Bellas Artes*

Plaza Mulato Gil de Castro
Merced, Ecke Lastarría
Mo–Fr 11–24

Centro Gabriela Mistral
Avenida O'Higgins 227
So–Do 9–22, Fr 9–17
gam.cl

26

Museo Nacional de Bellas Artes

F7 Palacio de Bellas Artes, Parque Forestal +56 2 2499 1600 Bellas Artes Di–So 10–17:30 mnba.cl

Südamerikas ältestes Kunstmuseum wurde 1880 als Museo de Pintura Nacional im Parque Quinta Normal *(siehe S. 88f)* gegründet. Als eines der führenden Kunstmuseen Südamerikas residiert es heute in einem schönen Palast, der 1910 zu Chiles Hundertjahrfeier erbaut wurde. Das Gebäude entwarf der frankochilenische Architekt Emilio Jecquier im Stil des französischen Klassizismus mit Jugendstil-Elementen nach dem Vorbild des Petit Palais in Paris. Vor dem Museum steht die Bronzeplastik *Unidos en la Gloria y la Muerte* (Vereint in Ruhm und Tod) der chilenischen Künstlerin Rebeca Matte von 1922.

Die 2700 Exponate der Dauerausstellung sind nach ästhetischen, historischen und thematischen Kriterien geordnet. Die ältesten Werke entstanden in der Kolonialzeit. Sie behandeln religiöse Themen und die Verschmelzung von spanischer und indigener Kultur. Aus dem 19. Jahrhundert stammen Landschaftsbilder und Porträts bedeutender chilenischer Persönlichkeiten. Am berühmtesten sind die Gemälde von José Gil de Castro. Besonders wertvoll sind die Bilder des Surrealisten Roberto Matta (20. Jh.). Das Museum zeigt auch Wechselausstellungen, etwa Werke von Damien Hirst und David Hockney.

↑ *Exponate im Museo de Arte Contemporáneo*

27

Museo de Arte Contemporáneo

F7 Palacio de Bellas Artes, Parque Forestal +56 2 2977 1741 Bellas Artes Di–Fr 13–16, Sa 13–17:30 mac.uchile.cl

Das Museo de Arte Contemporáneo (MAC) im Palacio de Bellas Artes betritt man durch einen Eingang an der Westseite. Das Museum präsentiert mit seiner Filiale im Parque Quinta Normal über 2000 Werke in Dauerausstellung, darunter 600 Gemälde, 80 Skulpturen und 250 Fotografien vom Ende des 19. Jahrhunderts bis heute. Internationalen und einheimischen Künstlern sind die monatlichen Ausstellungen gewidmet. Die Sammlung lateinamerikanischer Kunst präsentiert unter anderem Werke des Grupo Signo und der Generación del Trece. Der europäische Einfluss ist trotz indigener Sichtweisen offenkundig. Dies zeigt sich etwa im Werk des Chilenen Hugo Marín, der europäische Techniken mit präkolumbischen Elementen verbindet. Vor dem Gebäude steht eine Pferdeskulptur des Kolumbianers Fernando Botero.

28

Iglesia de Santo Domingo

E7 Santo Domingo 961 +56 2 2633 1584 Plaza de Armas

Die heutige Iglesia de Santo Domingo ist die vierte Kirche des Dominikanerordens an dieser Stelle. Das bestehende Bauwerk wurde ab 1747 nach Plänen des Architekten Juan de los Santos Vasconcelos errichtet. Mit ihrem dorisch-klassizistischen Stil unterscheidet sich die Kirche von allen anderen Bauwerken in Santiagos Innenstadt. Von 1795 bis 1799 vollendete der italienische Architekt Joaquín Toesca die Innenräume der Kirche und baute Ziegeltürme im Stil des bayerischen Barock an. 1808 wurde die Kirche geweiht. Gläubige beten hier zur Statue der Jungfrau von Pompeji am Hauptaltar.

29

Centro Cultural Estación Mapocho

D6 Plaza de la Cultura s/n, Balmaceda und Independencia +56 2 2787 0000 Cal y Canto tägl. 11–20 estacionmapocho.cl

Die Estación Mapocho eröffnete 1913 als Bahnhof für die Züge zwischen Santiago und Valparaíso in Nordchile bzw. Mendoza in Argentinien. Der Bahnhof wurde von dem renommierten chilenischen Architekten Emilio Jecquier entworfen, der in Frankreich studiert hatte. Wie sehr Jecquier von der Beaux-Arts-Bewegung und Gustave Eiffel, dem Ingenieur des berühmten Pariser Turms, inspiriert war, sieht man deutlich an den Details der beeindruckenden Fassade des Bahnhofs und in dessen Halle an den Kuppeln und Säulen. Das Stahldach und das Stahlskelett wurden in Belgien produziert. Die Gewölbe und die Vordächer wurden in Paris gefertigt. Alle Elemente wurden nach Chile verschifft und dort zusammengebaut.

Die Estación Mapocho gehörte zu den öffentlichen Projekten für Chiles Hundertjahrfeier im Jahr 1910. Der Bahnhof wurde von 1905 bis 1912 erbaut und 1976 zum Nationaldenkmal erklärt. Als ab 1987 keine Züge mehr in die Estación einfuhren, verfiel das ungenutzte Gebäude. Schließlich wurde es im Auftrag der Regierung renoviert, umgebaut und 1994 als Centro Cultural Estación Mapocho wieder eröffnet.

Die mit der Renovierung beauftragten Architekten bewahrten die Fassade des Bahnhofs sowie die meisten Zierelemente.

Das Centro Cultural ist heute ein beliebter Veranstaltungsort. Es dient als

→ *Volles Lokal auf dem schönen Mercado Central*

Konzert- und Theaterbühne, zudem bietet es Film- und Tanzvorführungen. Viele der nunmehr umgebauten Säle beherbergen Galerien.

Die bedeutendste Veranstaltung im Kulturzentrum ist die Feria Internacional del Libro de Santiago (FILSA) im Frühjahr. Die zweiwöchige Buchmesse findet im Oktober oder November statt und präsentiert vor allem chilenische und internationale spanischsprachige Autoren des Kontinents und aus Europa. Unter www.camaradellibro.cl findet man aktuelle Infos zur Buchmesse.

30

Posada del Corregidor

E7 Esmeralda 749
Bellas Artes Di–Sa 10–13, 14–17 (vorher buchen)
santiagocultura.cl

Die um 1750 erbaute Posada ist als eines der wenigen verbliebenen Kolonialgebäude in Santiago ein Nationaldenkmal. Mit ihren massiven Adobe-Mauern, Sockelsteinen und Balkonen im Obergeschoss ist sie ein typisches chilenisches Stadthaus des 18. Jahrhunderts. In den 1920er Jahren traf sich hier Santiagos Boheme.

Heute dient die Posada als Kunstgalerie für zeitgenössische aufstrebende Künstler. Beim Erdbeben im Jahr 2010 wurde das Gebäude arg in Mitleidenschaft gezogen. Seither wurde es aufwendig restauriert und modernisiert.

31

Mercado Central

E6 San Pablo 967
+56 2 2696 8327 tägl. 6–17 (Fr bis 20, Sa bis 18)

Der Mercado Central wurde 1872 für die Landesausstellung über den niedergebrannten Ruinen der Plaza de Abastos gebaut. Der von dem Architekten Fermín Vivaceta entworfene Markt zählt zu den schönsten öffentlichen Gebäuden aus jener Epoche. Kurze Zeit überlegte man sogar, ihn als Kunstmuseum zu nutzen.

Nach der Ausstellung von 1872 wurde der Mercado Central ein Hauptmarkt. Obwohl Santiagos Fisch- und Gemüsegroßmarkt inzwischen an anderer Stelle untergebracht ist, ist der Mercado Central noch immer ein wichtiger Handelsplatz. Einheimische und Gäste begutachten und kaufen hier Fische und Meeresfrüchte von der chilenischen Küste oder lassen sich ortstypische Gerichte in einem der vielen Lokale schmecken.

Entdeckertipp
Empanadas

Wenn Sie auf dem Mercado Central eine *empanada* essen wollen, gehen Sie zu Zunino. Das Unternehmen besteht seit 1930 und hat sein Rezept perfektioniert (www.emporio zunino.cl).

Spaziergang um die Plaza de Armas

Länge 1,5 km **Dauer** 20 Minuten **Metro** Bellas Artes

Die Plaza des Armas (Waffenplatz) entstand im 16. Jahrhundert nach der damaligen spanischen Standardvorgabe, der zufolge ein zentrales Areal einer Stadt nicht zu bebauen, sondern als Paradeplatz zu nutzen war. In der Kolonialzeit säumten Regierungsbüros den Platz, im 17. Jahrhundert war er ein Marktzentrum. Im Jahr 2000 wurde der Platz freigeräumt, um mehr offenen Raum in der Stadt zu schaffen. Nur ein paar hohe Bäume und Palmen blieben stehen. Heute ist er ein quirliger Treffpunkt, man kann auf Parkbänken rasten, Schach spielen sowie Vorführungen von Straßenkünstlern genießen.

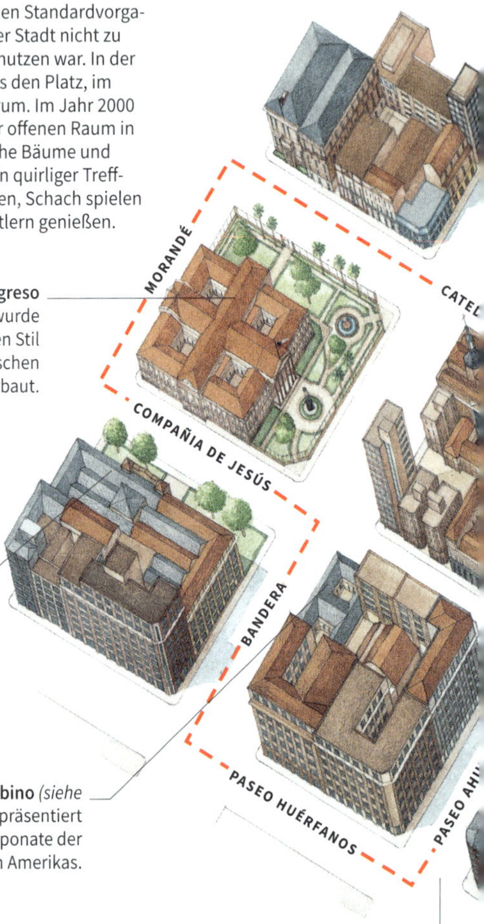

Der altehrwürdige **Ex Congreso Nacional** *(siehe S. 70)* wurde 1857–76 im klassizistischen Stil mit mächtigen korinthischen Säulen erbaut.

Chiles Oberstes Gericht tagt im **Palacio de los Tribunales de Justicia** *(siehe S. 71)* im französischen klassizistischen Stil. Die Glas-Metall-Decke des Baus erstreckt sich über seine ganze Länge.

Das **Museo Chileno de Arte Precolombino** *(siehe S. 66f)* im Palacio de la Real Aduana präsentiert Kunst, Kunsthandwerk und andere Exponate der präkolumbischen Kulturen Amerikas.

Paseo Ahumada und **Paseo Huérfanos** sind von Einkaufszentren, Läden, Cafés und Restaurants gesäumt.

← *Die neoklassizistische Fassade des Palacio de los Tribunales de Justicia*

Zur Orientierung
Siehe Stadtteilkarte S. 64f

↑ *Die vitale Atmosphäre auf der Plaza de Armas*

Die 1775 geweihte **Catedral Metropolitana** *(siehe S. 68)* ist die vierte Kirche an diesem Standort. Sie war ursprünglich von Jesuiten entworfen worden und wurde 1780–89 im klassizistischen Stil umgebaut.

Wo seit 1882 das klassizistische Gebäude von Chiles **Correo Central** (Zentralpost; *siehe S. 68*) aufragt, stand zuvor Pedro de Valdivias Haus.

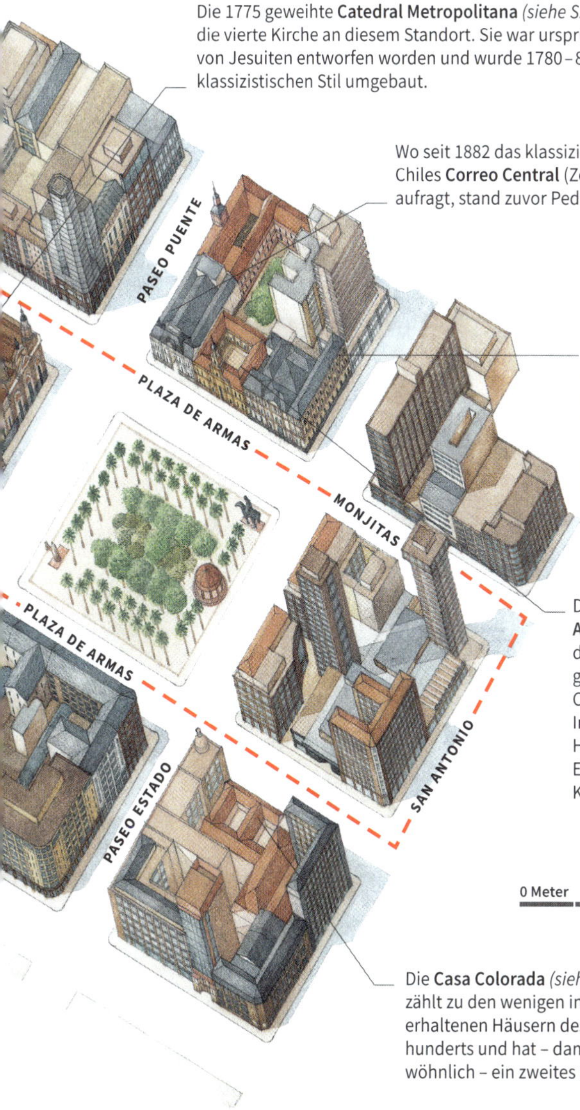

Das klassizistische Gebäude der **Municipalidad de Santiago** *(siehe S. 69)* von 1785 diente erst als Stadtgefängnis, bevor Santiagos Stadtverwaltung einzog.

Der **Palacio de la Real Audiencia** *(siehe S. 68f)* diente bis zur Unabhängigkeit 1810 als Sitz von Chiles Oberstem Gericht. Innen bietet das Museo Histórico Nacional einen Einblick in Santiagos Kolonialgeschichte.

Die **Casa Colorada** *(siehe S. 71)* zählt zu den wenigen in Santiago erhaltenen Häusern des 18. Jahrhunderts und hat – damals ungewöhnlich – ein zweites Geschoss.

Street-Art von Payo an einem Gebäude im Barrio Brasil (siehe S. 92f)

Westlich des Zentrums

Zu dem ausufernden Gebiet westlich des Stadtzentrums gehören Santiagos älteste Viertel, darunter Barrio Brasil, Barrio Concha y Toro, Barrio Yungay sowie die Gegend um die Calle Dieciocho. Hier lebte Santiagos Oberschicht, wovon die vielen schönen Gebäude im französischen und neoklassizistischen Stil des frühen 20. Jahrhunderts noch zeugen. Als viele Bewohner im 20. Jahrhundert jedoch in die sich schnell entwickelnden, eher vorstädtischen Viertel nordöstlich des Stadtzentrums zogen, verfiel das Gebiet. In den vergangenen rund 20 Jahren hat sich die Situation erneut geändert: Die Gegend wurde aufgewertet, Barrios wie Brasil und Yungay gehören heute zu den angesagtesten der Stadt.

In diesem Teil der Stadt sind nur wenige Häuser aus der Kolonialzeit erhalten, dafür findet man aber viele schöne Bauten aus dem 19. und dem frühen 20. Jahrhundert, in denen sich heute Restaurants, Bars und Boutique-Hotels befinden. Die meisten der interessanten Museen des Areals sind rund um den 1841 eröffneten, üppig grünen Parque Quinta Normal, der das kulturelle Zentrum des Gebiets bildet, angesiedelt.

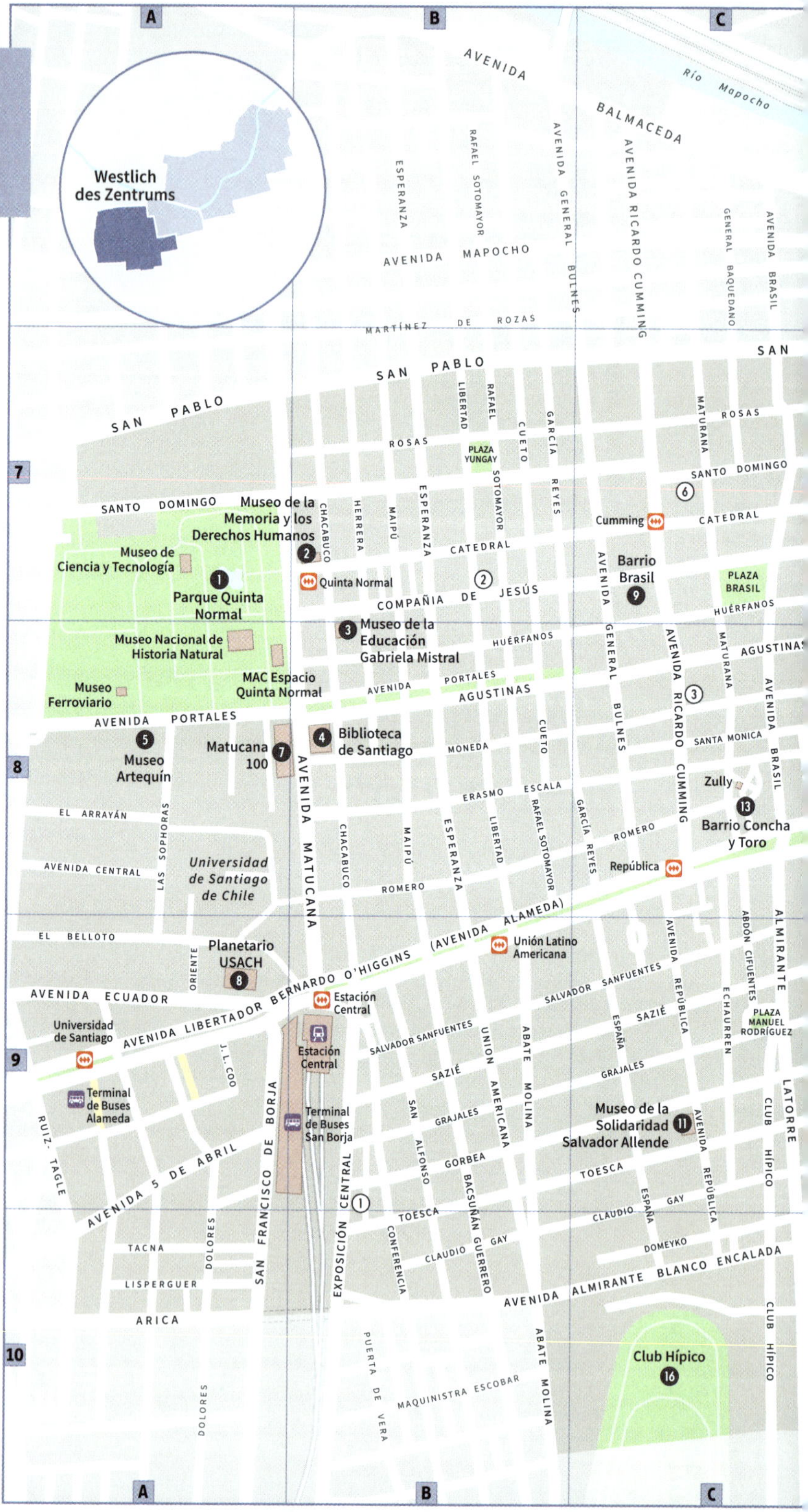

A
B
C
Westlich des Zentrums
Avenida Balmaceda
Río Mapocho
Esperanza
Rafael Sotomayor
Avenida General Bulnes
Avenida Ricardo Cumming
General Baquedano
Avenida Brasil
Avenida Mapocho
Martínez de Rozas
San Pablo
Libertad
Rafael
Cueto
García
Reyes
Maturana
Rosas
Plaza Yungay
7
Santo Domingo
Museo de la Memoria y los Derechos Humanos
Chacabuco
Herrera
Maipú
Sotomayor
Cumming
Catedral
Museo de Ciencia y Tecnología
1 Parque Quinta Normal
2
Quinta Normal
Barrio Brasil
9
Plaza Brasil
Compañía de Jesús
Huérfanos
3 Museo de la Educación Gabriela Mistral
Museo Nacional de Historia Natural
Agustinas
MAC Espacio Quinta Normal
Avenida Portales
Museo Ferroviario
5 Museo Artequín
4 Biblioteca de Santiago
Matucana 100 7
8
Moneda
Santa Monica
Zully
13 Barrio Concha y Toro
Erasmo
Escala
El Arrayán
Las Sophoras
Avenida Matucana
Romero
Avenida Central
Universidad de Santiago de Chile
República
El Belloto
Oriente
Planetario USACH 8
Avenida Libertador Bernardo O'Higgins (Avenida Alameda)
Unión Latino Americana
Avenida Ecuador
Estación Central
Salvador Sanfuentes
Avenida República
Abdón Cifuentes
Almirante
Plaza Manuel Rodríguez
Echaurren
España
Sazié
Universidad de Santiago
9
J. L. Coo
Unión Americana
Abate Molina
Grajales
Terminal de Buses Alameda
San Francisco de Borja
Terminal de Buses San Borja
San Alfonso
Museo de la Solidaridad Salvador Allende 11
Club Hípico
Latorre
Ruiz-Tagle
Avenida 5 de Abril
Gorbea
Bacsuñán Guerrero
Toesca
Exposición Central
1
Gay
Claudio
Conferencia
Domeyko
Tacna
Dolores
Lisperguer
Arica
Avenida Almirante Blanco Encalada
10
Club Hípico 16
Puerta de Vera
Maquinista Escobar

Westlich des Zentrums

Highlight

1. Parque Quinta Normal

Sehenswürdigkeiten

2. Museo de la Memoria y los Derechos Humanos
3. Museo de la Educación Gabriela Mistral
4. Biblioteca de Santiago
5. Museo Artequín
6. Confitería Torres
7. Matucana 100
8. Planetario USACH
9. Barrio Brasil
10. Fantasilandia
11. Museo de la Solidaridad Salvador Allende
12. Palacio Cousiño
13. Barrio Concha y Toro
14. Barrio Dieciocho
15. Basílica de los Sacramentinos
16. Club Hípico
17. Parque Bernardo O'Higgins

Restaurants

① El Hoyo
② Peluquería Francesa
③ Ocean Pacific's
④ La Diana

Hotels

⑤ Casa Zañartu
⑥ Hotel Brasilia

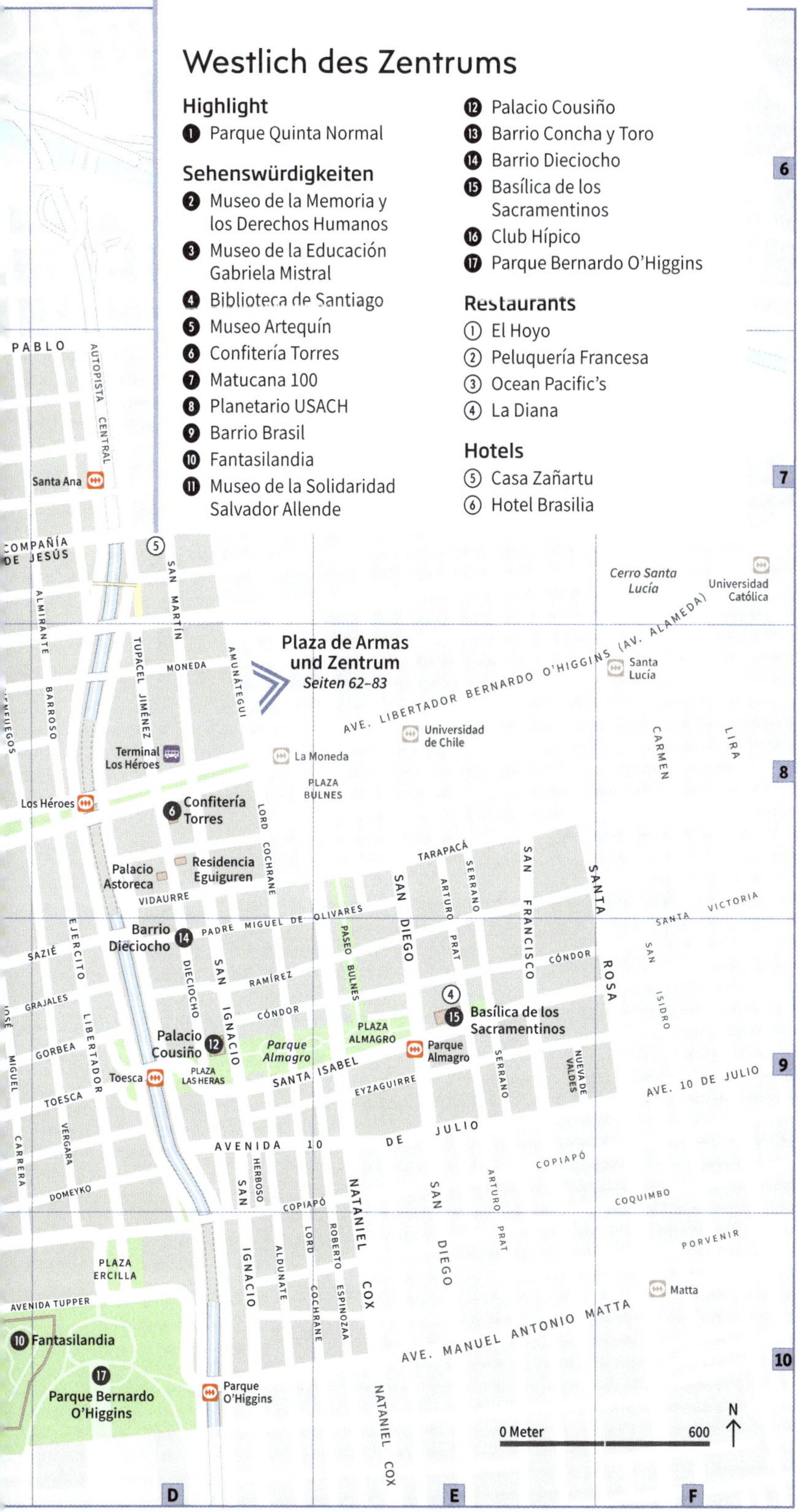

Spaziergänger im schönen Parque Quinta Normal ↑

❶

Parque Quinta Normal

A7 Avenida Matucana 520 +56 2 2689 0119 Di–So 8–20

An schönen Bäumen entlangschlendern, mit dem Tretboot auf einem künstlichen See fahren, auf ausgedehnten Rasenflächen picknicken, faszinierende Museen erkunden oder Straßenrednern zuhören – all das und noch viel mehr erleben Sie im Parque Quinta Normal.

Geschichte im Park

Der Park wird seit Langem mit Lernen in Verbindung gebracht. 1875 fand hier die Internationale Chilenische Ausstellung mit wissenschaftlichen, künstlerischen und landwirtschaftlichen Exponaten statt. In einem der Messebauten liegt heute das Museo Nacional de Historia Natural.

Der Parque Quinta Normal wurde 1842 zur Vermehrung ausländischer Pflanzen gegründet und ist für seine große Vielfalt an Baumarten bekannt. Viele der verschiedenen Baumarten wurden von dem französischen Naturforscher Claude Gay (1800–1873) gepflanzt, der mit seinen umfangreichen Pionierstudien zur chilenischen Flora und Fauna das Museo Nacional de Historia Natural und den eigentlichen Park ins Leben gerufen hat. In den ersten Jahren wurde der Parque Quinta Normal auch für landwirtschaftliche Studien genutzt, 1928 wurde er als Schule für Agrar- und Veterinärwissenschaften in die Universität von Chile eingegliedert. Heute hat der Park nur noch einen Bruchteil seiner früheren Größe, aber dennoch ist er wegen seiner ausgedehnten Rasenflächen und seiner alten, schönen Bäume immer noch beliebt. Der Park beherbergt auch eine Handvoll wissenschaftlicher Museen, ein Kunstmuseum, Picknickplätze und einen künstlichen See.

Highlight

Museen im Park

Museo de Ciencia y Tecnología

▷ Das 1985 gegründete Museum ist das erste Chiles, das Kinder für Naturwissenschaften und Technik begeistern soll. Das Gebäude heißt Parthenon. Es wurde von Alejandro Cicarelli im griechisch-römischen Stil erbaut und 1884 vom chilenischen Maler Pedro Lira eingeweiht. 1887 eröffnete die Unión de Arte im Parthenon Santiagos erstes Kunstmuseum. Dieses wurde später zum Museo de Arte Contemporáneo (MAC) umgewandelt und in den Parque Forestal verlegt. Das Museum bietet interaktive Exponate zu Astronomie, Geologie, Mechanik, Technik, Elektromagnetismus und Multimedia.

MAC Espacio Quinta Normal

◁ Das Museum im neoklassizistischen Palacio Versailles aus dem frühen 20. Jahrhundert ist eine Filiale des Museo de Arte Contemporáneo *(siehe S. 80)*. Das MAC wurde hier 2005 temporär untergebracht, als dessen Säle im Palacio de Bellas Artes renoviert wurden. Seitdem wird das Gebäude weiterhin für Ausstellungen des MAC genutzt. In seinen zwölf Sälen rund um einen zentralen Innenhof präsentiert das Museum große Wechselausstellungen zu aufstrebenden chilenischen Künstlern.

Museo Ferroviario

Im Südwesten des Quinta Normal zeigt das Museo Ferroviario eine der bedeutendsten Sammlungen von Dampflokomotiven in Lateinamerika. Das Museum hat 16 Lokomotiven und drei Waggons. Die Lokomotive Typ 20 der heute nicht mehr bestehenden Sociedad de Maestranza y Glavanizaciones in Caleta Abarca ist ein rein chilenisches Produkt. Die Kitson-Meyer-Lok wurde dagegen 1909 im englischen Leeds produziert. Sie fuhr auf der Bahnlinie des Ferrocarril Transandino (Transanden-Eisenbahn), die bis 1971 Los Andes *(siehe S. 135)* in Chile mit Mendoza in Argentinien verband. Die gefährliche Strecke führte knapp 250 Kilometer über die Berge. Zu besichtigen ist auch der Präsidentenwaggon von 1923. In ihm reisten die Präsidenten Arturo Alessandri (1868–1950) und Carlos Ibáñez del Campo (1877–1960).

Museo Nacional de Historia Natural

▷ Das Gebäude des Museums für Naturgeschichte wurde 1875 für die erste Internationale Ausstellung der Stadt errichtet. Im Hauptsaal beeindruckt das Skelett eines jungen Finnwals. Die Objekte sind zwölf Abteilungen zugeordnet. Im Saal über Chiles Wälder kann man an Holzstämmen das Alter z. B. von Alerce-Baumgiganten nachvollziehen.

TOP 3 Aktivitäten für Kinder

Museo de Ciencia y Tecnología
Bietet viele kinderfreundliche, praktische Ausstellungen, Experimente und Aktivitäten.

Tretboote
Mieten Sie eines der Retro-Tretboote und drehen Sie Runden auf dem See.

Open-Air-Pools
Gehen Sie in der *piscina* (Schwimmbad) des Parks unter freiem Himmel schwimmen oder planschen Sie in den Springbrunnen.

SEHENSWÜRDIGKEITEN

2 Museo de la Memoria y los Derechos Humanos

B7 Matucana 501
+56 2 2597 9600 Quinta Normal Di–So 10–18
museodelamemoria.cl

Das 2010 eröffnete Museum der Erinnerung und der Menschenrechte gedenkt der zahlreichen Opfer aus der Zeit der Militärdiktatur unter General Augusto Pinochet, die von 1973 bis 1990 in Chile herrschte. Geschätzt 3000 Menschen wurden damals getötet oder »verschwanden«, viele andere wurden gefoltert, interniert oder ins Exil gezwungen.

Zu den vielfältigen Ausstellungsstücken gehören u.a. Briefe, offizielle Dokumente sowie Propagandaschriften der Regierung. Damals von der Militärjunta eingesetzte Folterwerkzeuge dokumentieren das Grauen jener Zeit eindrücklich. Besucher erhalten auch einen historischen Überblick über die Geschehnisse jener Zeit.

Ein weiterer Bereich widmet sich den Themen Menschenrechte und Demokratie. Auch wenn das Museum verstörend ist, gewinnt man ein Verständnis für die Vergangenheit und Gegenwart Chiles.

3 Museo de la Educación Gabriela Mistral

B8 Compañía de Jesús 3150 +56 2 2681 8169 Quinta Normal Mo–Fr 10–17, Sa 10–16 museodelaeducacion.gob.cl

In der Escuela Normal Brígada Walker beschäftigt sich das Museum mit der Geschichte der Pädagogik in Chile. Das 1886 erbaute Haus wurde 2006 nach langer Renovierung wieder eröffnet. Das Museum ist nach der Autorin und Nobelpreisträgerin Gabriela Mistral *(siehe S. 38)* benannt, die fast ihr ganzes Leben als Lehrerin arbeitete, obwohl sie selbst bereits mit zwölf Jahren die Schule verlassen hatte. Die Autodidaktin mit dem großem Sprachgeschick setzte sich für bessere Ausbildungsmöglichkeiten in Chile ein.

Das Museum begann 1941 im Rahmen von Santiagos 400-Jahre-Feier als Ausstellung des Museo Nacional de Bellas Artes *(siehe S. 79)* über die Schulgeschichte Chiles. Sie war ein solcher Publikumserfolg, dass Direktor Carlos Stuardo in der Folge Volks- und sogar Gewerbe- und Bergbauschulen nach Material und Möbeln durchkämmte, um eine Dauerausstellung aufzubauen. Heute umfasst die Sammlung über 6500 historische Objekte, darunter Landkarten, Schultische und Geräte zur praktischen Ausbildung wie Nähmaschinen und Abakusse. Die Bibliothek besitzt rund 40 000 pädagogische Texte, in der Fotobibliothek lässt sich anhand von 6000 Bildern die Bildungsgeschichte nachvollziehen.

↑ *Ausstellungsraum im Museo de la Memoria y los Derechos Humanos*

↑ *Der bunte Pabellón París im Museo Artequín*

4 Biblioteca de Santiago

B8 Avenida Matucana 151 +56 2 2328 2000 Quinta Normal Di–Fr 11–19:15, Sa, So 11:30–17 bibliotecasantiago.cl

Die erste große öffentliche Bibliothek in Chile wurde 2005 nahe dem Parque Quinta Normal *(siehe S. 88f)* als Kultur- und Bildungszentrum in einem ehemaligen Lagerhaus aus den 1930er Jahren eröffnet. Sie bietet eine breite Auswahl an Literatur, Forschungsmaterialien sowie Kinderbüchern.

5 Museo Artequín

A8 Avenue Portales 3530 +56 2 2682 5367 Quinta Normal Di–Fr 9–17, Sa, So 11–18 Feb artequin.cl

Das ungewöhnliche Museo Artequín präsentiert Reproduktionen von berühmten Kunstwerken im Pabellón París, Chiles Pavillon zur Pariser Weltausstellung 1889. Die Jugendstil-Fassade des Pavillons stammt vom französischen Architekten Henri Picq. Die Baumaterialien – Eisen, Stahl, Zink – nahmen Bezug auf die industrielle Revolution. Das Land stellte aber auch Arbeiten zeitgenössischer Persönlichkeiten vor, etwa des einflussreichen Malers und Schriftstellers Pedro Lira. Der Pavillon wurde in Paris gefertigt, in Teilen verschifft und im Parque Quinta Normal wieder aufgebaut. Seit 1992 residiert in dem renovierten Bauwerk das heutige Museo Artequín.

Das Museum will Kindern und Erwachsenen große Kunst mithilfe von »echten« Versionen der berühmtesten Bilder der Welt nahebringen. Gezeigt werden Drucke von großen Meistern. Jeder der Künstler ist mit einem seiner bekanntesten Werke vertreten. Zu den illustren Auserwählten zählen etwa Goya, Dalí, Frida Kahlo und Kandinsky.

> **Die Biblioteca de Santiago bietet eine breite Auswahl an Literatur, Forschungsmaterialien sowie Kinderbüchern.**

Restaurants

El Hoyo
Das Restaurant mag bescheiden aussehen, aber es bietet köstliche Gerichte. Probieren Sie als Getränk den *terremoto* (Erdbeben), einen starken chilenischen Cocktailmix aus Weißwein und Ananaseis.

B9 San Vicente 375 So elhoyo.cl
$

Peluquería Francesa
Ein Restaurant mit angeschlossenem Friseurladen klingt seltsam, aber irgendwie funktioniert es. Zu den Spezialitäten gehören *Confit de Pato a la Naranja* (Entenconfit mit Orangen), oft gibt es auch Livemusik.

B7 Compañía de Jesús 2789 So peluqueriafrancesa.com
$$$

Ocean Pacific's
In dem mit maritimen Objekten dekorierten Lokal servieren als Matrosen verkleidete Kellner köstliches Seafood. Reservierung dringend empfohlen.

C8 Avenida Ricardo Cumming 221 oceanpacifics.cl
$$$

La Diana
Das kitschige Restaurant neben einer Spielhalle ist auf Seafood spezialisiert.

E9 Arturo Prat 435 ladiana.cl
$$

↑ *Weiße Tischdecken und gefliester Boden in der Confitería Torres*

6 Confitería Torres

D8 Avenida Alameda 1570 +56 2 2688 0751 Quinta Normal Mo–Fr 10:30–19:30 confiteriatorres.cl

Die im Jahr 1879 eröffnete, überaus stimmungsvolle Confitería Torres ist Santiagos ältestes noch bestehendes Café. Das Café liegt in der Nähe der Regierungsgebäude des Palacio de La Moneda *(siehe S. 72)*, hier kehrten Santiagos Politiker, Intellektuelle und die High Society ein, als der Barrio Dieciocho todschick war.

Nach einer Zeit abnehmender Beliebtheit begannen 2002 langwierige Renovierungsarbeiten. Heute bezaubert das Café noch immer mit alten roten Lederbänken, französischen Türen, langer Eichenholztheke und altmodischem Ambiente.

Die geschichtsträchtige Confitería trug auch zum kulinarischen Erbe des Landes bei. Der *barros luco*, ein Rindfleischsandwich mit geschmolzenem Käse, ist nach Präsident Barros Luco benannt, der es hier immer bestellte. Auch die *cola de mono*, ein Aperitif aus Aguardiente bzw. *pisco*, wurde hier erfunden.

7 Matucana 100

A8 Avenida Matucana 100, Estación Central +56 2 2964 9240 Quinta Normal Mo–Fr 10–17 (Zeiten der Ausstellungen der Website entnehmen) m100.cl

Das Kulturzentrum Matucana 100 ist unweit des Parque Quinta Normal in einem 1911 errichteten Lagerhaus der Eisenbahn untergebracht. Seit 2001 werden in dem Ziegelbau verschiedene Kunstformen präsentiert, darunter Film, Theater, Malerei, Fotografie und Musik. Zuletzt wurde das Zentrum um eine Kunstgalerie und einen Konzertsaal erweitert. Der Fokus liegt heute auf zeitgenössischen Arbeiten, vorwiegend von chilenischen Künstlern.

8 Planetario USACH

A9 Avenida Alameda 3349, Estación Central +56 2 2718 2900 Estación Central Mo–Mi 11:30–19, Do 10–17, Sa, So 13:30–17 planetariochile.cl

Das Planetarium der Universität von Santiago zählt zu den bekanntesten in ganz Lateinamerika. Seine kupferne Projektionskuppel, die Sala Albert Einstein, hat eine ungewöhnliche Kegelform und misst 22 Meter im Durchmesser. Ein Carl-Zeiss-Sternprojektor Modell VI mit 160 Linsen simuliert die Bewegungen des Mondes, des Sonnensystems und von über 5000 Sternen in beiden Hemisphären. Interessant sind die Ausstellungen über die von Chiles Observatorien gemachten Entdeckungen. Das Planetarium bietet daneben Workshops, audiovisuelle Installationen und Ausstellungen für Jung und Alt.

9 Barrio Brasil

C7 Cumming, Santa Ana

Anfang des 20. Jahrhunderts war der Barrio Brasil ein elegantes Wohnviertel. Ab den 1940er Jahren zogen seine wohlhabenden Bewohner jedoch zunehmend in weiter östlich gelegene Stadtteile.

→ *Das Graffito* Primavera Style *von Izak One und Henruz im Barrio Yungay*

Als dann noch die Ruta Norte-Sur das Viertel von der restlichen Innenstadt abtrennte, geriet es in Vergessenheit – auch bei den Stadtplanern. Deshalb stehen hier heute viele schöne neogotische und neoklassizistische Stadthäuser aus dem frühen 20. Jahrhundert.

Mittlerweile ist der Barrio Brasil einer der malerischsten Stadtteile in Santiago. Die Universitäten in der Umgebung haben die Kultur und Architektur des Viertels neu belebt, sein buntes Flair hat viele Künstler und Musiker angelockt. Hier findet man trendige Lofts und schicke Restaurants ebenso wie traditionelle *picadas* und Bars.

Besonders gut erhalten sind die Straßen im nahen Barrio Yungay, am schönsten sind der Pasaje Adriana Cousiño zwischen Huérfanos und Maipú und der Pasaje Lucrecia Valdés unweit der Compañía zwischen Esperanza und Maipú. Die beiden gepflasterten Passagen wirken seltsam europäisch. Alte Erinnerungsstücke aus dem Viertel sammelt und zeigt das Restaurant Peluquería Francesa *(siehe S. 91)*.

10 Fantasilandia

C10 Beaucheff 938
+56 2 2476 8600 Parque O'Higgins Sa, So 12–19 fantasilandia.cl

Fantasilandia ist der drittgrößte Vergnügungspark in Südamerika und wird oft als »Chiles Disneyland« bezeichnet. Der 1978 eröffnete Park war die Idee des Unternehmers Gerardo Arteaga, der Santiagos Freizeitangebot für Familien schlicht todlangweilig fand.

Fantasilandia bietet eine reiche Auswahl an Achterbahnen und Fahrgeschäften, die den Angstpegel nach oben treiben und den Magen umdrehen, etwa Xtreme Fall, Raptor und Boomerang. Es gibt aber auch harmlose Karussells für kleinere Kinder sowie die Kids Zone und die Villa Mágica mit Musik, Party und Zauberern. Der Vergnügungspark liegt in einer grünen Umgebung mit vielen Essensmöglichkeiten.

TOP 5 Fahrten in Fantasilandia

Boomerang
Achterbahn mit »Kobra-Rolle« und Looping.

Kamikaze
Die Passagiere werden hin- und hergeschaukelt, um sich in Schwung zu bringen, bevor sie sich mit ihren Wagen um 360 Grad drehen.

Raptor
Eine klassische Achterbahn mit mehreren Loopings.

Tsunami
Auf diesem riesigen Wellenritt werden Sie auf jeden Fall nass.

Xtreme Fall
Hier geht es kurz ganz nach oben, und dann stürzt man wieder gen Boden hinab. Genießen Sie den Blick von oben!

11 Museo de la Solidaridad Salvador Allende

C9 República 475
+56 2 2689 8761
República Di–So 10–18 mssa.cl

Der Sitz des Museums ist das ehemalige Hauptquartier der DINA, der Geheimpolizei unter Pinochets Militärdiktatur *(siehe S. 48)*. Als einziges Museum in Lateinamerika besitzt es ausschließlich Werke, die von Künstlern gespendet wurden. Aus Solidarität mit der Regierung von Salvador Allende *(siehe S. 48)* gründeten es 1971 Künstler mit einer Sammlung von über 400 Arbeiten unter anderem von Joan Miró, Alexander Calder, Victor Vasarely und Roberto Matta. Nach Allendes Sturz wurden die Kunstwerke im Museo de Arte Contemporáneo *(siehe S. 80)* versteckt. Die Verwaltung des Museums zog nach Paris, wo weiterhin Spenden von Künstlern eintrafen – schließlich umfasste die Sammlung rund 1500 Arbeiten aus den Jahren 1950 bis 1980. Sehr viele Werke thematisieren den sozialen Kampf der Lateinamerikaner. 2005 kaufte die Fundación Allende das Stadthaus, in dem die Werke heute ausgestellt sind, und gestaltete es um.

12 Palacio Cousiño

D9 Calle Dieciocho 438
+56 2 2386 7448 Toesca
Di–Fr 9:30–17, Sa 10–13 (vorher buchen)
santiagocultura.cl

Der Palacio Cousiño war das extravaganteste Palais seiner Zeit. Er wurde von 1870 bis 1878 nach Plänen des französischen Architekten Paul Lathoud für die Familie Cousiño erbaut, die mit Bergbau und Schifffahrt ein Vermögen gemacht hatte. Für das Haus ließ man einen Großteil der Ausstattung aus Europa importieren, darunter Parkettböden aus Walnuss und Mahagoni, Brokattapisserien, italienischen Marmor und französische bestickte Vorhänge. Auch ließ man Handwerker kommen, die diese enormen Schätze fachgerecht einbauen und anbringen konnten.

Das Herrenhaus beherbergte auch die ersten elektrischen Anlagen des Landes und enthielt den ersten Aufzug in Chile. Im Jahr 1940 ersteigerte Santiagos Bürgermeister den Palacio und stiftete ihn der Stadt. Danach wurde er als nobles Gästehaus etwa für Golda Meir, Charles de Gaulle und den belgischen König Baudouin genutzt. Im Jahr 1968 wurde das Herrenhaus in ein Museum umgewandelt, das das Haus so bewahrte, wie es im 19. Jahrhundert war.

Stadtpaläste

Neben dem Palacio Cousiño gibt es in diesem Teil von Santiago noch mehrere andere historische Paläste. Dazu gehört das Edificio Íñiguez an der Ecke Alamada und Calle Dieciocho von 1908, in dem die Confitería Torres *(siehe S. 92)* liegt. Der Palacio Irarrázabal nebenan im französischen Stil wurde zwei Jahre später erbaut. Der Palacio Errázuriz in der Alamada 1656 entstand 1872 und beherbergte einst die brasilianische Botschaft. Nach umfangreicher Restaurierung erstrahlt das Gebäude wieder in altem Glanz.

Auch der Garten des Anwesens ist sehenswert.

Die beim Erdbeben 2010 entstandenen Schäden wurden behoben, der Palacio Cousiño zeigt das ganze Jahr über Ausstellungen. Der ehemalige Weinkeller dient heute als Bühne für Wechselausstellungen.

13

Barrio Concha y Toro

C8 República

In dem bestens erhaltenen Viertel stehen viele Stadthäuser der Oberschicht aus dem frühen 20. Jahrhundert. Das Areal gehörte ursprünglich dem Ingenieur und Unternehmer Enrique Concha y Toro und dessen Frau Teresa Cazotte, die Ende des 19. Jahrhunderts ein Vermögen im Bergbau angehäuft hatten. Das Paar stellte sich hier ein Viertel im europäischen Stil mit gewundenen Kopfsteinpflasterstraßen, eng stehenden Häusergruppen mit einheitlicher Fassade und einer winzigen Plaza vor. Chiles damals beste Architekten – Larraín Bravo, Siegel, González Cortés, Machiacao und Bianchi – wurden mit der Planung beauftragt. Sie schufen einen charakteristischen Stil, der neogotische, klassizistische, barocke und sogar Elemente des Bauhauses integrierte. Zu den Highlights gehören das Teatro Carrera (1926) von Gustavo Monckeberg. Auch das ehemalige Haus des Dichters Vicente Huidobro steht hier. Die Plazoleta de la Libertad de Prensa erhielt ihren Namen 1994 zu Ehren des Internationalen Tags der Pressefreiheit.

14

Barrio Dieciocho

D9 Los Héroes

In der Zeit um 1900 lag Santiagos Nobelviertel an der Calle Dieciocho. Reiche Familien stellten hier mit prächtigen Stadthäusern ihren neu erworbenen Reichtum vor allem aus Schifffahrt und Bergbau zur Schau. Die Architektur der Häuser ist europäisch, vor allem französisch, geprägt. Santiagos Elite ist zwar mittlerweile weggezogen, die Prachtbauten stehen jedoch noch, wenn auch das ganze Viertel heute etwas vernachlässigt wirkt. Sehr opulent sind der Palacio Subercaseaux (Nr. 190), die Residencia Eguiguren (Nr. 102) und der Palacio Astoreca (Nr. 121). Die großen Häuser dienen heute vor allem als Sitz von Universitätsgruppen, Bibliotheken und anderen Institutionen.

Schon gewusst?

Im 16. Jahrhundert standen in Santiago nur 200 Häuser, erst 200 Jahre später wurde es zur Stadt.

↓ *Das stattliche Äußere des Palacio Cousiño und Detail des Tors* (Detail)

15

Basílica de los Sacramentinos

E9 Santa Isabel 1127
+56 2 2638 3189
Toesca tägl. 10–19

Die von einer hoch aufragenden Kuppel bekrönte Basílica de los Sacramentinos wurde von dem Architekten Ricardo Larraín Bravo von 1919 bis 1931 nach dem Vorbild der Pariser Basilique du Sacré-Cœur de Montmartre im römisch-byzantinischen Stil erbaut. Die Krypta ist 1500 Meter lang. Die Parkettböden sind die ersten ihrer Art, die in Chile produziert wurden.

Kanzel, Beichtstühle und Bänke wurden von Salesianermönchen handgeschnitzt. Sehenswert sind außerdem die französischen Buntglasfenster sowie die aus Deutschland importierte Orgel. Die Kirche erlitt beim Erdbeben von 2010 erhebliche Schäden, ist aber inzwischen wieder hergestellt worden. Vor der eindrucksvollen Fassade erstreckt sich der Parque Almagro.

16

Club Hípico

C10 Avenida Almirante Blanco Encalada 2540
+56 2 2693 9600
Unión Latinoamericana
zu Rennen; siehe Website
clubhipico.cl

Chiles führende Pferderennbahn wurde 1870 gegründet. Hier findet jeden November El Ensayo *(siehe S. 42)*, Südamerikas ältestes offizielles Pferderennen, statt. Zusammen mit dem St. Leger auf dem Hipódromo Chile und Valparaísos Derby gehört es zur Triple Corona.

Die derzeitige Rennbahn wurde von dem Architekten Josué Smith entworfen und 1923 eröffnet, nachdem die vorherige 1892 bei einem Feuer vollständig zerstört worden war. Das schöne Clubhaus ist typisch für die elegante Architektur des frühen 20. Jahrhunderts, die von Chiles Wirtschaftsboom des späten 19. Jahrhunderts profitierte.

Der Club Hípico bietet elegante Terrassen und Zuschauerplattformen, Restaurants, Gärten und einen Picknickbereich mitten in

Schon gewusst?

2015 entdeckte man in Santiago eine unbekannte Dinosaurierart, den »Chilesaurus«.

↓ *Die prächtige Basílica de los Sacramentinos*

der verblassten Pracht des alten República-Viertels. In der Ferne bieten die Anden eine schöne Kulisse für die Rennstrecke.

Rund 1500 Rennen werden hier pro Jahr vor einem bunt gemischten Publikum ausgetragen, darunter das berühmte Alberto Vial Infante und Arturo Lyon Peña. Zudem finden hier regelmäßig große Konzerte und Festivals statt, so das Frontera Festival mit Größen der lateinamerikanischen Rock- und Popmusik.

↑ *Radfahrer auf einem der breiten Wege im Parque Bernardo O'Higgins*

17

Parque Bernardo O'Higgins

D10 zwischen Avenida Beaucheff und Autopista Central Parque O'Higgins tägl. 6–20 Fiestas Patrias (18./19. Sep)

Santiagos zweitgrößter Park ist nach Bernardo O'Higgins, einem der Gründungsväter des Landes, benannt. Der 1873 eingeweihte Park hieß ursprünglich Parque Cousiño nach dem chilenischen Millionär Luis Cousiño, der ihn in Auftrag gegeben hatte. Etwa 100 Jahre später wurde der Name des Parks zu Ehren von Bernardo O'Higgins geändert. In dem bei Familien beliebten Erholungsgebiet wird während der Fiestas Patrias *(siehe S. 42)* kräftig gefeiert. Zum Park gehören Tennisplätze, Fußballfelder, ein künstlicher See, Santiagos größte Konzerthalle und ein öffentliches Schwimmbad. Der Campo de Marte ist ein riesiger Betonstreifen, der einer Landebahn gleicht. Wenn hier am Nationalfeiertag (19. Sep) die Militärparaden stattfinden, schauen Tausende zu.

Zu den Attraktionen auf dem Gelände zählt auch El Pueblito, ein im Stil der spanischen Kolonialzeit errichtetes »Dörfchen«. Auf dessen Areal befindet sich auch das Museo de Insectos y Caracoles, eine umfangreiche Sammlung von Schmetterlingen und anderen Insekten. Kunsthandwerksstätten und -märkte findet man an der Plaza de las Artesanías. Während der Fiestas Patrias drängen sich die feiernden Besucher in den *fondas*, den großen Festzelten des Parks. Tagelang wird hier das Vaterland ausgelassen und exzessiv mit ununterbrochener lauter *Cueca*-Musik, rauchenden *asados* und reichlich Alkohol gefeiert. Für Besucher ist dies durchaus ein Erlebnis.

Eine weitere populäre Veranstaltung im Parque Bernardo O'Higgins war das seit einigen Jahren im Parque Bicentenario *(siehe S. 111)* stattfindende Musikfestival Lollapalooza Chile. Dabei handelt es sich um die erste Version des beliebten Chicagoer Festivals außerhalb der Vereinigten Staaten.

Zum Parque Bernardo O'Higgins gehören Tennisplätze, Fußballfelder, ein künstlicher See, Santiagos größte Konzerthalle und ein öffentliches Schwimmbad.

Hotels

Casa Zañartu

Das schicke Hotel ist in einem historischen Gebäude (19. Jh.) untergebracht, das Don Miguel Zañartu gehörte, einem Unterzeichner der chilenischen Unabhängigkeitserklärung. Es bietet geräumige Zimmer, originale Fliesenböden, eine schattige Terrasse und Stilmöbel. Die Lage im angesagten Barrio Brasil ist ein weiterer Pluspunkt.

D7 Compañía de Jesús 1520 casazanartu.cl

$$$

Hotel Brasilia

Das Hotel im Herzen des Barrio Brasil bietet mit seinen modernen Zimmern alles für einen bequemen Aufenthalt.

C7 2228 Santo Domingo hotelbrasiliasantiago.com-hotel.com

$$$

Blick vom Cerro Santa Lucía auf das nordöstliche Santiago

Nordöstlich des Zentrums

In den ersten 400 Jahren des Bestehens von Santiago war das Gebiet nordöstlich des Stadtzentrums weitgehend unbebaut, es gab nur eine verstreute Ansiedlung von Landhäusern, die von großen Grundstücken umgeben waren, sowie eine Reihe von Slums.

Die Dinge begannen sich in den 1950er Jahren zu ändern, als die Bevölkerung Santiagos wuchs und viele Bewohner der Mittel- und Oberschicht Viertel wie Brasil, Concha y Toro und Yungay verließen und sich in Richtung der Ausläufer der Anden aufmachten. Sie siedelten sich zunächst in Providencia an – zu dem das Szeneviertel Bellavista am Fuß des Cerro San Cristóbal gehört – und drängten langsam nach Osten. Heute verfügt die grüne Providencia über eine blühende Restaurantszene und eine aufregende Auswahl an Bars, auch wenn es relativ wenig Touristenattraktionen gibt.

Im Nordosten ragen die Wolkenkratzer von Las Condes auf, in denen das Finanzviertel der Stadt, noble Restaurants und Luxuswohnungen zu finden sind, während sich im Norden das ähnlich exklusive, aber wohlhabendere Viertel Vitacura befindet.

Nordöstlich des Zentrums

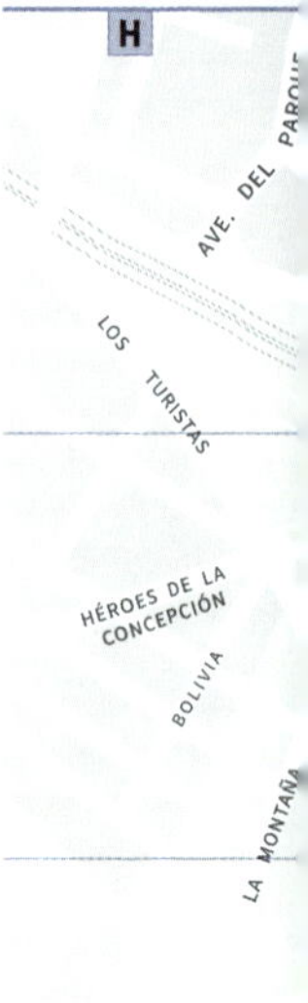

Highlight

1. Parque Metropolitano de Santiago

Sehenswürdigkeiten

2. Cementerio General
3. Museo de Artes Decorativas
4. Museo Ralli
5. Casa Museo La Chascona
6. La Vega
7. Barrio Patronato
8. Plaza Camilo Mori
9. Patio Bellavista
10. Parque de las Esculturas
11. Casa de la Ciudadanía Montecarmelo
12. Parque Balmaceda
13. Barrio Suecia
14. Providencia
15. Pueblito Los Dominicos
16. Museo de la Moda
17. Gran Torre Santiago
18. Barrio Vitacura
19. Las Condes

Restaurants

(1) Boragó
(2) Happening
(3) El Huerto

Bars

(4) Baco
(5) La Casa en el Aire

Hotel

(6) The Aubrey

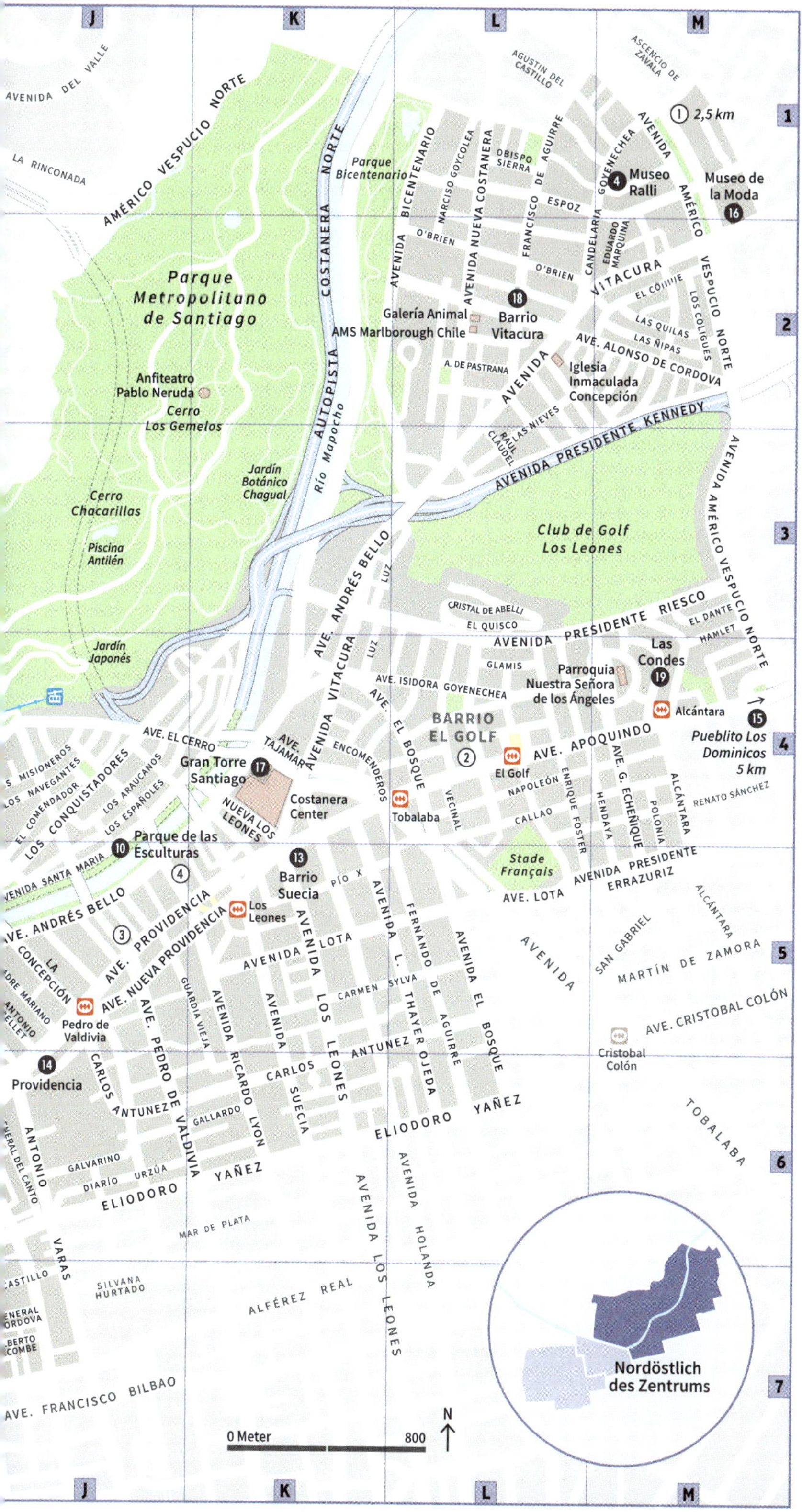
Parque Metropolitano de Santiago
Anfiteatro Pablo Neruda
Cerro Los Gemelos
Cerro Chacarillas
Piscina Antilén
Jardín Botánico Chagual
Jardín Japonés
Parque Bicentenario
Autopista Costanera Norte
Río Mapocho
Avenida Américo Vespucio Norte
Avenida del Valle
La Rinconada
Museo Ralli
Museo de la Moda
Galería Animal
AMS Marlborough Chile
Barrio Vitacura
Iglesia Inmaculada Concepción
Avenida Presidente Kennedy
Club de Golf Los Leones
Avenida Presidente Riesco
Las Condes
Parroquia Nuestra Señora de los Ángeles
Alcántara
Pueblito Los Dominicos 5 km
Barrio El Golf
El Golf
Ave. Apoquindo
Tobalaba
Gran Torre Santiago
Costanera Center
Parque de las Esculturas
Barrio Suecia
Los Leones
Stade Français
Pedro de Valdivia
Providencia
Cristobal Colón
Ave. Cristobal Colón
Avenida Vitacura
Ave. Andrés Bello
Ave. Providencia
Ave. Nueva Providencia
Avenida Los Leones
Eliodoro Yañez
Avenida Holanda
Ave. Francisco Bilbao
2,5 km
0 Meter 800
N
Nordöstlich des Zentrums
J K L M
1 2 3 4 5 6 7

1

Parque Metropolitano de Santiago

G5 Pedro de Valdivia Norte +56 2 2730 1331 Baquedano
tägl. 10–18 (Sommer: bis 21) parquemet.cl

Angesichts der seltenen Tiere, die im Nationalzoo umherstreifen, der Seilbahnen, die auf den Gipfel von San Cristóbal fahren, und der Freibäder, die Erholung von der Hitze bieten, ist es nicht verwunderlich, dass der Parque Metropolitano de Santiago das ganze Jahr über Besucher anzieht.

Der dicht bewachsene, 722 Hektar große Parque Metropolitano de Santiago wurde zwischen 1903 und 1927 als grüne Lunge Santiagos angelegt. Er umfasst u. a. die Sektoren San Cristóbal, Pirámide, Bosque Santiago und Chacarillas. Das einst öde, trockene Areal wurde mit Pflanzen und Bäumen aus dem ganzen Land begrünt sowie mit Wegen, Picknickbereichen, Schwimmbädern und einem Kulturzentrum ausgestattet. Zum Park gehört zudem der Zoológico Nacional. Von den Anhöhen hat man einen herrlichen Blick auf Santiago und die Anden.

Schon gewusst?

Die Marienstatue soll eine Reproduktion der »Jungfrau von Rom« sein.

Die 14 Meter hohe, 1904 errichtete **Marienstatue** ist eine Schenkung Frankreichs. Sie ist ein Fixpunkt im Stadtbild.

Die **Standseilbahn** von 1925 fährt am Zoo vorbei hinauf auf den Cerro San Cristóbal.

Der Eingang **Pío Nono** führt direkt zur Estación Funicular. Das Tor mit der mittelalterlichen Fassade und den Souvenirständen gehört zum Garten Plaza Caupolicán

Die **Estación Funicular** an der Plaza Caupolicán ist auch der Haupteingang zum Park.

Highlight

↑ *Die sonnenbeschienene Marienstatue auf dem Gipfel von San Cristóbal*

Santiagos höchstgelegenes Schwimmbad **Piscina Antilén** bietet einen schönen Blick auf die Stadt und Erfrischung in der Sommerhitze.

Der **Japanische Garten** mit Seerosenteich, Wasserrad, Kirsch- und japanischen Ahornbäumen wurde 1997 von Japans Prinz Hitachi eröffnet.

Im **Jardín Mapulemu** wächst auf über drei Hektar eine bunte Auswahl chilenischer Pflanzen.

↑ *Illustration des Parque Metropolitano de Santiago mit den Hauptsehenswürdigkeiten*

Entdeckertipp
Piscina Antilén

»Schwimmen mit Aussicht« können Sie in den Becken von Antilén und Tupahue, die sich auf dem Gipfel des Cerro San Cristóbal befinden.

SEHENSWÜRDIGKEITEN

2

Cementerio General

E4 Avenida Alberto Zañartu 951 Cementerios tägl. 8:30–17 cementariogeneral.cl

Auf Santiagos Hauptfriedhof haben viele chilenische Berühmtheiten ihre letzte Ruhe gefunden. Hier sind die meisten Präsidenten des Landes begraben – die sterblichen Überreste Salvador Allendes wurden 1990 von Viña del Mar *(siehe S. 130f)* hierher umgebettet. Chiles erster Präsident, Bernardo O'Higgins, weihte den Friedhof 1821 ein. Er selbst ist in einer Krypta an der Plaza Bulnes *(siehe S. 73)* bestattet. Der Cementerio General ist wie eine »Totenstadt« mit Alleen und Mausoleen in allen erdenklichen Stilen angelegt – diese ästhetische Vielfalt trägt erheblich zu seiner Anziehungskraft bei.

Zu den prominenten Toten des Friedhofs zählen etwa die legendäre Volkssängerin Violeta Parra, der beliebte Dichter und Sänger Víctor Jara, der in Washington, DC, ermordete linke Ex-Senator Orlando Letelier und die frühere Generalsekretärin der Kommunistischen Partei Gladys Marín. Das schlichte Denkmal *Rostros* (Gesichter) des Bildhauers Francisco Gazitúa führt namentlich all diejenigen auf, die unter der Militärdiktatur *(siehe S. 48)* ermordet oder verschleppt wurden. An der Westseite sind Bürger evangelischen Glaubens beerdigt. Ihre Gräber wurden im späten 19. Jahrhundert vom Cerro Santa Lucía *(siehe S. 78)* hierher verlegt.

3

Museo de Artes Decorativas

F5 Avenida Recoleta 683 +56 2 2737 5813 Cerro Blanco Di–Fr 10–17:30 artdec.cl

Die kostbare Colección Hernán Garcés Silva des Museo de Artes Decorativas wurde 1982 dem chilenischen Staat gestiftet. Seit 2005 residiert das Museum im ehemaligen Kloster Centro Patrimonial Recoleta Dominica. Zu sehen sind mehr als 2500 Exponate in 20 thematisch gegliederten Abteilungen, darunter Porzellan aus dem 18. und 19. Jahrhundert, Kristallgläser und -vasen, Silber-, Marmor- und Keramikobjekte, Schmuck, antike griechische und römische sowie asiatische Kunst.

Ebenfalls im Centro präsentiert das Museo Histórico Dominico sakrale Objekte

Hotel

The Aubrey
Das Hotel in einem wunderbar restaurierten Herrenhaus verbindet modernen Komfort mit prächtigen Details aus den 1920er Jahren. Der Barrio Bellavista ist nur wenige Schritte entfernt.

G6 Constitución 317 theaubrey.com

$$$

↓ *Grabmal auf dem Cementerio General im ägyptischen Stil*

aus dem 18. und 19. Jahrhundert. Die Biblioteca Patrimonial Recoleta Dominica ist mit rund 115 000 historischen Büchern, Karten, religiösen und wissenschaftlichen Abhandlungen eine der größten Privatbibliotheken Lateinamerikas.

4

Museo Ralli

M1 Alonso de Sotomayor 4110 +56 2 2206 4224 März – Dez: Mo – Sa 10:30 – 17; Jan: Fr, Sa 10:30 – 17 Feb museoralli.cl

Das Museo Ralli besitzt eine kleine, aber feine Sammlung mit Werken lateinamerikanischer und europäischer Künstler, darunter Bilder von Salvador Dalí, Marc Chagall und Joan Miró. Das internationale Museum mit Ablegern in Spanien, Uruguay und Israel wurde 1992 von dem Kunstsammler und ehemaligen Bankier Harry Recanati als Non-Profit-Organisation gegründet. Das 3000 Quadratmeter große Haus steht in einer ruhigen Wohnstraße und veranstaltet gelegentlich Ausstellungen mit Werken zeitgenössischer europäischer und lateinamerikanischer Künstler.

5

Casa Museo La Chascona

G6 Fernando Márquez de la Plata 192 +56 2 2777 8741 Baquedano Di – So 10 – 18 (Jan, Feb: bis 19) fundacionneruda.org

Das bezaubernde Museo La Chascona ist eines der drei Häuser des Dichters Pablo Neruda. 1953 wurde es am Cerro San Cristóbal im Barrio Bellavista gebaut und nach Matilde Urrutia »La Chascona« (Frau mit widerspenstigem Haar) genannt. Urrutia war lange Zeit Nerudas Geliebte und lebte in dem Haus ein Jahr allein. 1966 heirateten sie und Neruda. Neruda ließ die Pläne des Architekten mehrfach überarbeiten, wünschte er doch ein ungewöhnliches, sehr individuelles Haus mit einem Labyrinth aus Wendeltreppen, Gängen und Geheimtüren. Nerudas Liebe zum Meer wird deutlich an Elementen wie Bullaugenfenstern. Im Speiseraum vermittelte früher ein Bach die Illusion, auf einem Segelschiff zu essen. In den Räumen sieht man Nerudas große Sammlung mit Kunst und Kunsthandwerk, die er von seinen Reisen aus der ganzen Welt mitbrachte.

Neruda war Kommunist und ein Freund von Salvador Allende. Nach dem Putsch von 1973 wurde das Haus von Militärangehörigen geplündert. Nerudas Begräbnis fand unter größten Schwierigkeiten statt. Die Fundación Pablo Neruda ließ das Haus originalgetreu renovieren. Heute sieht man hier Haushaltsgegenstände und Zierobjekte sowie Möbel und persönliche Utensilien aus Nerudas Büro in Frankreich, wo er von 1970 bis 1973 Botschafter war. Die Bibliothek bewahrt die Nobelpreis-Medaille, Fotografien, Briefe, Bücher und andere Veröffentlichungen. Die Besichtigung des Anwesens mit Audioführer ist zahlenmäßig beschränkt. Die Wartezeit kann man sich in dem schönen Café des Museums vertreiben.

↑ *Street-Art von Gabriel Maulén vor der Casa Museo La Chascona*

Pablo Neruda

Pablo Neruda wurde 1904 als Neftalí Ricardo Reyes Basoalto geboren, sein Pseudonym wählte er angeblich nach dem tschechischen Dichter Jan Neruda – auch, um seine Ambitionen vor seinem Vater geheim zu halten, der die Schriftstellerei als Beruf ablehnte. Er wurde mit der Gedichtesammlung *Zwanzig Liebesgedichte und ein Lied der Verzweiflung* bekannt. Seit 1927 vertrat er Chile als Diplomat. 1950 schrieb er *Canto General*, 1971 erhielt er den Nobelpreis. 1973 starb der Dichter an Krebs.

6 La Vega

E6 Dávila Baeza 700
+56 2 2737 3051
Cal y Canto, Patronato
Mo–Sa 4–19:30, So 9–14:30 vegacentral.cl

Gegenüber dem Mercado Central *(siehe S. 81)* ist Santiagos größter Obst- und Gemüsemarkt ein sinnliches, buntes Erlebnis: Zwischen den chaotisch platzierten Kisten und Ständen wird geschrien und gefeilscht, was das Zeug hält. Rund um die riesige Markthalle von La Vega versuchen mehr als 100 Verkäufer, von Sandalen über Elektrogeräte bis zu Hundefutter alles Mögliche an den Mann zu bringen. In der Mitte des Markts verkaufen Stände preiswerte Mahlzeiten, etwa Hühnersuppe *(cazuela)*. Auf dem Markt wird man sicher auch fündig auf der Suche nach *Chirimoya*-Früchten, *pimienta dulce* (Piment), Kaktusfrüchten *(tuna)* und nach Karamell schmeckenden *Lucuma*-Früchten.

Die Proteste 2019

Ende 2019 brachen die größten Proteste seit dem Sturz der Pinochet-Diktatur aus. Obwohl sie durch eine Erhöhung der U-Bahn-Tarife ausgelöst wurden, waren sie das Ergebnis der Unzufriedenheit über Ungleichheit, hohe Lebenshaltungskosten und mangelnde Gesundheits- und Sozialfürsorge. Präsident Piñera rief den Ausnahmezustand aus und setzte die Armee ein, was zu schweren Menschenrechtsverletzungen führte – mehr als 30 Menschen wurden getötet, Hunderte verletzt und Tausende verhaftet. Beim Referendum am 25. Oktober 2020 stimmte die Bevölkerung mehrheitlich für eine neue Verfassung.

7 Barrio Patronato

E6 zwischen Calle Loreto, Bellavista, Dominica und Recoleta Patronato
Läden: Mo–Fr 10–19:30, Sa 10–17:30
tiendaspatronato.cl

Über ein Dutzend Blocks erstreckt sich das emsige Einkaufsviertel Barrio Patronato. Hier dominieren Textilgeschäfte und kleine Lokale, vor allem von Immigranten aus Korea, China und dem Nahen Osten. In der Kolonialzeit war der *barrio* ein armes Wohnviertel und hieß La Chimba – »Anderes Flussufer«. Auch heute wohnen hier vorwiegend Arbeiter. Viele der originalen Adobe-Häuser des Viertels haben die Zeit überdauert.

Im späten 19. Jahrhundert siedelten sich arabische Einwanderer aus Syrien, dem Libanon und vor allem aus Palästina im Barrio Patronato an. Sie bauten hier den ersten großen Textilumschlagplatz auf und verkauften importierte Kleidung und Stoffe. Chile selbst produzierte damals nur wenig Textilien. Heute strömen täglich über 10 000 Einkaufswillige in den

Kreative Läden, Bars und Restaurants im Patio Bellavista

Barrio Patronato auf der Suche nach T-Shirts, Schuhen, Ballkleidern, Anzügen und trendigen Klamotten zu wirklichen Spottpreisen.

8

Plaza Camilo Mori

G6 Constitución, Ecke Antonia López de Bello Baquedano

Die Plaza Camilo Mori im Herzen des Szeneviertels Bellavista heißt nach dem bekannten chilenischen Maler, dessen Haus und Atelier hier standen. Dominantes Bauwerk an der dreieckigen Plaza ist das Castillo Lehuedé, eine liebevoll gestaltete, als Casa Rosa (rotes Haus) bekannte Villa, die seit 2013 als Boutique-Hotel mit Originalmöbeln dient. Sie wurde 1923 nach Plänen des Architekten Federico Bieregel für den Unternehmer Pedro Lehuedé erbaut. Rund um die Plaza findet man schicke Boutiquen und das Centro Mori, ein Zentrum für experimentelles Theater.

Expertentipp
Street-Art

Bellavista ist bekannt für seine beeindruckende Vielfalt an Straßenkunst. Mehrere Agenturen bieten geführte Rundgänge an, die einige der besten Beispiele zeigen, darunter auch Santiago Street Art Tours (www.stgostreetart.com).

9

Patio Bellavista

G6 Constitución 30 +56 2 2249 8700 Baquedano So–Mi 10–13, Do 10–14, Fr, Sa 10–15 patiobellavista.cl

Das charmante Einkaufszentrum Patio Bellavista wurde 2006 als ein Projekt der Stadtsanierung eingeweiht. Zahlreiche Läden und Lokale scharen sich hier um einen zentralen Innenhof.

In seinen Ursprüngen im 19. Jahrhundert war der Platz eine *cité*, eine Wohnsiedlung für Arbeiterfamilien. Heute finden sich in der schön restaurierten Anlage rund zwei Dutzend Restaurants und Bars. Mehr als 80 Läden bieten hier hochwertiges Kunsthandwerk *(artesanía)*, Kunst, Schmuck und Bücher an. Hier ist man auch richtig, wenn man Schmuck mit Lapislazuli – einem blauen Schmuckstein – sucht. Hübsche Stücke werden von vielen Läden und Ständen in Bellavista verkauft.

Bei Einheimischen und Besuchern sehr beliebt sind auch die vielen Cafés mit Tischen im Freien. Der Patio Bellavista ist darüber hinaus ein Open-Air-Kulturzentrum mit Tanzvorführungen, Konzerten sowie Wechselausstellungen mit Gemälden und Fotografien.

TOP 3

LGBTQ+ in Bellavista

Fausto
Avenida Santa María 832 fausto.cl
Beliebter Club, der seit über 30 Jahren besteht. Großartige Livemusik und ein etwas reiferes Publikum.

Limón
Dardignac 142
Eines der wenigen Lokale, die die ganze Woche geöffnet haben. Preiswerte Getränke und breite Playlist.

Illuminati
Antonia López de Bello 131
Die coole Bar mit Club zieht ein vielfältiges Publikum an und ist ein großartiger Ort für Drinks und Tanz.

10

Parque de las Esculturas

J5 Avenida Santa María 2205, zwischen Avenida Pedro de Valdivia und Padre Letelier +56 2 2335 1832 Los Leones tägl. 8–19

Nach einer massiven Überschwemmung des Río Mapocho im Jahr 1982 wurden Maßnahmen zur Befestigung des Flussufers beschlossen, zu denen auch der Parque de las Esculturas gehört. Er wurde 1986 bis 1988 von Germán Bannen mit Geldern der Corporación Cultural de Providencia gestaltet.

Fußwege, teils mit Blick auf die Anden, winden sich durch das Areal, das mit rund 40 Skulpturen von modernen chilenischen Künstlern bestückt ist – darunter *Pachamama* von Marta Olvín, *La Pareja* von Juan Egneau und *Conjunto Escultórico* von Federico Assler.

Fußwege winden sich durch das Areal, das mit rund 40 Skulpturen von modernen chilenischen Künstlern bestückt ist.

11

Casa de la Ciudadanía Montecarmelo

G6 Bellavista 594 +56 2 2820 2900 Salvador Di–Fr 9–19, Sa 10–14 culturaprovidencia.cl

Die Casa de la Ciudadanía Montecarmelo ist das größte Kulturzentrum des Barrio Bellavista. Es ist im ehemaligen Nonnenkloster Montecarmelo untergebracht, das im späten 19. Jahrhundert den Carmelitas de Santa Teresa gehörte, dem beschaulichen Orden der Unbeschuhten *(descalzos)* Karmelitinnen. Heute untersteht das schön renovierte Zentrum der Corporación Cultural de Providencia. Es bietet Workshops und Kurse in Fotografie, bildender Kunst, Musik und Tanz.

In seinem Veranstaltungskalender findet man das ganze Jahr über unter anderem Konzerte und Filmvorführungen sowie Theaterproduktionen auf einer Freiluftbühne im Schutz der malerischen Ziegelsteinmauern des alten Klosters.

Montecarmelo bietet darüber hinaus chilenischen Autoren und Dichtern eine Bühne zur Präsentation ihrer Arbeiten.

12

Parque Balmaceda

G7 Avenida Providencia, zwischen Baquedano und Puente del Arzobispo Baquedano, Salvador

Der schmale Parque Balmaceda zwischen der Plaza Baquedano und der Plaza a la Aviación wurde im Jahr 1927 nach der Kanalisierung des Río Mapocho angelegt. Er ist nach dem ehemaligen Präsidenten José Manuel Balmaceda benannt, der in Chiles kurzem Bürgerkrieg von 1891 eine zentrale Rolle spielte. Eine Statue Balmacedas steht im Westen des Parks.

Größte Attraktion des Parks ist die überaus stimmungsvolle Fuente Bicentenario, ein Springbrunnen mit schönen Wasserbogen, die nachts in allen Regenbogenfarben erstrahlen. Das abstrakte Monumento de Aviación am Fuß der Brunnenanlage wurde unter Pinochet installiert.

Die Plaza Baquedano im Westen des Parks war Zentrum der Proteste von 2019 *(siehe S. 106)*, und noch heute finden hier jeden Freitagnachmittag Demonstrationen statt. Rund um die Plaza sieht man viele Graffiti.

← *Skulptur im Parque de las Esculturas mit der Gran Torre Santiago dahinter*

⑬
Barrio Suecia

K5 Avenida Suecia, Ecke Avenida Providencia +56 2 2223 2700 Los Leones

Der kleine Barrio Suecia wartet mit vielen Restaurants, Bars, Pubs und Nachtclubs im US-Stil auf, die alle um die Aufmerksamkeit der Kunden konkurrieren. Noch vor einigen Jahrzehnten war das Viertel einer der beliebtesten Ausgehorte, da es eine einzigartige Boheme-Atmosphäre und mehr als 60 Möglichkeiten zum Essen, Trinken und Tanzen bot. Heute sind jedoch viele der alten Örtlichkeiten geschlossen, die Atmosphäre hat sich verändert, und der Schwerpunkt des Nachtlebens hat sich in andere Bereiche der Stadt verlagert, wie zum Beispiel in den Barrio Bellavista. Trotzdem kommen immer noch viele junge Reisende und Büroangestellte hierher, um die unzähligen Happy-Hour-Specials zu genießen, einfache Restaurants bieten auch günstige Mittagsmenüs zum Festpreis. Einige Clubs sind bis in die frühen Morgenstunden geöffnet. Auf den Straßen kann es jedoch rau zugehen, Partygänger sollten vorsichtig sein.

⑭
Providencia

J6 Avenida Providencia Baquedano, Salvador, Manuel Montt, Pedro de Valdivia und Los Leones

Der angenehme, begrünte Stadtteil Providencia ist ein guter Standort für Besucher. Obwohl es nur eine Handvoll Touristenattraktionen gibt, liegen in dem Viertel viele Mittelklassehotels, einige Cafés und Restaurants wie das Bierlokal KrossBar Orrego Luco. Hier herrscht auch ein lebhaftes Nachtleben. Die gute Verkehrsanbindung macht es überdies recht leicht, in den Rest der Stadt zu kommen.

↑ *Café in dem schönen Stadtviertel Providencia*

Restaurants

Boragó
Entdecken Sie die einzigartigen Aromen Chiles mit einem erstklassigen Degustationsmenü.
San Josemaría Escrivá de Balaguer 5970 So, Mo borago.cl
$$$

Happening
Das argentinische Restaurant serviert saftige Steaks.
L4 Apoquindo 3090 So happening.cl
$$$

El Huerto
Eines der besten vegetarischen Restaurants der Stadt mit verlockenden Desserts.
J5 Orrego Luco 054 elhuerto.cl
$$$

Bars

Baco
Die Mischung aus Weinbar und Bistro serviert chilenische und internationale Weine sowie französisch inspirierte Speisen.
J5 Nueva de Lyon 113 baco.cl

La Casa en el Aire
Die nach einem Gedicht von Neruda benannte Bar ist ideal für einen Drink.
G6 Antonia López de Bello 125 lacasaenelaire.cl

Einkaufen im von Bäumen gesäumten Pueblito Los Dominicos ↑

15

Pueblito Los Dominicos

M4 Avenida Apoquindo 9085 Los Dominicos tägl. 10:30–20.30 plosdominicos.cl

Der Komplex Pueblito Los Dominicos auf dem ehemaligen Grundstück der Iglesia Los Dominicos zählt zu den besten Einkaufszentren für lokales Kunsthandwerk. 1982 wurde der *pueblito* erweitert und nach dem Vorbild eines chilenischen Dorfs aus der Kolonialzeit mit weiß getünchten, flachen Adobe-Häusern umgestaltet. Das Gebiet wurde ursprünglich von den Mapuche besiedelt, nach deren Häuptling Apoquindo der hier endende Boulevard benannt ist.

Im *pueblito* verkaufen 160 Läden und Kunsthandwerker Keramiken, Lederwaren, Schmuck, Volkskunst, Buntglas, Textilien, Kleidung und sogar Tiere wie Kaninchen und Vögel. Reizvoll ist, dass die Läden hier zugleich Werkstätten sind, in denen man den Kunsthandwerkern bei der Arbeit zusehen kann.

Das Ambiente ist idyllisch mit Bächen und Flötenmusik. Die besten Tage sind Samstag und Sonntag, wenn in der Iglesia Los Dominicos Messe gefeiert wird. Die Kirche ist auf dem chilenischen 2000-Peso-Schein abgebildet und ein Nationaldenkmal. Hier fanden in den 1810er Jahren Revolutionäre während Chiles Kampf um die Unabhängigkeit Zuflucht.

16

Museo de la Moda

M1 Avenida Vitacura 4562 +56 2 2219 3623 Di–So 10–18 museodelamoda.cl

Das Museo de la Moda wurde zu Ehren des Familienerbes und aus Liebe zur Mode 2007 von Juan Yarur gegründet, der das Modernismo-Haus seiner Eltern in eines der weltweit größten Modemuseen umbaute. Jahrelang reiste er rund um den Globus, um eine Sammlung von über 8000 Objekten zusammenzustellen. Die Palette reicht von Kleidung aus dem 18. bis 21. Jahrhundert, von klassischer Couture von Chanel und Lanvin bis zu modernen Entwürfen von Gaultier und zu Kostümen – etwa Madonnas Kegel-BH. Das stilvolle Museum präsentiert seine Besitztümer in wechselnden Ausstellungen. Ein Trakt ist Yarurs Lieblingssport Tennis gewidmet.

Das Museum bietet auch eine Tour durch den seit den 1960er Jahren unveränderten Familiensitz. Viele Exponate sind Kleider und Accessoires von Yarurs Mutter, Raquel Bascuñán. In der ehemaligen Garage ist ein Restaurant untergebracht.

17

Gran Torre Santiago

K4 Ave Andrés Bello Tobalaba tägl. 10–20:30 skycostanera.cl

Die Gran Torre Santiago ist mit einer Höhe von 300 Metern das höchste Gebäude in Südamerika. Sie wurde vom argentinischen Architekten César Pelli konzipiert und ist fast überall in der Stadt zu sehen. Von der Aussichtsplattform Sky Costanera blickt man an klaren Tagen über die Hauptstadt und die Anden.

Schon gewusst?

Sky Costanera in der Gran Torre ist das höchste Observatorium Lateinamerikas.

18 Barrio Vitacura

L2 vitacura.cl

Der Stadtteil ist nach dem Mapuche-Häuptling Butacura (Großer Fels) benannt, der hier mit seinem Clan lebte, als die ersten Konquistadoren ankamen. Das Gebiet wurde Mitte des 16. Jahrhunderts zum *asentamiento* – einer spanischen Siedlung auf Indianerland, das in Haciendas erschlossen wurde.

Vitacura liegt im Norden der Innenstadt unterhalb des Cerro Manquehue, auf den eine Tagestour führt. Heute ist Vitacura das Wohngebiet der Reichen. Das Viertel kennzeichnen Wohntürme, moderne Häuser, elegante Boutiquen und Restaurants.

Der Areal, zu dem auch der Parque Bicentenario mit seinen Lagunen und Wegen gehört, wurde einer umfangreichen Sanierung unterzogen. Auch die Ufer des Río Mapocho wurden in dieses Projekt einbezogen. Der Park ist Ende März Schauplatz des Festivals Lollapalooza Chile. Bei dieser ersten Version des beliebten Chicagoer Musikfestivals außerhalb der Vereinigten Staaten treten neben chilenischen Gruppen auch Bands aus anderen Ländern auf. Bis vor einigen Jahren fand das Festival im Parque Bernardo O'Higgins *(siehe S. 97)* statt.

Der Barrio Vitacura ist auch für hochkarätige Kunst bekannt, vertreten sind mehr als zwei Dutzend erstklassige Kunstgalerien mit Werken von Chiles renommiertesten Künstlern. Die bekannteste ist die Galería Animal, die in ihren Wechselausstellungen chilenische Kunst präsentiert. Etliche wichtige Galerien stehen Besuchern offen, darunter AMS Marlborough Chile, Isabel Aninat, Artespacio und Patricia Ready.

Schöne Aussicht
Beste Dachbar

Mit den schönsten Blick der Stadt – mit Getränken und passender Musik – hat man von der Dachbar des W-Hotels (www.marriott.com) in Las Condes.

19 Las Condes

M4 Avenida Apoquindo und Las Condes El Golf, Alcántara, Tobalaba und Escuela Militar

Östlich von Providencia *(siehe S. 109)* liegt Las Condes, ein großes Gebiet, in dem viele Wohlhabende, Botschaften und Büros großer Unternehmen sind. Die touristischen Attraktionen sind dünn, aber es gibt viele Vier- und Fünf-Sterne-Hotels, gute Restaurants und Bars sowie mehrere Einkaufszentren.

Innerhalb von Las Condes und an der Grenze zu Providencia wird das Kleinstviertel El Golf wegen seiner vielen Wolkenkratzer oft als »Sanhattan« bezeichnet.

↑ *Gran Torre Santiago, die die Wolkenkratzer im Viertel Las Condes überragt*

CHILE
ERLEBEN

Wanderer auf dem Perito-Moreno-Gletscher

Blick über das Weingut Viña Santa Cruz

Valle Central

Das schon in präkolumbischer Zeit besiedelte Valle Central gilt als Chiles älteste und traditionsreichste Region. Die hier einst ansässigen Mapuche wehrten sich vehement gegen ihre Eingliederung in das Inka-Reich. Die Spanier kamen ab dem Jahr 1541. Sie gründeten Santiago am Fuß der Anden, Valparaíso an der Küste und später Siedlungen am Grund des Tals.

Das Valle Central war das Zentrum des kolonialen Chile, das von hier aus nach Norden und Süden ausgriff. Heute ist es der wohlhabendste Teil des Landes und zugleich sein politischer Mittelpunkt. Den riesigen Landsitzen des Hacienda-Systems entstammen Chiles legendäre *huasos*. Größeren Reichtum brachte später der Abbau von Silber, Salpeter und Kupfer.

Heute ist hier die Landwirtschaft, besonders der Weinbau, die größte Einkommensquelle. Dank des trockenen, gemäßigten Klimas und der langen Sommer ist die Region ideal für die Produktion edler Weine. Die erstklassigen Winzereien des Tals bieten Führungen und Verkostungen an – nur eine Option aus dem reichen touristischen Angebot des Gebiets. Die Städte im Tal locken mit herausragenden Kunstmuseen, schönen Parks, schattigen Plazas und exzellenten Fischrestaurants.

Valle Central

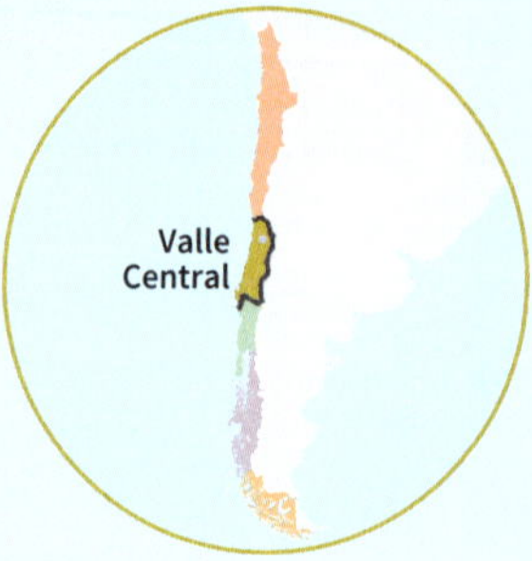

Highlights

1. Valparaíso
2. Casa Museo Isla Negra

Sehenswürdigkeiten

3. Valle de Casablanca
4. Viña del Mar
5. Sewell
6. Cartagena
7. Quintay
8. Algarrobo
9. Cachagua
10. Papudo
11. Zapallar
12. Los Andes
13. Cristo Redentor
14. Portillo
15. Termas de Jahuel
16. Rancagua
17. Parque Nacional La Campana
18. El Teniente
19. Valle de Cachapoal
20. Termas de Cauquenes
21. Cajón del Maipo
22. Hacienda Los Lingues
23. Reserva Nacional Río de los Cipreses
24. Valle de Curicó
25. Santa Cruz
26. Pichilemu
27. Termas de Panimávida
28. Maule
29. Reserva Nacional Altos de Lircay
30. Parque Nacional Radal Siete Tazas
31. Lago Vichuquén
32. Chillán
33. Nevados de Chillán
34. Saltos del Laja
35. Concepción
36. Parque Nacional Laguna del Laja
37. Lota
38. Tomé

Pazifischer Ozean

Norte Grande
und Norte Chico
Seiten 150–193
Ingeniero Santa María
Río del Sobrante
Petorca
La Ligua
Papudo 10
Zapallar 11
Cachagua 9
VALPARAÍSO
15 Termas de Jahuel
Parque
Nacional
La Campana
17
San Felipe
Portillo
14
13 Cristo
Redentor
12
Los Andes
Quintero
Concón
Viña del Mar 4
Valparaíso 1
Quilpué
Quintay 7
Valle de
Casablanca
3
Algarrobo 8
Colina
El Colorado
Curacaví
Santiago
International Airport
Casa Museo Isla Negra 2
6 Cartagena
Santiago
San Antonio
Talagante
21 Cajón del
Maipo
Puente
Alto
San José de Maipo
Melipilla
METROPOLITAN
Paine
Navidad
Río Rapel
Villa Alhué
Sewell
5
Litueche
Rancagua 16
18 El Teniente
20 Termas le
Cauquenes
Valle le Cachapoal 19
Pichilemu 26
Rengo
23
LIBERTADOR
Cáhuil
San Fernando
22
Reserva Nacional
Río de los Cipreses
Paredones
Santa
Cruz
25
Hacienda
Los Lingues
Chimbarongo
Lago Vichuquén 31
Teno
Volcán Tinguiririca
4299 m
24 Valle de Curicó
Licantén
Curicó
Los Quenes
El Sosneado
Molina
Huaquén
Carrizal
Lagunas
de Teno
MAULE
Cumpeo
Constitución
Parque Nacional
30 Radal Siete Tazas
Talca
Maule 28
29 Reserva Nacional
Altos de Lircay
Lago
Colbún
Malargüe
San Javier
Chanco
Sauzal
27 Termas de Panimávida
Pelluhue
Linares
Bardas
Blancas
Cerro Campanario
4048 m
Cauquenes
Laguna
del Maule
Río Melado
Cobquecura
Parral
Camelia
Quirihue
Vegas de Itata
San Carlos
Coelemu
ARGENTINIEN
San Fabián de Alico
Tomé 38
32 Chillán
Talcahuano
Carriel Sur
International
Airport
Pinto
Nevados
33 de Chillán
Bulnes
Recinto
Barrancas
Concepción 35
Chiguayante
Volcán Chillán
3211 m
BÍO BÍO
Pemuco
Coronel
Golfo de
Arauco
37 Lota
Yumbel
Río Laja
Yungay
Andacollo
Llico
34 Saltos
del Laja
Polcura
Laguna de
La Laja
Arauco
Río Bío Bío
Laja
Antuco
Chos Malal
Nacimiento
Los Ángeles
36 Parque Nacional
Laguna del Laja
Los Álamos
Santa Bárbara
Mulchén
Río Renaico
Cañete
Cayucupil
Ralco
Volcán Copahue
2979 m
Río Bío Bío
Lago
Lanalhue
Seenregion
und Chiloé
Seiten 194–227
Lago
Lleu Lleu
Quidico
0 Kilometer 60
N

→

Panoramablick auf die bunten Häuser von Valparaíso und die Küste

❶

Valparaíso

B6 · 260 000 · 120 km nordwestl. von Santiago · Plaza Sotomayor 233, Piso 1; Mo–Do 9–18, Fr 9–17 · Glorias Navales (21. Mai), Carnaval Cultural de Valparaíso (Ende Dez) · vlpo.cl

Das 1543 gegründete Valparaíso erstreckt sich über 45 Hügel mit einem Gewirr aus Straßen mit bunten Häusern, postkolonialen Gebäuden und Museen. Die Stadt gehört zum UNESCO-Weltkulturerbe.

①

Edificio de la Aduana

Plaza Wheelwright 144 · +56 32 2134 712 · Mo–Fr 9–17 · aduana.cl

Das 1855 erbaute Edificio de la Aduana (Zollgebäude) ist eines der seltenen postkolonialen Häuser in der Region. Hier arbeitete in den 1880er Jahren der nicaraguanische Modernismo-Dichter Rubén Darío. In Valparaíso schrieb er sein bahnbrechendes Werk *Azul* (1888).

Die Plaza Wheelwright mit dem Zollgebäude ist nach dem US-Industriellen William Wheelwright benannt. Er spielte eine wichtige Rolle beim Bau von Chiles Eisenbahn und Dampfschiffflotte. Seine Statue steht auf der Plaza.

Expertentipp
Rundfahrt

Für eine preiswerte Stadtrundfahrt nehmen Sie den Bus »0« (auch als »612« bekannt), der vom Hafen aus eine reizvolle Route nimmt und sich bis nach La Sebastiana schlängelt.

②

Plaza Echaurren

Calle Cochrane 253, Ecke Calle Serrano

Die Plaza Echaurren ist Valparaísos historisches Zentrum und der Ort, an dem der spanische Entdecker Juan de Saavedra 1536 landete. Heute stehen an dem Platz elegante Bauwerke aus der Mitte des 19. Jahrhunderts, darunter das restaurierte alte Marktgebäude des Mercado Puerto mit Kunsthandwerksständen, einer Galerie und einer Weinbar.

Die Iglesia de la Matriz hat einen auffälligen achteckigen Turm. Das Adobe-Gebäude wurde 1837 am Standort der ersten Kirche der Stadt errichtet.

me sind teilweise Seehelden wie Lord Thomas Cochrane, Arturo Prat und Bernardo O'Higgins gewidmet sowie Chiles bedeutendsten Seeschlachten im 19. Jahrhundert. Zu sehen sind etwa alte Säbel und Schwerter, Taschenrevolver, Bajonette, Schlachtpläne und Modelle von Schlachtschiffen. Von Prats Schoner *Esmeralda* wurde unter anderem die Uhr gerettet, die genau dann stehen blieb, als das Schiff in der Schlacht von Iquique (1879) unterging.

Das Museum hat auch eine interessante Ausstellung, die die Rettung von 33 Bergleuten aus San José zeigt, die 2010 69 Tage lang unter der Erde gefangen waren. Über die Geschichte der Bergleute wurde in den internationalen Nachrichten ausführlich berichtet, und sie wurde weltweit verfolgt *(siehe S. 188)*.

Kinder lieben das große nachgebaute Piratenschiff in der Sala Hermandad de la Costa. Um das Schiff herum sind Flaggen aus der ganzen Welt zu sehen.

Highlight

Trolebuses

Valparaísos *trolebuses* wurden zwischen 1946 und 1952 aus den USA importiert. Zur Flotte gehören die ältesten noch benutzten Oberleitungsbusse der Welt. Unter Pinochet verlor das System an Bedeutung. 1982 erwarben Geschäftsleute die Anlagen und renovierten sie. Heute pendeln die leisen, umweltfreundlichen Busse zwischen der Avenida Argentina und dem Edificio de la Aduana. Mit ihnen kann man die Stadt bequem entdecken.

③

Museo Marítimo Nacional

Paseo 21 de Mayo 45, Cerro Artillería +56 32 2437 651 Di–So 10–17:30 museomaritimo.cl

Chiles exzellentes Museo Marítimo Nacional präsentiert seine Exponate in einem Haus von 1893. Die 17 Räu-

Standseilbahnen in Valparaíso

Die Standseilbahnen sind Valparaísos preiswerteste, bequemste und unterhaltsamste Verkehrsmittel. Sie fahren vom Hafen und den Geschäftsvierteln von El Plan an der Küste hinauf zu den Wohngebieten an den Hügeln. Von den 20 Standseilbahnen, die zwischen 1883 und 1912 angelegt wurden, sind noch einige in Betrieb. Vorbei an dichten Häuserreihen rattern die *ascensores* an den Hängen der Promenaden entlang mit Blick auf die Stadt und das Meer, zu Sehenswürdigkeiten und Attraktionen.

④

Bar La Playa

Serrano 567 · +56 32 2454 8795 · Mo–Mi 10–22:30, Do–So 10–spät

Die im alten Hafengebiet gelegene Bar La Playa erinnert noch immer an Valparaísos glückliche Tage als größte Hafenstadt im Südpazifik. Sie wurde 1934 als Treffpunkt für Seeleute und Schiffsarbeiter eröffnet, die hier zwischen den Schichten ihre Zeit verbrachten. Auch heute noch ist die Bar einer der stimmungsvollsten Orte der Stadt, an dem man trinken kann. Es gibt eine polierte Mahagoni-Bar, internationale Flaggenketten, Schwarz-Weiß-Fotos aus Valparaísos Blütezeit und jede Menge nautischen Schnickschnack. Zu essen sind Gerichte im Pub-Stil im Angebot, wobei die Qualität variieren kann.

⑤

Plaza Sotomayor

Calle Cochrane, Ecke Avenida Tomás Ramos

Die Plaza Sotomayor ist der Hauptplatz von Valparaíso. Zu den Glorias Navales *(siehe S. 42)* finden hier Paraden statt. Das Monumento a los Héroes de Iquique in der Mitte des Platzes erinnert an die Besatzung der *Esmeralda*, die 1879 in der Schlacht von Iquique zu Tode kam. Die *Esmeralda*, das älteste Schiff der chilenischen Marine, kämpfte vier Stunden lang gegen die *Huáscar*, das stärkste Schiff der Peruaner. Obwohl die *Esmeralda* sank und ihr Kapitän Arturo Prat starb, war die Schlacht der Wendepunkt im Salpeterkrieg *(siehe S. 46)*. Prats Bronzefigur krönt das Denkmal, er selbst ist in der hiesigen Krypta begraben.

Das Monumento a los Héroes de Iquique in der Mitte des Platzes erinnert an die Besatzung der *Esmeralda,* die 1879 in der Schlacht von Iquique zu Tode kam.

An der Südseite der Plaza Sotomayor ragt die verzierte Fassade der neogotischen Comandancia en Jefe de la Armada auf. Das Gebäude wurde 1910 nach dem Vorbild des Hôtel de Ville in Paris errichtet. Es diente als Sommerresidenz von Chiles Präsidenten und Bürogebäude für die Bürgermeister der Stadt und die Gouverneure der Region. Mitte der 1970er Jahre wurde es von der chilenischen Marine übernommen und ist seither deren Stabsquartier.

Das 1936 erbaute Kulturministerium ist täglich für die Öffentlichkeit zugänglich. Zu sehen sind hier Kunstausstellungen. Die benachbarte Compañía de Bomberos von 1851 ist das Gebäude der ältesten freiwilligen Feuerwehr Lateinamerikas.

In der Mitte des Platzes führt eine Treppe zum unterirdischen Museo de Sitio Plaza Sotomayor. Das archäologische Museum zeigt Reste des Piers, der einst hier stand.

Sitzbänke auf der riesigen Plaza Sotomayor ↑

⑥
Palacio de la Justicia

Plaza de la Justicia
für Besucher

Der Palacio de la Justicia ist Valparaísos Berufungsgericht. Auf dem nüchternen, geradlinigen Gebäude von 1939 steht eine drei Meter hohe Statue der Justitia. Diese merkwürdige Figur der Gerechtigkeitsgöttin trägt keine Augenbinde als Symbol der Objektivität, und ihre Waagschalen pendeln nicht am ausgestreckten Arm, sondern sinnlos an ihrer Seite. Der Legende zufolge ließ ein wütender Kaufmann die Statue aufstellen, um gegen erlittenes Unrecht zu protestieren.

⑦
Muelle Prat

Avenida Errázuriz, vor der Plaza Sotomayor

Der belebte und geschäftige Pier Muelle Prat ist der Ausgangspunkt für halbstündige Touren mit dem Wassertaxi durch die Bucht von Valparaíso. Am Pier werben etliche Händler für ihre Waren und Angebote wie Schmuckstücke, Gesichtsbemalung und temporäre Tätowierungen. Es gibt Dutzende von wippenden *lanchas* (kleine und oft farbenfrohe Boote), die von den viel größeren Frachtschiffen in den Schatten gestellt werden. Die Boote werden oft dazu benutzt, die Abfahrtszeiten für die nächste Tour, die den Pier verlässt, auszurufen. Es gibt zahlreiche Touren, die einen herrlichen Blick auf die dicht mit bunten Häuserreihen bebauten Hänge von Valparaíso bieten. Die Boote schlängeln sich zwischen riesigen Kreuzfahrtschiffen und den vor der Küste stationierten Schlachtschiffen der Marine, bevor sie offenes Wasser erreichen. Mit viel Glück können Sie sogar eine Seelöwenkolonie aus nächster Nähe betrachten. Der Hafen hat eine lange Geschichte und ist auch heute noch ein wichtiger und aktiver Handelshafen.

Restaurants

Amor Porteño
In dem charmanten Lokal im argentinischen Stil gibt es Eisbecher, *churros* oder *medialuna* (ein süßes, teigiges Croissant).
Almirante Montt 418, Cerro Concepción
+56 32 2216 253
$

El Peral
Auf der schattigen Terrasse mit herrlichem Blick auf den Hafen schmeckt das Seafood besonders gut. Kosten Sie *ostiones gratinados* (Parmesan-Austern).
El Peral 182, Cerro Alegre
+56 9 2829 3900
$$$

Casa Altamira
Die Brauerei serviert Burger und Pizzas aus Bierteig. An den meisten Abenden wird Live-Musik geboten.
Elias 126
cerveceraaltamira.cl
$$

Maralegre
Das stilvolle Restaurant bietet eine überschaubare, aber perfekt zusammengestellte Speisekarte mit dem Fokus auf Seafood und Steaks. Reservieren Sie am besten einen Tisch auf der sonnigen Terrasse.
Calle Higuera 133, Cerro Alegre
maralegre.cl
$$$

Hotels

Palacio Astoreca
Zimmer und Restaurant des historischen Hotels in zwei ehemaligen Residenzen sind mit zeitgenössischer Dekoration ausgestattet.
Montealegre 149, Cerro Alegre
hotelpalacioastoreca.com
$$$

Hotel Somerscales
Das Boutique-Hotel war einst das Heim des britisch-chilenischen Künstlers Thomas Somerscales.
San Enrique 446, Cerro Alegre
hotelsomerscales.cl
$$$

Hostal Po
Das mit Graffiti verzierte Hostel liegt großartig. Es bietet geräumige Schlafsäle, private Zimmer und einen Lounge-Bereich auf dem Dach.
Urriola 379, Cerro Concepción
+56 9 5403 7766
$$$

⑧
Calle Prat

Die Calle Prat führt durch das Finanzviertel der Stadt von der Plaza Sotomayor zum monumentalen Uhrenturm Reloj Turri (1929). Zu beiden Seiten wird die Straße von eindrucksvollen Gebäuden aus Stein und schwarzem Marmor mit Säulen und Giebeln gesäumt, die um die Wende zum 20. Jahrhundert errichtet wurden.

Im ehemaligen Gebäude der Bank of London, heute die Banco de Chile (Nr. 698), erinnert ein Denkmal an die gefallenen britischen Soldaten des Ersten Weltkriegs. Hier steht auch Valparaísos Börse, die Bolsa de Valores. Im überkuppelten Innenraum dieser ältesten Börse Südamerikas ist noch das alte Rund des Börsenparketts mit den Anschlagtafeln zu sehen.

⑨
Plaza Aníbal Pinto

am Ende der Calle Esmeralda

Die belebte Plaza Aníbal Pinto verbindet das Finanzviertel mit dem Geschäftsviertel der Innenstadt von Valparaíso. An dem kleinen, chaotischen Platz stehen einige bemerkenswerte Häuser. Auf der Plaza am Rand des historischen Viertels ist zu allen Tageszeiten viel geboten.

Im auffälligsten Gebäude an der Plaza Aníbal Pinto residiert die 1891 gegründete Librería Ivens. Sie ist eine der ältesten Buchhandlungen der Stadt. Vor dem Eingang des Hauses steht das eindrucksvollste Kunstwerk des Platzes, der Neptunbrunnen aus dem Jahr 1892.

← *Die Brunnenfigur von Neptun an der Plaza Anibál Pinto*

Der schöne Palacio Baburizza, heute ein historisches Denkmal ↑

⑩
Calle Esmeralda

Die Calle Esmeralda ist die Verlängerung der Calle Prat. Sie beginnt am Reloj Turri in der Nähe des Ascensor Concepción und endet an der Plaza Aníbal Pinto.

Das interessanteste Haus in der Straße ist das Gebäude El Mercurio, Sitz der beliebten Zeitung *El Mercurio de Valparaíso*. Auf dem reich ornamentierten Gebäude steht eine Bronzestatue des Merkur, der mit dem Finger himmelwärts zeigt.

Unmittelbar neben dem Gebäude führt eine Treppe hinauf zur geheimnisvollen Cueva Chivito. Diese natürliche Felshöhle soll einheimischen Legenden zufolge der Teufel geschaffen und einige Zeit auch darin gelebt haben.

⑪

Palacio Baburizza

Paseo Yugoslavo s/n, Cerro Alegre +56 32 2252 332 Ascensor El Peral
Di–So 10–18
museobaburizza.cl

Die schmucke Jugendstil-Villa Palacio Baburizza wurde 1916 für den Saltpeter-Tycoon Ottorino Zanelli erbaut. 1925 kaufte sie der kroatische Immigrant und Nitratmagnat Pascual Baburizza Soletic. 1971 fand das Museo de Bellas Artes von Valparaíso seinen endgültigen Sitz im Palacio Baburizza. Zu sehen ist hier unter anderem die Sammlung der Familie Baburizza mit europäischen Werken aus dem 19. und 20. Jahrhundert. Die seit 1895 zusammengestellte Sammlung zählt zu den wichtigsten des Landes.

Der Palacio steht auf der Kuppe des Cerro Alegre am hübschen Paseo Yugoslavo. Von dieser von Bäumen beschatteten Promenade hat man eine atemberaubende Aussicht auf die benachbarten Hügel, den Hafen, das Finanzviertel und die tiefblaue Bahía de Valparaíso.

Nach längerem Umbau wurde das Haus 2007 in seiner ursprünglichen Pracht wiedereröffnet und kann bei einer Führung oder mit Audioguide besichtigt werden. Ein neuer Museumsflügel präsentiert Landschaftsmalerei von nach Chile ausgewanderten Künstlern. Zeitgenössische Möbel und ein im Stil des Art déco eingerichtetes Badezimmer ergänzen die Ausstellung. Im Garten findet man ein Café und einen Museumsladen.

Schon gewusst?

Das Gemäldemuseum wurde 1906 bei einem Erdbeben zerstört.

⑫

Paseo Gervasoni

Cerro Concepción
Ascensor Concepción

Der Ascensor Concepción endet am Paseo Gervasoni am Gipfel des Cerro Concepción. Die Kopfsteinpflasterstraße ist von Wildblumen gesäumt und bietet einen fantastischen Blick über die Bahía de Valparaíso bis Viña del Mar im Norden. Am Paseo liegen das Café Turri, das alte dänische Konsulatsgebäude von 1848 und die Casa Mirador de Lukas. In diesem Haus widmet sich ein Museum Leben und Werk von Chiles beliebtestem Karikaturisten Renzo Antonio Pecchenino Raggi (1934–1988), besser bekannt als Lukas.

Casa Mirador de Lukas

Paseo Gervasoni 448, Cerro Concepción
+56 32 2221 344
Di–Fr 10:30–18:30, Sa, So 11–19 lukas.cl

↑ *Die Iglesia Luterana de La Santa Cruz mit ihrem hoch aufragenden Turm*

Im Inneren der vom Tageslicht erhellten Kirche hängt über dem Altar ein aus einem einzigen Kiefernstamm geschnitztes Kruzifix.

⑬
Iglesia Anglicana San Pablo

⌂ Pilcomayo 566, Cerro Concepción ☎ +56 32 2213 296 🕒 Di–Fr 10:30–13 Ⓦ saintpaulchile.cl

Die neogotische Kirche wurde 1858 von dem britischen Ingenieur William Lloyd im Auftrag von Valparaísos englischer Gemeinde errichtet. Zuvor hatte der katholische Erzbischof der Stadt strenge Auflagen für die Kirche der rivalisierenden Glaubensbrüder bestimmt. Besonders kurios war die Forderung, dass die Tore der Kirche kleiner sein mussten als die aller katholischen Kirchen der Stadt. So betritt man die Iglesia Anglicana noch heute durch zwei kleine Seitentüren. Die Orgel in der einfachen Kirche aus Stein und Holz wurde 1903 in Gedenken an die britische Königin Viktoria gestiftet.

⑭
Iglesia Luterana de La Santa Cruz

⌂ Abtao 689, Cerro Concepción ☎ +56 32 2975 476 🕒 Mo–Fr 10–13 Ⓦ iluterana.cl

Die Iglesia Luterana de La Santa Cruz mit der schönen strengen Fassade wurde 1898 von der deutschen Gemeinde der Stadt erbaut. Sie ist die erste protestantische Kirche in Südamerika, der ein Kirchturm mit Glocke genehmigt wurde. Der hohe schlanke Turm ragt 35 Meter auf dem Cerro Concepción auf und ist auch von den unteren Stadtvierteln aus zu sehen. Im Inneren der vom Tageslicht erhellten Kirche hängt über dem Altar ein aus einem einzigen Kiefernstamm geschnitztes Kruzifix. Die Orgel gegenüber wurde 1884 aus England gebracht.

⑮
Cementerio Católico und Cementerio Disidentes

⌂ Dinamarca s/n, Cerro Panteón 🕒 Cementerio Católico: tägl. 8:30–17:30; Cementerio Disidentes: Mo–Sa 9–13, 15–17, So 9–12:45

Die beiden Friedhöfe sind atemberaubend an einem steilen Hang gelegen. Der Cementerio Católico und der Cementerio de Disidentes erinnern eindrucksvoll an Valparaísos aufregende Ära im 19. Jahrhundert, als die Hafenstadt ein Schmelztiegel der Kulturen und Religionen war.

Auf dem Cementerio de Disidentes liegen die einfachen, teils strengen Gräber der protestanischen Bürger, so der amerikanischen Mor-

El Mercurio de Valparaíso

Der *El Mercurio de Valparaíso* wurde 1827 von dem chilenischen Journalisten Pedro Félix Vicuña und dem amerikanischen Typografen Thomas Wells gegründet. Keine andere spanischsprachige Zeitung blickt auf eine längere kontinuierliche Erscheinungsgeschichte zurück. Seit den 1880er Jahren wird sie von der in Chile berühmten Familie Edwards-Ross nach dem Ideal ihres Gründers verlegt: »Hinreichend geeignet, um die extremen Leidenschaften, die die Menschen trennen, zu beruhigen.«

Bar

Bar Liberty
Valparaísos älteste Bar hat ein treues Publikum. Besonders gut ist die Stimmung an den *cueca*-Tanzabenden donnerstags bis samstags, an denen vor allem der überaus süße *pipeño* (unfiltrierter Wein) verzehrt wird.

Almte. Riveros 9

monen, englischen Anglikaner und deutschen Lutheraner. Die Inschriften auf den Grabsteinen erzählen vom Sterben im Krieg und bei Schiffsunglücken.

Gegenüber vom Cementerio de Disidentes führt ein großes Tor in den Cementerio Católico oder Cementerio N° 1. Hier sind die berühmten Söhne und Töchter der Stadt in Marmormausoleen bestattet, zum Beispiel Mitglieder der Familie Edwards-Ross, Besitzer der Zeitung *El Mercurio de Valparaíso*, José Francisco Vergara, Gründer von Viña del Mar, sowie der Karikaturist Lukas.

16

La Sebastiana

Ferrari 692, Cerro Florida
+56 32 2256 606
Ascensor Espíritu Santo
Di–So 10–18
fundacionneruda.org

Die Villa La Sebastiana ist das letzte der drei Häuser, die der Dichter Pablo Neruda *(siehe S. 38)* in Chile gekauft hat. Neruda und zwei seiner Freunde erwarben 1961 den Rohbau dieses Gebäudes und benannten es nach seinem Architekten und ersten Besitzer, Sebastian Collado. Neruda führte umfangreiche Renovierungsarbeiten an dem Bau durch und verwandelte ihn in ein anarchisches, aber interessantes Haus, das die Stadt selbst widerspiegelt. Es wurde zu einem Gewirr aus engen, gewundenen Treppen und unzähligen Winkeln und Ecken, die in vielen unterschiedlichen Farben bemalt wurden.

1991 wurde La Sebastiana renoviert und in ein Museum umgewandelt. Es dokumentiert den Zustand des Hauses zu Nerudas Lebzeiten. Zu sehen sind schöne, erstaunliche Stücke, die der Dichter im Lauf seines Lebens gekauft hat, etwa ein Pariser Karussellpony im Wohnzimmer und ein nicht angeschlossenes Waschbecken aus England im Arbeitszimmer. Pablo Nerudas reiche Fantasie zeigt sich auch in der Treppe aus amerikanischem Eichenholz, die er aus einem Abbruchhaus rettete, und in einem Bodenmosaik aus Kieselsteinen, das eine alte Karte von Patagonien und der Antarktis darstellt.

Wie die beiden anderen Häuser Nerudas in Santiago und Isla Negra gibt es auch in La Sebastiana Audioführungen in verschiedenen Sprachen. Es ist keine Voranmeldung erforderlich.

Die Einrichtung von Pablo Nerudas Haus La Sebastiana und die bunte Fassade (Detail) ↓

Wandgemälde von Sammy Espinosa im Open-Air-Museum für Graffiti ↑

⑰

Museo a Cielo Abierto

Cerro Bellavista
+56 32 2593 156
Ascensor Espíritu Santo

Das Freiluftmuseum auf dem Cerro Bellavista besteht aus einem Labyrinth aus kurvigen Straßen und Passagen, deren Mauern riesige, farbenfrohe Wandbilder von bekannten zeitgenössischen chilenischen Künstlern schmücken. Die Palette der rund 20 Wandbilder reicht von abstrakten Werken bis zu witzigen Alltagsszenen. Ein Rundgang nimmt rund eine Stunde in Anspruch. Auf dem Weg sind einige Stufen sowie mancher steiler Hang zu überwinden, bequemes, festes Schuhwerk ist deshalb empfehlenswert.

Die meisten Wandbilder sieht man in der Calle Ferrari und im Pasaje Santa Lucía. In dieser steilen Treppenpassage sind die *murales* besonders lebhaft und farbenfroh.

Das Freiluftmuseum bietet Arbeiten einiger bekannter chilenischer Künstler, darunter der Surrealist Roberto Matta, Gracia Barrios, Mitglied des Grupo Signo, und Nemesio Antúnez, der 1956 das Künstlerkollektiv Taller 99 gründete.

Schon gewusst?

Das 1973 begonnene Museo a Cielo Abierto konnte erst nach der Pinochet-Ära vollendet werden.

⑱

Palacio Lyon

Museo de Historia Natural de Valparaíso: Condell 1546
+56 32 2544 840 **Di–Sa 10–18, So 10–14 (vorher buchen)** **mhnv.cl**

Das Museo de Historia Natural de Valparaíso im 1887 erbauten Palacio Lyon ist Valparaísos Naturkundemuseum und Chiles zweitältestes staatliches Museum. Das Gebäude aus Stein, Gusseisen und Glas erinnert an das 19. Jahrhundert als ein Goldenes Zeitalter der Forschung, wissenschaftlichen Entdeckungen und öffentlichen Bildung. Zu sehen sind unter anderem Exponate aus dem frühen 20. Jahrhundert über Chiles Flora und Fauna, ausgestopfte Tiere sowie allerlei Kuriositäten. Eine Seitentür führt in das Untergeschoss, wo die Galería Municipal de Arte Valparaíso chilenische Künstler der Moderne präsentiert.

⑲

Iglesia de los Sagrados Corazones

Avenida Independencia 2050–2084 **+56 32 2746 728** **tägl.**

Die eindrucksvolle Iglesia de los Sagrados Corazones

wurde im Jahr 1874 als erste Kirche der französischen Kongregation von den Heiligsten Herzen Jesu und Mariens auf dem amerikanischen Kontinent erbaut. Das Innere der Kirche ist vor allem gotisch. Die meisten ihrer Elemente, so der Glockenturm, der Altar, die Kanzel und die Beichtstühle, stammen aus Frankreich. Die Orgel ist ein Werk von Aristide Cavaillé-Coll, zu seiner Zeit der berühmteste Orgelbauer Frankreichs. Kopien der Buntglasfenster der Kathedrale Saints-Michel-et-Gudule in Brüssel zieren den Oberteil des Bauwerks. Das Deckengewölbe zeigt Tausende goldene Sterne. Im Jahr 2003 wurde die Kirche zum Nationalmonument erklärt.

Der 1837 gegründete Colegio de los Sagrados Corazones neben der Kirche ist Chiles älteste Privatschule. Hier drückten einige von Chiles späteren Präsidenten in ihrer Jugend die Schulbank.

⑳

Iglesia y Convento de San Francisco

Blanco Viel s/n, Cerro Barón · +56 32 2225 8735 · Zeiten der Website entnehmen · iglesiadesantiago.cl

Die 1846 gegründete Iglesia de San Francisco zählt zu Chiles beeindruckendsten Backsteinbauten. 1983 wurde sie zum Nationaldenkmal erklärt. Über ihrer reich verzierten Fassade ragt ein Glockenturm auf, der früher beleuchtet wurde, um die Schiffe in Valparaísos Hafen zu leiten. Das Innere der Kirche ist in seiner Schlichtheit wunderschön. Die Wände sind bescheiden weiß getüncht. Den Boden unter der gewölbten Decke aus dunklem Holz zieren spanische Fliesen.

An eine Seite der Kirche schließt sich der Convento de San Francisco an. Er wurde als Unterkunft für Priester gebaut, die zu Besuch kamen. Das zweistöckige Gebäude im kolonialen Stil umschließt einen spanischen Hof mit Obstbäumen, bunten Blumen und schattigen Bänken. Er ist für die Öffentlichkeit zugänglich. Die Spuren eines Brandes im Jahr 2013 sind noch nicht völlig getilgt.

㉑

Congreso Nacional

Avenida Pedro Montt s/n · +56 32 2250 5000 · Mo–Fr 9:30–12:30, 15–17 (zehn Tage vorher reservieren) · camara.cl

Als General Pinochet im Jahr 1988 per Volksabstimmung gezwungen wurde, das Land nach 14 Jahren Militärdiktatur wieder zur Demokratie zurückzuführen *(siehe S. 48)*, wählte er nicht Santiago, sondern Valparaíso als Sitz des neuen Nationalkongresses. Zwei Jahre später wurde das hochmoderne Gebäude des Congreso Nacional eingeweiht. Es ist in der Öffentlichkeit nicht unumstritten. Für die einen ist es ein starkes und lebendiges Symbol der Demokratie und dezentralisierten politischen Macht, andere finden es schlicht hässlich.

Auf spanisch- oder englischsprachigen Führungen lernt man die spektakuläre Architektur des Congreso kennen. Besucher sehen den Senat, die Abgeordnetenkammern und den Salón de Honor. In diesem »Ehrensaal« wurden schon diverse Staatsoberhäupter empfangen, darunter der ehemalige Präsident der Sowjetunion, Michail Gorbatschow, und der frühere US-Präsident Bill Clinton, die hier Reden hielten.

Valparaísos beste Street-Art

Valparaíso ist berühmt für seine Graffiti, die zum großen Teil politischer Natur und sehr kreativ sind. Das Museo a Cielo Abierto auf dem Cerro Bellavista ist der beste Ort, damit zu beginnen: Es verfügt über eine Sammlung von Wandgemälden einiger der bekanntesten Straßenkünstler der Stadt. Wenn Sie tiefer in die Szene eintauchen möchten, machen Sie eine Führung mit Valpo Street Art Tours (www.valpostreetart.com).

Das Innere der Kirche ist in seiner Schlichtheit wunderschön. Die Wände sind weiß getüncht. Den Boden unter der gewölbten Decke aus dunklem Holz zieren spanische Fliesen.

2

Casa Museo Isla Negra

B6 · 90 km südl. von Valparaíso; Poeta Neruda s/n, Isla Negra
+56 2 2777 8741 · Di–So 10–18 (Jan, Feb: bis 19) · fundacionneruda.org

Das literaturgeschichtliche Museo Isla Negra bietet den Besuchern einen guten Einblick in das Leben des Nobelpreisträgers Pablo Neruda. Es präsentiert Tausende einzigartiger und exzentrischer Objekte, die von Chiles berühmtestem Schriftsteller gesammelt wurden, darunter Galionsfiguren, Walzähne, antike Schuhe und Pfeifen.

Pablo Neruda kaufte das Haus an der Playa de Isla Negra 1939 von einem spanischen Matrosen. Nach dem Umbau erinnerte die lang gezogene Form des Anwesens an die Gestalt Chiles. Mit der Zeit sammelte Neruda hier 3500 kuriose und wunderbare Objekte aus aller Welt an. Das Haus ist heute ein Museum und immer noch in dem Zustand wie zu Lebzeiten des Dichters, der hier bis zu seinem Tod 1973 mit seiner dritten Ehefrau Matilde Urrutia wohnte.

Schon gewusst?

Auf der Isla Negra regnet es im Winter stark, was Neruda zu seiner *Ode an den Sturm* inspirierte.

Illustration des in ein Museum umgewandelten Anwesens von Pablo Neruda ↑

Highlight

→

Die Terrasse von Nerudas Haus und eine Ankerstatue (Detail)

Im **Empfangsbereich** unterhielt Neruda seine Gäste, darunter auch andere Schriftsteller. Auch dort stehen zahlreiche Sammlerstücke.

Enge Holzkorridore wie auf alten Schiffen verlaufen rund um das Haus. Diesen schmückte Neruda mit afrikanischen Masken.

Nerudas **Muschelsammlung** füllt einen ganzen Raum, auch der lange, degenförmige Zahn eines Narwals ist hier zu sehen.

Der **Stall** wurde für ein Pferd aus Pappmaschee gebaut. Neruda nannte es das »glücklichste Pferd der Welt«.

Zu den Kuriositäten in Nerudas **Arbeitszimmer** zählen Modellschiffe, astrologische Tabellen, Porträts, Schmetterlingssammlungen und ein antikes Waschbecken.

Zwei Jahre nach der Eröffnung des Museums 1990 wurde **Nerudas Leichnam** nach Isla Negra umgebettet. Matilde Urrutia ist neben ihm begraben.

↑ *Weinberge in den Hügeln des Valle de Casablanca*

SEHENSWÜRDIGKEITEN

3

Valle de Casablanca

B6

Das Valle de Casablanca ist eine Weinbauregion, deren Weißweine international einen guten Ruf genießen. Das Klima des Tals zwischen Santiago und Valparaíso bietet mit seinen Meeresbrisen und kühlen Temperaturen ideale Bedingungen. Die meisten Weingüter bieten Führungen, Verkostungen und Unterkünfte an. Man kann sie individuell per Taxi von Casablanca aus besichtigen oder eine Reise bei Valparaíso Wine Tours (www.valparaisowinetours.com) buchen.

Entdeckertipp
Reloj de Flores

Die 1962 auf einem Hang gepflanzte Blumenuhr Reloj de Flores symbolisiert den Status von Viña del Mar als »Gartenstadt«. Das Zifferblatt ist ein kreisförmiges Blumenbeet mit hellen Blüten.

4

Viña del Mar

B6 325 000
Avenida Libertad 250
Mi Festival Internacional de la Canción de Viña del Mar (Feb) visitevinadelmar.cl

Das 1874 gegründete Viña del Mar (Weinberg des Meeres) war ursprünglich eine koloniale Hacienda, deren Weingärten bis ans Meer reichten. Nach dem Erdbeben von 1906 wurde das Gebiet in eine Stadt umgewandelt, in die Valparaísos Elite bald umsiedelte. Auf den ebenen Grundstücken baute man Villen im damals modernen französischen Stil. Der Ferienort ist heute Chiles Ciudad Jardín (Gartenstadt) mit Grünflächen, schönen Stränden und großartigen Museen in Palacios.

Viña del Mars elegante zentrale Plaza José Francisco Vergara ist nach dem Gründer der Stadt benannt. Dessen Bronzestatue steht auf einem Marmorsockel an einer Ecke des Platzes. Die Plaza schmücken Statuen, Brunnen, Schatten spendende Bäume und eindrucksvolle Gebäude, darunter der **Palacio Vergara** mit dem Museo Municipal de Bellas Artes.

Der mit exotischen Bäumen und Statuen ausgestattete Park der Quinta Vergara

rund um den Palacio war früher der Privatgarten der Familie Vergara. In dem modernen Anfiteatro Quinta Vergara findet alljährlich das Festival Internacional de la Canción de Viña del Mar statt.

Das **Castillo Wulff** am Küstenboulevard wurde 1908 erbaut und ist heute ein Nationaldenkmal. Das Gebäude ist wie eine mittelalterliche Burg mit Türmchen, Befestigungen, Burgturm und Innenhof gestaltet. Vom Hof führen Treppen zu einem Aussichtspunkt mit herrlichem Blick auf das Meer.

Das **Museo de Arqueología e Historia Francisco Fonck** zeigt präkolumbische Objekte aus ganz Lateinamerika (auch von der Osterinsel).

Die Palacios Rioja und Carrasco sind Nationaldenkmäler. Der neoklassizistische **Palacio Rioja** wurde 1907 nach dem Vorbild von Schloss Versailles erbaut. Als Museum zeigt er heute, wie die Familie Rioja hier vor gut 100 Jahren lebte. Der 1912 bis 1923 im Beaux-Arts-Stil erbaute **Palacio Carrasco** ist heute das Kulturzentrum der Stadt. Der **Jardín Botánico Nacional** mit mehr als 3000 Pflanzenarten liegt acht Kilometer südöstlich der Stadt.

Palacio Vergara
Errázuriz +56 32 226 94 31 Di–So 10:30–13, 15:30–17 quintavergara.cl

Castillo Wulff
Avenida Marina 37 Di–So 10–13:30, 15–17:30 patrimoniovina.cl

Museo de Arqueología e Historia Francisco Fonck
4 Norte 784 +56 32 268 67 53 Mo–Fr 10–18, Sa 10–14, 15–18, So 10–14 museofonck.cl

Palacio Rioja und Palacio Carrasco
Palacio Rioja: Quillota 214 Di–So 10:30–13, 15:30–17; Carrasco: Avenida Libertad 250

Jardín Botánico Nacional
8 km südöstl. von Viña del Mar tägl. 9–18 jbn.cl

Restaurants

Los Roldán
Die Bäckerei ist auf frisch zubereitete *empanadas* spezialisiert – probieren Sie die Variante mit köstlichen Jakobsmuscheln.
B6 6 Norte 317, Viña del Mar +56 32 311 47 79
$

Divino Pecado
Das gehobene Restaurant bietet italienisch geprägte Fisch- und Meeresfrüchtegerichte. Er ist beliebt, also reservieren Sie im Voraus.
B6 San Martín 180, Viña del Mar divinopecado.cl
$$$

Möwen an der Küste von Viña del Mar

5 Sewell

C7 75 km südöstl. von Santiago; Carretera al Cobre
Mo (vorher buchen)
fundacionsewell.org

Sewell, die Stadt der Treppen, liegt auf 2200 Meter Höhe und wurde 1905 von der amerikanischen Braden Copper Company als Siedlung für die Arbeiter des nahen Bergwerks El Teniente gegründet. 1960 war Sewell eine blühende Stadt mit ungefähr 15 000 Einwohnern, einer Bank, einem Gericht, einem Rathaus, Freizeitvereinen und Chiles modernstem Krankenhaus. Heute ist es eine UNESCO-Welterbestätte – eine unheimliche, aber fantastisch erhaltene Geisterstadt mit mehrstöckigen Holzhäusern.

Die zentrale Steiltreppe Escalera Central ist zugleich der Hauptweg in der heute verlassenen Stadt. Von ihr gehen zu beiden Seiten Wege sowie kleinere Treppen ab. Das Museo de la Gran Minería del Cobre in dem schönen Modernismo-Gebäude der alten Gewerbeschule zeigt historische und geologische Exponate aus Sewells Umgebung.

6 Cartagena

B6 17 000 100 km südl. von Valparaíso
Municipalidad, Plaza de Armas; +56 35 220 07 36

Cartagena bezaubert mit engen Straßen, bunten Häusern und einer malerischen Lage an einem Hang über dem Meer. Am besten kommt man im späten Frühjahr oder im Frühherbst, wenn die Strände nicht so überfüllt sind wie im Sommer.

Von der grünen, mit Palmen bestandenen Plaza de Armas in der Oberstadt führen kurvige Straßen und Treppen hinab zur Playa Chica im Süden und zur Playa Grande im Norden. An einem Hügel östlich der Playa Chica stehen das Haus und das Grab des großen chilenischen Dichters Vicente Huidobro (1893 –1948), der einige Jahre in Cartagena lebte. Das vernachlässigte Anwesen ist noch immer ein Pilgerort der Fans. Es befindet sich in Privatbesitz und kann nicht besichtigt werden.

Schon gewusst?

Humboldt-Pinguine im Wasser nennt man »Floß« und an Land »Watschel«.

7 Quintay

B6 800 47 km südl. von Valparaíso

Im idyllischen Fischerdorf Quintay bringen Busse Besucher bis an die kleine Plaza. Von dort führen sandige Wege hinunter zur *caleta*. Am Halbrund dieses Fischerhafens stehen wetterfeste Fischrestaurants, am felsigen Strand kann man Meerotter, Vögel und die Fischer beobachten, die hier ihren Fang aus hölzernen Booten ausladen.

An der *caleta* war die **Ballenera de Quintay** bis zu ihrer Schließung 1967 Chiles größte Walfangstation. In dem heutigen Walfangmu-

seum kann man die alte, etwas gruselige Plattform besichtigen, auf die Jahr für Jahr rund 1600 Blauwale – die größten Tiere der Welt – geschleift wurden.

Quintay hat zwei Hauptstrände. Von der Plaza geht man in zehn Minuten durch einen kühlen Wald mit Kiefern und Eukalyptusbäumen zur malerischen Playa Chica, einer Bucht mit starken Wellen, hohen, zerklüfteten Klippen und vielen Wildblumen. Nördlich des Stadtzentrums sind einige Wohnhäuser der einzige Makel des goldenen Sandstrands Playa Grande. Wer tauchen oder Kajak fahren möchte, kann an der *caleta* organisierte, für Anfänger und Fortgeschrittene geeignete Ausflüge buchen.

Ballenera de Quintay
Caleta de Quintay
+56 32 236 22 67
Di–So 11–18
fundacionquintay.cl

8
Algarrobo
B6 9000 70 km südl. von Valparaíso

Algarrobo ist die größte Stadt an dem Küstenabschnitt südlich von Valparaíso. In den familienfreundlichen Urlaubsort strömen im Sommer Familien aus Santiago. Algarrobo besticht mit exzellenten touristischen Einrichtungen und 14 Stränden, an denen man tauchen, windsurfen und reiten kann. Das ruhige Wasser vor der beliebtesten, zentrumsnahen Playa San Pedro ist ideal zum Schwimmen, dramatischere Wellen erlebt man vor der Playa Grande.

Südlich des Zentrums ist der feine Sand der Playa El Canelo von türkisfarbenem Wasser und dichten Kiefernwäldern eingerahmt. Ruhe bietet hingegen die abgelegene Playa El Canelillo. Mit dem Boot erreicht man von Algarrobo die felsige kleine Isla de Pájaros Niño, auf der von September bis April Humboldt-Pinguine brüten. Am Ufer der Insel sieht man vom Boot aus Pelikane, Kormorane und andere Seevögel.

←
Kleiner Fischerhafen in Quintay mit traditionellen Booten

↑ *Humboldt-Pinguine auf der Felsinsel des Naturschutzgebiets Cachagua*

9
Cachagua
B6 1500 73 km nördl. von Valparaíso

Der schöne, ländliche Küstenort Cachagua ist eine willkommene Abwechslung von den noblen Ferienorten an diesem Küstenabschnitt. Von der mit Eukalyptusbäumen bestandenen Plaza führen sandige Wege zwischen strohgedeckten Häusern hinunter zur langen, malerischen Playa Grande. Die größte Bucht von Cachagua eignet sich zum Reiten und Surfen.

Von der Playa Grande sieht man die Felseninsel Monumento Natural Isla Cachagua. Sie ist ein Schutzort für viele Vogelarten. Hier brüten u. a. Humboldt-Pinguine zwischen September und April. Auf Bootsausflügen hat man Gelegenheit, die seltenen Vögel aus relativer Nähe zu beobachten. Ebenfalls einen Besuch wert ist die geschützte, felsige Playa Las Cujas, die bei Tauchern und Anglern beliebt ist.

Hotels

Hotel Isla Seca
Obwohl es an der viel befahrenen Küstenstraße liegt, ist das Hotel ein ruhiger Ort, da die meisten Zimmer auf den Pazifik hinausgehen. Es hat auch ein gutes Fischrestaurant.
B6 Camino Costero F-30-E No. 31, Zapallar hotelislaseca.cl
$$$

El Copihué
El Copihué eignet sich sehr gut als Ausgangspunkt für die Erkundung des Parque Nacional La Campana. Gemütliche Zimmer, Restaurant und Spa.
B6 Diego Portales 2203, Olmué copihue.cl
$$$

Kopfsteinpflasterstraße in der Küstenstadt Papudo mit Street-Art von Izak

10

Papudo

B6 4600 91 km nördl. von Valparaíso Chorrillos 9, 2. Stock; +56 33 279 00 80 Feria Internacional de Integración Papudo (Anf. Feb) municipalidadpapudo.cl

Das Städtchen Papudo ist nicht so exklusiv wie die benachbarten Küstenorte Zapallar und Cachagua, doch kann man hier herrlich spazieren. Eine breite Uferpromenade verläuft parallel zu den beiden Hauptstränden. Die lange, offene Playa Grande ist bei Surfern beliebt, die kleinere, geschützte Playa Chica wird von Familien bevorzugt. An beiden Buchten beginnen einige schöne Wege etwa zu den von Höhlen durchlöcherten Küstenklippen. An schönen Tagen kann man z. B. Pferde leihen und an der Küste ausreiten.

Zu den Gebäuden an der Küstenhauptstraße gehört auch die Iglesia Nuestra Señora de las Mercedes. Die 1918 erbaute Kirche ist ein Nationaldenkmal. Wer dem Weg weiter folgt, erreicht das honigfarbene Chalet Recart, Papudos Rathaus. Neben dem Recart stehen noch einige andere Häuser im alpinen Chalet-Stil.

11

Zapallar

B6 1600 80 km nördl. von Valparaíso Municipalidad, Germán Riesgo 399; +56 33 274 20 00

Das Küstenstädtchen war einst ein exklusiver Ferienort. Zapallar liegt ein wenig abgelegen an einem bewaldeten Hang, der eindrucksvoll über einer felsigen Küste und einem halbmondförmigen Sandstrand aufragt. Wetterfeste Ferienhäuser sprenkeln die Küstenberge rund um Zapallar, das seit dem späten 19. Jahrhundert eine beliebte Sommerfrische für reiche Hauptstädter ist. Von Zapallars Strand führt ein sechs Kilometer langer Küstenweg mit schönem Meerblick an den Felsklippen vorbei. Im Sommer bringen Boote täglich Hobby-Ornithologen und Urlauber nach Süden zum Monumento Natural Isla Cachagua *(siehe S. 133)*.

Vom Strand führt ein sandiger Weg den Hang hinauf zu Zapallars weißsandiger Plaza. Das dortige schindelverkleidete Theater von 1908 war ursprünglich die Stadtkirche. Von der Plaza führen Gassen hinauf in Zapallars quirliges Geschäftszentrum. Dort befinden sich Läden, Restaurants und das Fremdenverkehrsbüro.

Schon gewusst?

La Ligua im Landesinneren von Papudo war Heimat der Serienmörderin La Quintrala.

12

Los Andes

B6 66000 141 km nordöstl. von Valparaíso Avenida Santa Teresa 333; +56 34 290 25 25 Mi, Sa, So Festival Nacional Folclórico »El Guatón Loyola« (Mitte Sep)

Los Andes liegt sehr eindrucksvoll inmitten von Weingärten des Aconcagua-Tals am Fuß der Andenkordillere. Es wurde 1791 als Station an einer kolonialen Handelsroute gegründet und ist heute der erste Anlaufpunkt für viele Reisende, die die Anden auf der Straße von Argentinien nach Chile überqueren wollen.

In der Stadt selbst gibt es nicht viele Sehenswürdigkeiten – außer zwei überaus interessanten Museen: In einem kleinen Haus aus der Kolonialzeit präsentiert das **Museo Arqueológico de los Andes** gut erhaltene präkolumbische Exponate. Das **Museo del Antiguo Convento del Espíritu Santo** residiert im Kloster der Santa Teresa de Los Andes, der ersten Heiligen Chiles. Besucher können hier die alten Werkstätten, Schlafquartiere, den Hof mit schönem Kreuzgang und den Obstgarten des Klosters besichtigen. Auch die benachbarte neogotische Capilla Espíritu Santo ist Chiles erster Heiligen geweiht, die während ihres kurzen Lebens in den Anden eine Novizin war.

An der kolonialen Plaza von Los Andes steht das neoklassizistische, zwischen 1888 und 1891 erbaute Gebäude der Regionalregierung. Am Stadtrand öffnet sich auf dem Cerro de la Vírgen ein wunderschöner Blick.

Museo Arqueológico de los Andes

Avenida Santa Teresa 396–398 +56 34 242 01 15 Di–So 10:30–18

Museo del Antiguo Convento del Espíritu Santo

Avenida Santa Teresa 389 +56 34 242 17 65 Mo–Fr 9:30–13, 15–18, Sa, So 10–17:30

13

Cristo Redentor

C6 210 km östl. von Valparaíso; Camino Cristo Redentor Dez–März

Ein gigantischer Cristo Redentor (Christus der Erlöser) wacht in dünner Bergluft auf 3823 Meter Höhe über den beeindruckenden Grenzpass zwischen Chile und Argentinien in den Zentralanden. Sieben Meter hoch ragt allein die Christusstatue vor den schneebedeckten Andengipfeln auf, sechs Meter hoch ist ihr 4000 Kilogramm schwerer Sockel aus Granit.

Die Figur wurde 1904 in Buenos Aires gefertigt und mit dem Zug an den Fuß der Anden gebracht. Dort zerlegte man sie und schaffte sie in Einzelteilen mithilfe von Maultieren zu ihrem jetzigen Standort hinauf.

Die Aufstellung besiegelte symbolisch den Frieden zwischen Chile und Argentinien nach Jahrzehnte dauernden Grenzstreitigkeiten, die die Staaten bis an den Rand eines Kriegs gebracht hatten. Tourbusse und Autos erreichen das Monument hinter dem chilenischen Zoll über den Camino Cristo Redentor. Die Kiesstraße führt zum etwa drei Kilometer langen Túnel del Cristo Redentor durch die Berge.

Restaurant

El Chiringuito

Das Restaurant am Hafen bietet einige der frischesten Meeresfrüchte in Chile. Von der Terrasse hat man einen schönen Blick, aber passen Sie auf, dass Ihnen die Seevögel nicht das Mittagessen stehlen.

B6 Avenida Zapallar 151, Zapallar +56 33 274 10 24

$$$

↑ *Besucher am gigantischen Cristo Redentor am Grenzpass zwischen Chile und Argentinien*

Skihänge von Portillo, auf denen auch Wettbewerbe stattfinden (Detail) ↑

14 Portillo

C6 · 203 km östl. von Valparaíso; Renato Sánchez 4270, Las Condes · +56 2 263 06 06 · Mitte Juni – Sep · skiportillo.com

Südamerikas ältester Skiort liegt atemberaubend auf 3000 Meter Höhe. Hier gibt es Pisten für Snowboarder und Skifahrer in allen Schwierigkeitsstufen. Erfahrene und Extremskifahrer finden fantastische Möglichkeiten an Hängen, die bis zu 3270 Meter hoch liegen oder ein Gefälle von 50 Grad aufweisen, auf vielen Abfahrten abseits der Pisten, beim Heliskiing und bei Nachtskifahrten. Unterwegs reicht die Aussicht zu Gipfeln der Umgebung und der im Winter zugefrorenen Laguna del Inca. Pauschalangebote in Portillo umfassen Hotelkosten, Liftkarten und die Nutzung von Kino, beheiztem Indoor-Pool und anderen Einrichtungen. Man kann aber auch in preiswerteren Hüttenunterkünften absteigen. Geboten werden den Gästen zudem eine lebhafte Après-Ski-Szene und für Familien exzellente Angebote wie Babysitting und ein Skicamp für Vier- bis Sechsjährige.

15 Termas de Jahuel

B6 · 140 km nordöstl. von Valparaíso; Jahuel s/n, San Felipe · +56 2 2411 17 20 · jahuel.cl

Die Termas de Jahuel liegen in den trockenen Andenvorbergen oberhalb des fruchtbaren Valle del Aconcagua. Der luxuriöse Kurort bietet Tages- und Übernachtungsgästen Naturtherapien, am bekanntesten sind die Massagen mit Öl aus Bio-Oliven. Rund um das Freibecken wachsen Palmen und Jasmin.

Jahuels Thermalquellen waren schon in der Kolonialzeit bekannt. Reisende über die Anden machten hier Rast. Heute wohnen Gäste in einem Pavillon im Kolonialstil oder in einem Boutique-Hotel mit Thermalbad auf dem Zimmer. Im Ort kann man reiten, mountainbiken und zu einem Plateau mit schönem Blick über das Weinbaugebiet des Valle del Aconcagua wandern. Geboten werden zudem Spielzimmer für Kinder sowie chilenische und internationale Restaurants.

16 Rancagua

B7 · 215 000 · 87 km südl. von Santiago · Germán Riesgo 350; +56 72 258 42 58 · El Campeonato Nacional de Rodeo (Anf. Apr) · rancagua.cl

Das 1743 gegründete Rancagua liegt tief im Land der *huasos* und ist alljährlich Austragungsort des Campeonato Nacional de Rodeo. Die Stadt war 1814 Schauplatz einer Schlacht zwischen der chilenische Miliz unter Führung von Bernardo O'Higgins *(siehe S. 259)* und den eindeutig überlegenen spanischen Truppen. Der Kampf tobte vor allem auf der zentralen Plaza der Stadt. Dort steht heute das Monumento a Bernardo O'Higgins. Das Reiterdenkmal ehrt auch die gefallenen chilenischen Soldaten.

Nördlich der Plaza steht der Adobe-Bau der Iglesia de la Merced von 1778. Von ihrem Glockenturm dirigierte

1814 O'Higgins seine Truppen. Beim Erdbeben 2010 wurde die Kirche erheblich beschädigt.

Südlich der Plaza stehen am Paseo del Estado schöne alte Gebäude, darunter das **Museo Regional de Rancagua** in zwei Häusern von 1790 bzw. 1800. Das Museum zeigt Ausstellungen zur sakralen Kunst sowie über die Weberei und den Bergbau im Valle Central. Zu sehen sind auch Rekonstruktionen typischer Wohnquartiere aus der Kolonialzeit. Am Südende des Paseo del Estado ist ein weiteres Kolonialgebäude Sitz der **Casa de la Cultura**. Das Haus war während der Schlacht von Rancagua Stützpunkt der spanischen Truppen. Heute ist es ein Kulturzentrum.

Museo Regional de Rancagua
Paseo del Estado 685 · +56 72 222 15 24 · Mo–Fr 10–18, Sa 10–14 · museorancagua.cl

Casa de la Cultura
Avenida Cachapoal 90 · +56 72 222 60 76 · Mo–Fr 10–19, Sa, So 10–18 · rancaguacultura.cl

Honigpalme im Parque Nacional La Campana ↓

17

Parque Nacional La Campana

B6 · 60 km östl. von Valparaíso; Paradero 43, Avenida Granizo 9137 · +56 33 244 13 42 · Di–So 8:30–17:30 (vorher buchen) · conaf.cl

Der Nationalpark La Campana, ein UNESCO-Biosphärenreservat, ist ein wildes, sehr artenreiches Habitat. Die Symbolpflanze des Parks ist die Honigpalme *(Jubaea chilensis)*. Diese südlichste Palme der Welt kommt hier in Restbeständen vor. Zu sehen sind neben vielen Vögeln auch Säugetiere und Reptilien: etwa Viscachas – große, Höhlen bauende Nagetiere –, Leguane, Schlangen und Eidechsen. Namensgeber des Parks ist der Cerro La Campana. Zum Gipfel der »Glockenspitze« führt vom Eingang im Sektor Granizo eine beliebte Tagestour.

Im weniger besuchten Sektor Palmas de Ocoa im Norden des Parks steht der größte und dichteste Honigpalmenhain mit einigen Hunderte Jahre alten Bäumen. Den Sektor erreicht man über den sieben Kilometer langen Sendero Amasijo, der mit dem Sendero Los Peumos verbunden ist.

Darwin und La Campana

Im August 1834 bestieg der britische Naturforscher Charles Darwin mit zwei Cowboys den Cerro La Campana zu Fuß und zu Pferd. Er erklomm den Berg über die Nordflanke und campierte an der Quelle Agua del Guanaco. Später schrieb er in *Die Fahrt der Beagle*: »Die Atmosphäre war so klar, dass die Masten der geankerten Schiffe in der Bucht von Valparaíso … als kleine schwarze Striche zu sehen waren.« Die Gruppe erreichte den Gipfel am zweiten Morgen. Dort erinnert ein Schild an Darwins Tour.

18 El Teniente

C7 79 km südöstl. von Santiago; Carretera al Cobre +56 72 229 20 00 vts.cl

Diese größte unterirdische Kupfermine der Welt besteht aus einem 2400 Kilometer langen Tunnelsystem und ist seit Anfang des 19. Jahrhunderts in Betrieb. Jedes Jahr werden hier rund 440 000 Tonnen Kupfererz abgebaut. Bei Führungen erkundet man ein Tunnellabyrinth und sieht gigantische Maschinen zum Zerkleinern des Erzes. Ein Höhepunkt ist eine unterirdische Höhle mit glitzernden Kristallen.

19 Valle de Cachapoal

B7 96 km südl. von Santiago
winesofchile.org

Das Valle de Cachapoal in Chiles Hauptagrargebiet ist für den Anbau exzellenter roter Rebsorten bekannt: Cabernet Sauvignon und Carménère. Die meisten Weingüter liegen im kühlen Osten und bieten Weinproben und Führungen an. Die 2001 eröffnete Viña San Pedro besitzt modernste Produktionsstätten, die auf Schwerkraft statt auf Pumpen setzen. Das Weingut bietet Verkostungen an. Ein traditionelleres Gut ist z. B. die im Kolonialstil erbaute Viña Château Los Boldos.

Das Tal liegt im Hauptgebiet der *huasos* – Weinführungen können hier einen Rodeobesuch und Ausritte in die Berge beinhalten. Es ist von Rancagua aus in einem Tagesausflug zu erkunden. Wer übernachten möchte, findet Unterkunft in der kolonialen Hacienda Los Lingues *(siehe S. 140)*.

20 Termas de Cauquenes

C7 117 km südl. von Santiago +56 9 9930 97 31
tägl. 7:30–18:30
htdc.cl

Die Termas de Cauquenes liegen in den Vorbergen der Anden, hier erholten sich schon Berühmtheiten wie Charles Darwin und Bernardo O'Higgins. Das historische Kurbad befindet sich in einem Eukalyptuswald. Durch ihn führen einige Wege zu einem Aussichtspunkt, über dem Kondore am Himmel kreisen. Das riesige neogotische Bad aus dem 19. Jahrhundert erinnert mit seinen hohen Decken, Buntglasfenstern und dem Mosaikboden ein wenig an eine Kathedrale. Unterkunft findet man in einem Hotel im Kolonialstil mit Innenhof.

In den Thermen sind auch Tagesgäste willkommen. Sie können hier Thermalbäder und entspannende Behandlungen genießen. Zur Ausstattung gehören darüber hinaus ein beheizter Pool im Freien, ein Kinderspielplatz und ein Gourmetrestaurant.

Alte Weingüter in Pirque

Im Valle del Maipo liegen in der Region Pirque zwei von Chiles ältesten Weingütern. Die 1856 gegründete Viña Cousiño-Macul ist Chiles älteste Bodega in Familienbesitz. Die Weinproben finden bei Kerzenlicht in einem Keller statt. Die im Jahr 1883 gegründete Viña Concha y Toro ist Chiles größtes Weingut und der größte Weinexporteur in ganz Lateinamerika.

21 Cajón del Maipo

C6 · 33 km südöstl. von Santiago · Comercio 19788, San José del Maipo; +56 2 2861 1275 · cajondelmaipo.com

Mit seinem reichen Outdoor-Angebot ist der Cajón del Maipo ein beliebtes Ausflugsziel von Santiago. Individualreisende übernachten in San José del Maipo, dem größten Ort des Gebiets. Das 1791 gegründete Städtchen ist mit seiner kolonialen Kirche und seinen Adobe-Häusern selbst eine Attraktion.

Südwestlich von Cajón del Maipo schützt die **Reserva Nacional Río Clarillo** ein Naturgebiet. Sie ist ideal zum Vögelbeobachten, Reiten und Raften.

Zum Skigebiet von **Lagunillas** gehören 13 Pisten in allen Schwierigkeitsstufen. Lagunillas zählt zudem zu den wenigen Orten in Chile mit Nachtskifahrten.

Das **Santuario de la Naturaleza Cascada de las Ánimas** ist eine Attraktion für Outdoor-Sportler. Es liegt in einer Gegend mit zerklüfteten Bergen, Flüssen und Wasserfällen und lockt Besucher, die auf dem Río Maipo raften, in den Anden wandern und reiten oder an einer Zipline über den Río Maipo sausen möchten. Unterkunft findet man in Blockhütten im Wald sowie auf einem malerischen Campingplatz *(siehe rechts)*.

Zum Schutzgebiet **Monumento Natural El Morado** gehört der beeindruckende Cerro El Morado (5060 m). Seinen Gipfel sieht man am besten auf der dreistündigen Wanderung vom Parkeingang zur Laguna El Morado. Von diesem Bergsee führt ein Weg zum Fuß des Glaciar San Francisco. Das Gebiet Baños Morales mit Thermalbecken lockt Gäste aus Santiago.

Die Thermalbecken der **Termas Valle de Colina** an einem Berghang vor der Kulisse schneebedeckter Gipfel sind am Ostende des Cajón del Maipo. Die Becken sind nur schwer zu erreichen, da die Straße für den öffentlichen Verkehr gesperrt ist. Manzur Expediciones in Santiago organisiert Touren zu den Becken. Im Ort kann man Pferde mieten und zur argentinischen Grenze reiten.

← *Sonnenbeschienener Weinberg im Valle de Colchagua*

↑ *Die hübsche, rosa gestrichene Kirche in Cajón del Maipo*

Reserva Nacional Río Clarillo
40 km südwestl. von San José del Maipo · tägl. 8:30–17:30 (Einlass bis 13; vorher buchen) · conaf.cl

Lagunillas
17 km nordöstl. von San José del Maipo · Juni–Okt · skilagunillas.cl

Santuario de la Naturaleza Cascada de las Ánimas
14 km südöstl. von San José del Maipo; Camino al Volcán 31087, San Alfonso · +56 2 2861 13 03 · cascadadelasanimas.cl

Monumento Natural El Morado
43 km östl. von San José del Maipo · tägl. 8:30–17:30 (Einlass bis 12:30; vorher buchen) · conaf.cl

Termas Valle de Colina
60 km südöstl. von San José del Maipo · +56 2 2985 26 09 · tägl. 8–20 · termasvallecolina.cl

Hotel

Cascada de las Ánimas

Diese Lodge ist ein guter Ausgangspunkt für die Erkundung des Cajón del Maipo und verfügt über einen Campingplatz und Privatzimmer. Reiten und Wandern sind hier sehr beliebt.

C6 · Camino al Volcán 31087, San Alfonso · cascadadelasanimas.cl

$$$

↑ *Erntehelfer bei der Weinlese in Los Lingues*

22

Hacienda Los Lingues

B7 125 km südl. von Santiago; Panamericana Sur, km 124,5, San Fernando +56 2 2431 0510 tägl. loslingues.com

Los Lingues zählt zu den ältesten und vornehmsten Haciendas in Chile. Sie wurde Ende des 16. Jahrhunderts von König Philip III. von Spanien an Don Melchor Jufré del Águila übereignet und ist seitdem im Besitz der Familie des spanischen Adeligen. Die heutige Besitzergeneration lebt auf der Hacienda.

Auf Los Lingues übernachtet man in noblen Zimmern mit Originalmöbeln aus der Kolonialzeit und Familienporträts. Man spürt an jedem Detail, dass man sich in einer alten Adelsresidenz und nicht einfach in einem Luxushotel befindet – obwohl es natürlich auch alle modernen Annehmlichkeiten wie einen Pool gibt.

Preiswerter ist ein Tagesausflug auf die Hacienda, wo man bei einer Führung den Hof, Park, Weinkeller, die Ställe und die Kapelle von 1790 besichtigen kann. In den 1760 errichteten Ställen werden Aculeo-Vollblüter gezüchtet, deren Abstammung bis in das maurische Spanien zurückreicht. Geboten werden zudem ein Gourmetmittagessen, Rodeo und Ausritte.

Das Hotel liegt in der Nähe der Weintäler von Cachapoal *(siehe S. 138)* und Colchagua *(siehe S. 148f)* und ist somit ein perfekter Zwischenstopp für Weinproben.

TOP 3 Skiorte in der Nähe

El Colorado
elcolorado.cl
Beliebter preisgünstiger Ort, der von Santiago aus leicht erreichbar ist.

La Parva
laparva.cl
Geeignet für Anfänger und Könner, auch abseits der Pisten.

Valle Nevado
vallenevado.com
Chiles größtes und modernstes Skizentrum mit Heliskiing und Snowboard-Park.

23

Reserva Nacional Río de los Cipreses

C7 131 km südl. von Santiago; Camino Chacayes s/n +56 72 229 75 05 tägl. 8:30–20 (vorher buchen) conaf.cl

Die Reserva Nacional Río de los Cipreses schützt 367 Quadratkilometer Andenwildnis mit Canyons und Bergzypressenwäldern. Im beliebten Nordteil des Schutzgebietes zeigt das Verwaltungszentrum eine Ausstellung über Wildtiere der Region. Von hier führen Wege durch den malerischen Cajón Alto Cachapoal. Von dort gelangt man auf dem kurzen Sendero Tricahues zu einem Wildbeobachtungspunkt. Hier sieht man Kolonien von Felsensittichen, *loros tricahues* genannt, an der Canyonwand nisten.

Die weniger besuchten zentralen und südlichen Gebiete erreicht man vom Verwaltungszentrum aus auf längeren Wanderungen oder Ausritten. Diese führen den

Das Valle de Curicó ist zwar eines der weniger besuchten Weintäler von Zentralchile, bietet aber Weinliebhabern den Vorteil individueller, ausführlicher Führungen und von Experten betreuter Weinproben.

Cajón Río Cipreses entlang, der die Reserva durchzieht. Unterwegs durchquert man Zypressenwälder und kommt an weidenden Guanakoherden vorbei, sieht präkolumbische Petroglyphen und genießt eine fantastische Aussicht auf die Anden und den 4860 Meter hohen Volcán Palomo.

24

Valle de Curicó

B7 60 km südl. von Santa Cruz; Curicó

Das Valle de Curicó ist zwar eines der weniger besuchten Weintäler von Zentralchile, bietet aber Weinliebhabern den Vorteil individueller, ausführlicher Führungen und von Experten betreuter Weinproben. Das Tal produziert edle Weißweine, vor allem Sauvignon Blanc, sowie roten Cabernet Sauvignon – teilweise von 80 Jahre alten Rebstöcken. Zu den Weingütern im Tal – viele davon sind relativ klein und in Familienbesitz – gehören auch die Güter Miguel Torres (in spanischem Besitz), San Pedro und Millamán. Führungen und Privattouren zu den Weingütern werden von **Ruta del Vino Curicó** organisiert.

In der dritten März-Woche findet hier alljährlich die Fiesta de la Vendimia de Curicó statt – ein einzigartiges Fest, bei dem neben vielen weinbezogenen Aktivitäten eine Erntekönigin gewählt wird. Das Fest findet seit 1991 statt.

Ruta del Vino Curicó
Prat 301-A, Curicó
+56 75 232 89 72 Mo–Fr 9:30–14, 15:30–18
rutadelvinocurico.cl

25

Santa Cruz

B7 32 000 182 km südwestl. von Santiago
Plaza de Armas s/n La Fiesta de la Vendimia (März)

Santa Cruz gehört zu den größten Zentren im Valle de Colchagua *(siehe S. 148f)*. In der Stadt aus dem 19. Jahrhundert stehen noch einige Häuser aus der Kolonialzeit. Am bemerkenswertesten ist die Municipalidad (Rathaus). Hauptattraktion ist das **Museo Colchagua** mit über 5000 Exponaten zur Geschichte Chiles. Zu sehen sind etwa persönliche Objekte des ehemaligen Präsidenten Bernardo O'Higgins, Kunst der Jesuiten aus dem 18. und Kutschen aus dem 19. Jahrhundert sowie Objekte zur Rettung von 33 Bergarbeitern 2010.

In Santa Cruz beginnen die Touren zu den Weingütern im Valle de Colchagua. Besonders beliebt ist der **Tren Sabores del Valle**. Der Zug fährt von der Estación Central in Santiago nach San Fernando im Norden des Tals. Von dort starten Bustouren zu den Gütern im Valle de Colchagua.

Museo Colchagua
Avenida Errázuriz 145 +56 72 282 10 50
tägl. 10–19
museocolchagua.cl

Tren Sabores del Valle
Plaza de Armas 298
Sa trencentral.cl

Rodeos

Chiles Nationalsport entstand im 16. Jahrhundert auf den Haciendas, wo regelmäßig das Vieh zusammengetrieben und mit Brandzeichen versehen werden musste. Die Stars des Rodeos sind die *huasos* (Cowboys), die auf ihren Pferden im Arena-Halbkreis, der *medialuna*, eine Kuh gegen die Wand treiben und dort einpferchen. Der Sport ist sehr umstritten, einige Organisationen bemühen sich um ein Verbot ähnlich dem für Stierkämpfe in Katalonien, Spanien.

↑ *Alte Kutsche im Museo Colchagua in Santa Cruz*

Restaurant

La Casa Verde
Entspannen Sie sich nach einem Tag auf dem Surfboard in diesem Restaurant. Die Sandwiches und die vegetarischen Burger schmecken am besten auf der Terrasse mit Blick auf den Strand.

B7 Daniel Ortúzar 215, Pichilemu +56 9 2093 6331

$$$

26

Pichilemu

B7 13000 259 km südwestl. von Santiago Ángel Gaete 365; +56 72 284 10 17 Mi, Sa La Semana Pichilemina (Feb) pichilemu.cl

Pichilemu ist die Surfhauptstadt des Valle Central, das Mekka der Surfer, Bodyboarder und Hippies. Der einstige Nobelbadeort, in dem Chiles erstes Casino stand, wurde im 20. Jahrhundert von dem Spekulanten Agustín Ross-Edwards erbaut. Der Aufstieg von Viña del Mar *(siehe S. 130f)* weiter nördlich läutete den Abstieg Pichilemus ein, das jedoch schöne Relikte seiner glorreichen Vergangenheit bewahren konnte. Das alte Casino ist heute ein Kulturzentrum.

Pichilemu ist eine entspannte Kleinstadt mit mehreren Stränden. Der Hauptstrand Las Terrazas ist mit seinen Surfschulen und kleinen Wellen beliebt bei Surfanfängern. Rund vier Kilometer nördlich des Stadtzentrums bezwingen Könner in der Bucht Los Lobos zwei Meter hohe Brecher. Als Station des internationalen Surf-Zirkus besitzt Los Lobos eine exzellente Infrastruktur.

27

Termas de Panimávida

B7 88 km südöstl. von Talca; Panimávida s/n, Linares +56 73 221 17 43 tägl. 15–21 termasdepanimavida.cl

Inmitten idyllischen Ackerlands am Fuß der Anden findet man die Termas de Panimávida. Ihr historisches Kolonialgebäude steht in einem Garten voller Skulpturen. Geboten werden hier bis zu 40 °C warme Hallen- und Freibecken sowie Kinderpools, Saunen, Dampfbäder, Whirlpools und darüber hinaus therapeutische Anwendungen wie Massagen, Weintherapien, Schlamm- und Kräuterbäder.

Rund fünf Kilometer südlich bieten die **Termas de Quinamávida** ähnliche Einrichtungen und Dienstleistungen sowie Dampfbehandlungen in Kaktusholzbädern. Das Bad liegt näher an den Bergen und ist ein moderner Komplex aus honigfarbenen Gebäuden in einem Eukalyptus- und Kiefernwald.

Termas de Quinamávida
Camino Linares-Colbún, km 16 +56 73 262 71 00 tägl. 8:30–20 termasdequinamavida.cl

28

Maule

B7 76 km südl. von Santa Cruz

Maule, eine der besten Weinbauregionen Chiles, bietet eine authentische Ruta del Vino an, die zu acht Weingütern der Region führt. Die Gegend um die Stadt Talca ist für ihre Rotweine bekannt, aber es werden hier auch einige erfrischende Weißweine produziert.

Die **Viña Bouchon** auf dem Gelände einer alten Hacienda beherbergt das Boutique-Hotel Casa Bouchon. Das Weingut produziert Cabernet Sauvignon und ungewöhnlichere Rebsorten wie País und Carignan. Führungen und Verkostungen sind nach Anmeldung möglich.

Rund 15 Kilometer südlich von Talca ist in San Javier die **Viña Balduzzi** beheimatet. Der Familienbetrieb bietet Führungen und Weinverkostungen. Hier produziert man verschiedene Rot- und Weißweine, darunter Sauvignon Blanc und Syrah.

Westlich von San Javier, an der Autobahn nach Constitución, hat sich die **Viña Gillmore** auf Rotweine

↑ *Surfer am Strand von Punta de Lobos in Pichilemu*

Die Reserva Nacional Altos de Lircay und einer der dort lebenden Vögel (Detail) ↑

(Cabernet Sauvignon, Cabernet Franc und Merlot) spezialisiert. Touren und Verkostungen lassen sich hier auch kurzfristig organisieren. Auch ein exklusives Spa mit Weintherapien ist vorhanden.

Östlich von San Rafael, auf dem Fundo Las Chilcas, liegt **Via Wines**, bekannt für den nachhaltigen Ansatz und die hervorragenden Syrah und Sauvignon Blanc. Für die Besichtigung des Weinguts muss man sich anmelden.

Geschichte des Weins in Chile

Schon im 16. Jahrhundert brachten Missionare Weinstöcke nach Chile, um Messwein anzubauen. Im 19. Jahrhundert stieg beim Bürgertum die Nachfrage. Für reiche Familien wurde es chic, Weingärten anzulegen. Erste Qualitätsreben wurden aus Frankreich eingeführt. In den 1980er Jahren bauten ausländische Winzer ultramoderne Weingüter. Chile entdeckte seine charakteristische Carménère-Rebe. Im Lauf der Zeit entwickelte sich ein regelrechter Weintourismus.

Viña Bouchon
Camino a Constitución, km 30 casabouchon.com

Viña Balduzzi
Avenida Balmaceda 1189, San Javier +56 73 232 21 38 Mo–Sa 9–18 balduzzi.com

Viña Gillmore
Camino a Constitución, km 20 +56 73 197 55 39 Mo–Mi 9–17, Do–Sa 9–18 gillmorewines.cl

Via Wines
K-409 Mo–Sa 9–17 viawines.com

29

Reserva Nacional Altos de Lircay

B7 67 km östl. von Talca; Ruta Internacional Pehuenche, Cruce Vilches Alto tägl. 8:30–13, 14–18 conaf.cl

Die Reserva schützt eine raue Wildnis mit Canyons und Buchenwäldern. Sie bietet zudem Möglichkeiten zum Mountainbiken, Wandern und Reiten. Am Verwaltungszentrum am Parkeingang beginnen verschiedene kurze Naturlehrpfade. Auf der Strecke sieht man u. a. Andenkondore sowie, im Wald, gefährdete endemische Felsensittiche – *loros tricahues* genannt – und mitunter Magellanspechte.

Am Parkeingang beginnen auch die zwei beliebtesten Wanderwege. Der Sendero Laguna del Alto führt in neun Stunden durch Südbuchenwälder hinauf zur Laguna del Alto in einem Ring zerklüfteter Bergen und wieder zurück. Sieben Stunden hin und zurück dauert die Wanderung auf dem Sendero Enladrillado durch die Wälder zum Enladrillado, einer Plattform aus Vulkanfels, von der man auf die tiefe Schlucht eines Flusses und drei Vulkane blickt: Cerro Azul, Volcán Quizapú und Descabezado Grande (»Großer Geköpfter«). Letzterer kann in Rahmen einer fünftägigen Tour erklommen werden.

30 Parque Nacional Radal Siete Tazas

B7 125 km südöstl. von Santa Cruz tägl. 8:30–17:30 (vorher buchen) conaf.cl

Der kleine Nationalpark heißt nach einem bemerkenswerten Naturphänomen: Die Siete Tazas (Sieben Tassen) im Westteil sind sieben miteinander verbundene Felsenbecken. Sie wurden vom Río Claro ausgewaschen, der hier eine enge Schlucht hinabstürzt. In der Nähe rauschen zwei mächtige Wasserfälle: der 40 Meter hohe Salto de la Novia und der 25 Meter hohe Salto de la Leona. Der Weg vom Salto de la Leona zu den Siete Tazas führt durch Übergangswald mit Pflanzen des Valle Central und des gemäßigten Regenwalds, der weiter südlich in der Seenregion verbreitet ist. Nahe den Becken verlaufen im Sector Parque Inglés malerische Wege zum Wandern, Reiten und Mountainbiken. Hier kann man eine Tageswanderung auf dem Sendero El Bolsón unternehmen sowie schwimmen und Kajak fahren. Ein nicht ausgeschilderter Weg führt weiter zur Reserva Nacional Altos de Lircay *(siehe S. 143)*.

31 Lago Vichuquén

B7 96 km südwestl. von Santa Cruz Manuel Rodríguez 315, Vichuquén; +56 75 240 05 16 turismovichuquen.cl

Der Lago Vichuquén ist der schönste See im Valle Central, eine strahlend blaue Wasserzunge zwischen tiefgrünen, von Kiefern bestandenen Hügeln. Am und um den See lebt eine reiche Vogelwelt, etwa verschiedene Arten von Reihern, Schwänen und Enten. In der Kolonialzeit war das Gebiet als Treffpunkt von Hexen und Hexenmeistern berüchtigt. Heute betreiben Besucher hier Radfahren, Wasserskifahren, Windsurfen, Angeln, Reiten – und einfach das Beobachten der Natur.

Sieben Kilometer östlich des Sees wurde Vichuquén 1585 von den Spaniern auf einer alten Inka-Kolonie erbaut. Hier bummelt man in Straßen unter Orangenbäumen an Abobe-Häusern vorbei. Vichuquén und der Lago de Vichuquén sind Ziele auf Weintouren durch das Valle de Curicó *(siehe S. 141)*.

> Expertentipp
> **Surfen**
> Diejenigen, die auf der Suche nach Wellen sind, sollten in die Küstenstadt Llico kurz hinter Vichuquén fahren, die wegen ihrer Brandung sehr beliebt ist. Dort finden im Januar und Februar Wettbewerbe statt.

32 Chillán

F1 165 000 405 km südl. von Santiago Dieciocho de Septiembre 510; +56 42 222 32 72 Conmemoración Natalicio Bernardo O'Higgins (Aug) municipalidadchillan.cl

Am Hauptplatz der Geburtsstadt von Chiles Unabhängigkeitskämpfer Bernardo O'Higgins wurde die moderne Kathedrale von Chillán nach dem Erdbeben von 1939 aus elf riesigen Stahlbetonbogen errichtet. In ihrem tunnelartigen Inneren hängt über dem Altar ein Holzkruzi-

←
Wasser stürzt über Felspools hinab im Parque Nacional Radal Siete Tazas

↑ *Die gewölbte Decke der Kathedrale in Chillán*

fix, das in Italien geschnitzt wurde. Es wurde nach dem Beben aus dem Schutt geborgen.

Die berühmten Wandbilder in der **Escuela México** malten 1941/42 die mexikanischen Künstler David Alfaro Siqueiros und Xavier Guerrero. Siqueiros' allegorisches Bild *Muerte al Invasor* (Tod dem Invasor) über den Unabhängigkeitskampf Chiles und Mexikos vereint kubistische und impressionistische Stilelemente. Guerreros realistisches *De México a Chile* (Von Mexiko nach Chile) zeigt unter anderem eine mexikanische Frau, die ein chilenisches Baby aus Trümmern zieht.

Ebenfalls sehenswert ist die Markthalle von Chillán, der **Mercado Chillán**, der für Feinschmecker ein absoluter Genuss ist. An den Essensständen werden verschiedene regionale Spezialitäten serviert. Unbedingt probieren sollten Sie die wunderbaren, typischen Chorizo-ähnlichen *Longaniza*-Würste.

Escuela México
Ave. O'Higgins 25
+56 42 221 2012
Mo–Fr 10–13, 15–18

Mercado Chillán
5 de Abríl, Isabel Riquelme, Ecke El Roble
Mo–Sa 8–16:30, So 8–13:30

33

Nevados de Chillán

F1 82 km östl. von Chillán +56 42 220 61 00 tägl.
nevadosdechillan.com

Das ganzjährige Thermalbad ist im Winter vor allem ein bekannter Skiort. Das Skigebiet am Volcán Chillán umfasst 29 gut präparierte Abfahrten – ideal für Anfänger –, darunter die längste in ganz Südamerika. Erfahrene Skifahrer genießen zudem exzellente Touren abseits der Pisten.

Zum topmodernen Badekomplex des Orts gehören Thermalhallenbäder und natürliche heiße Thermalquellen im Freien. Geboten werden zudem Anwendungen wie Massagen, Aroma- und Hydrotherapie sowie Schlammbäder. In der Region gibt es exzellente Hotels, darunter das besonders bei Skifahrern beliebte Hotel Nevados de Chillán sowie das Hotel Termas Chillán (www.termaschillan.cl).

Restaurant

Chil'in

Das im Stil einer Skihütte gestaltete Restaurant bietet eine gute Auswahl an lokalen Craft-Beers, köstlichen Pizzas und französisch inspirierten Gerichten.

F1 Camino a las Termas, Nevados de Chillán chil-in.com

$$

Das Erdbeben von 2010

Am 27. Februar 2010 zerstörte ein Erdbeben der Stärke 8,8 auf der Richterskala Häuser und Straßen in der Region Zentralchile. Sein Epizentrum lag vor der Küste der Region Maule, 105 Kilometer nordöstlich von Concepción. Am schlimmsten waren die Ortschaften in der Umgebung von Concepción betroffen, die Schäden reichten sogar bis in das 518 Kilometer entfernte Santiago. Bei dem Beben starben 500 Menschen, mehr als 500 000 Häuser wurden zerstört oder schwer beschädigt.

34

Saltos del Laja

F1 · 480 km südwestl. von Santiago · von Chillán und Los Ángeles · tägl. 8–20 · saltosdellaja.com

Am Südende des Valle Central sind die vier Wasserfälle der Saltos del Laja ein sehenswertes Naturschauspiel, wie sie in einem grünen Wald in eine Felsschlucht donnern. Am Fuß und am oberen Ende der Fälle verlaufen aufgeweichte Fußwege. Der mit 51 Meter höchste Wasserfall bildet einen dichten Gischtvorhang. Rundum liegen Hotels und Zeltplätze.

35

Concepción

F1 · 216 000 · 518 km südwestl. von Santiago · Aníbal Pinto 460; +56 41 274 13 37 · Aniversario de Concepción (Mitte Nov) · concepcion.cl

Die lebensprühende Universitätsstadt wurde 1550 als Grenzsiedlung am Ufer des Río Bío Bío gegründet. In der Kolonialzeit war sie der Ausgangspunkt der spanischen Angriffe auf die von den Mapuche gehaltene Seenregion südlich des Flusses.

Im 19. Jahrhundert zerstörten Erdbeben und Tsunamis einen Großteil von Concepción. Der Neuaufbau erfolgte einigermaßen lieblos. Ein historischer Glanzpunkt ist das Wandbild *Historia de Concepción* des Künstlers Gregorio de la Fuente im Edificio Gobierno Regional (Gebäude der Regionalregierung). Das 280 Quadratmeter große *mural* von 1945 ist eine faszinierende Darstellung der Geschichte der Region seit präkolumbischer Zeit.

Gegenüber dem Gebäude liegen an der quirligen Plaza España Bars und Restaurants. Weiter nördlich proklamierte auf der historischen Plaza Independencia Bernardo O'Higgins 1818 Chiles Unabhängigkeit.

Die Stadt wurde durch das Erdbeben 2010 schwer beschädigt, aber seitdem wieder aufgebaut.

36 Parque Nacional Laguna del Laja

F1 · 561 km südl. von Santiago · tägl. 8:30–17:30 (Zutritt bis 14; vorher buchen) · conaf.cl

Der Park schützt Chiles nördlichsten Bestand von Araukarien und Bergzypressen sowie den 2979 Meter hohen Volcán Antuco. Die leichte Wanderung auf dessen Gipfel dauert mit Rückweg rund acht Stunden. Unterwegs hat man einen großartigen Blick auf die Gletscher der Sierra Velluda jenseits des Parks. Von Juni bis Oktober fahren am Antuco die Lifte eines kleinen Skigebiets.

Die grüne Laguna del Laja entstand 1752 durch einen Ausbruch des Vulkans. Rund um den See und zu den schönen Wasserfällen Salto las Chicas und Saltos del Torbellino führen Wanderwege. Mit etwas Glück sieht man unterwegs verschiedenste Vögel: Im Park leben neben Andenkondoren über 50 weitere Vogelarten.

37 Lota

F1 · 49 000 · 537 km südwestl. von Santiago · Municipalidad, P. Aguirre Cerda 200; +56 41 287 06 82 · lotasorprendente.cl

Lota war 150 Jahre lang das Zentrum des Kohlebergbaus im Valle Central. Die Bergwerke gehörten der Familie Cousiño. Ihre Villa wurde 1960 bei einem Erdbeben zerstört, der Park auf einer Landspitze kann jedoch besichtigt werden. Am Eingang zeigt das **Museo Histórico de Lota** alte Bilder der Familie. Die Minen wurden 1997 geschlossen, können aber bei Führungen besichtigt werden. In einem Aufzug fährt man in die Stollen hinab. Achten Sie auf das Pueblito Minero, eine Nachbildung von Bergarbeiterhäusern, die in dem chilenischen Film *Subterra* als Kulisse dienten.

Museo Histórica de Lota

Avenida El Morro s/n, Lota Alto · +56 41 287 09 34 · Mo–Fr 10–18, Sa, So 10–18:30 · lotasorprendente.cl

38 Tomé

F1 · 52 000 · 472 km südwestl. von Santiago · Municipalidad, Mariano Egaña; +56 41 240 64 10 · La Semana de Tomé (Anf. Feb)

Die Küstenstadt wurde 1875 als Exporthafen für Wein und Mais gegründet und stieg zum führenden Textilhafen des Landes auf. Heute zieht Tomé mit seinen Sandstränden Besucher an. Der weiße Sandstrand El Morro liegt zentrumsnah, auch die familienfreundliche Playa Bellavista mit guten Restaurants. Nördlich des Zentrums ist die Playa Cocholgüe mit ihren Dünen bei Surfern beliebt.

←

Die Kaskaden des Wasserfalls Saltos del Laja und ein seitlicher Blick darauf (Detail)

Fahrt durch das Valle de Colchagua

Länge 75 km; die Tour dauert mindestens zwei Tage
Start San Fernando, 43 km östl. von Santa Cruz

Das Valle de Colchagua ist Chiles führendes Weinbaugebiet und die größte weintouristische Region des Landes. Das von sanften Hügeln eingenommene Tal erstreckt sich von den Vorbergen der Anden nach Westen in Richtung Pazifikküste. Fast alle seiner zahlreichen, altehrwürdig-kolonialen bis ultramodernen Weingüter bieten Führungen und Verkostungen an. Außerdem gibt es exzellente Hotels und Restaurants.

In der im Kolonialstil gehaltenen **Viña MontGras** produzieren und etikettieren Gäste ihre eigenen Weine.

Das Weingut **Viña Los Vascos** im Besitz der Familie Rothschild bietet Gruppenführungen an. Sein bemerkenswerter Cabernet Sauvignon reift in französischen Eichenfässern.

Santa Cruz liegt in der Mitte der Weinbauregion und ist so ein idealer Ausgangsort für Ausflüge zu den Weingütern im Valle de Colchagua. Die Stadt ist auch Endstation des Tren Sabores del Valle.

Das 1935 gegründete Weingut **Viña Viu Manent**, eine romantische Hacienda im spanischen Stil, bietet Kutschfahrten durch die Weingärten, einen Kunsthandwerksladen sowie Reitstunden im Reitclub.

0 Kilometer 6
N

↑ *Pfad durch die Weinberge eines Guts bei Santa Cruz*

Zur Orientierung
Siehe Karte S. 116f

Die topmoderne **Viña Lapostolle** hat sechs Kellergeschosse, nutzt beim Keltern die Schwerkraft und kann besichtigt werden. Hier wachsen die Trauben für den preisgekrönten Clos Apalta.

→ *Weinlese auf dem Gut Viña Casa Silva*

Viña Casa Silva, Colchaguas ältestes Gut, liegt in einem Gebäude im Kolonialstil. Es gibt Weinproben, Kutschfahrten und Rodeos.

Viña Las Niñas, Colchaguas kleinstes Weingut, wird von drei Generationen Frauen betrieben. In den Weingärten kann man picknicken, spazieren und Rad fahren.

Das nach Feng-Shui-Prinzipien gestaltete Gut **Viña Montes** produziert nur Premium- und Kultweine. Bei Führungen fährt man im Traktoranhänger auf einen Hügel mit herrlichem Panoramablick.

Schon gewusst?

Im Valle de Colchagua stehen auf über 20000 Hektar Weinstöcke.

Wanderer in der Atacama-Wüste

Norte Grande und Norte Chico

Der Norden ist Chiles Wüstenregion – eine überwältigende Landschaft aus Sanddünen, sonnenverbrannter ockerbrauner Erde und weißen Klippen. Von der Küste steigt das Land zum trockenen Altiplano auf, wo Vicuñas grasen, Rosaflamingos fliegen und mächtige Vulkankegel über tiefblauen Seen aufragen. Hier lebt man in Hafenstädten an der Küste oder in der Wüste in kleinen Weilern und Oasendörfern mit Adobe-Kirchen.

Die hypnotisierend eintönige Atacama-Wüste bedeckt einen Großteil des ariden Norte Grande und des semiariden Norte Chico. Die ursprünglichen Bewohner des Gebiets, die Diaguita, Aymara und die Menschen der El-Molle-Kultur, unterstanden den mächtigen Reichen von Tiwanaku (500–1000 n. Chr.) und der Inka (1450–1540).

Die Inka wurden ab dem Jahr 1533 von den spanischen Konquistadoren und Kolonisten abgelöst, die die Rohstoffe der Wüste begehrten – vor allem das Gold, das Machtsymbol der präkolumbischen Kulturen. In der Kolonialzeit plünderten Piraten La Serena und andere Städte auf der Suche nach Silber.

Der Bergbau in der Atacama ist heute das Fundament von Chiles Wirtschaft, dank ihm florieren die Hafenstädte an der Küste. Gleichwohl findet man im Norden vor allem Oasensiedlungen mit Handwerksmärkten sowie Dörfer, in denen Quechua gesprochen, Lamas auf dem Altiplano gehalten und Feste gefeiert werden, deren Traditionen bis in die Inka-Zeit zurückreichen.

Norte Grande und Norte Chico

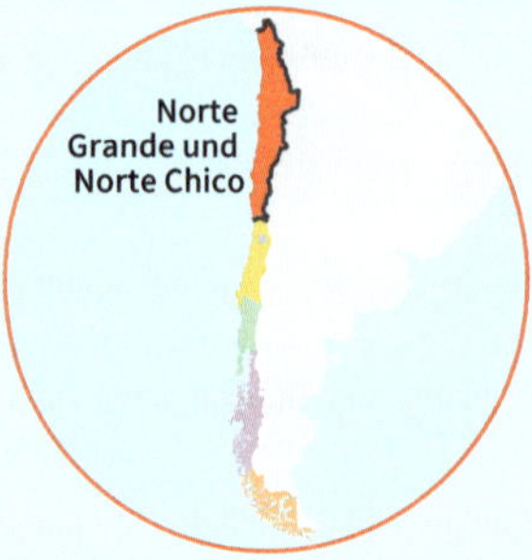

Highlights

1. Arica
2. San Pedro de Atacama
3. Iquique
4. Parque Nacional Lauca
5. La Serena
6. Valle del Elqui

Sehenswürdigkeiten

7. Iglesia de San Gerónimo de Poconchile
8. Putre
9. Reserva Nacional Las Vicuñas
10. El Gigante de Atacama
11. Humberstone und Santa Laura
12. Parque Nacional Volcán Isluga
13. Termas de Mamiña
14. La Tirana
15. Pica
16. Cerro Pintados
17. Caspana
18. Calama
19. Chiu Chiu
20. Pukará de Lasana
21. Chuquicamata
22. Termas de Puritama
23. Valle de la Luna
24. Géiseres del Tatio
25. Salar de Tara
26. Salar de Atacama
27. Observatorio de Cerro Paranal
28. Antofagasta
29. La Portada
30. Copiapó
31. Caldera
32. Parque Nacional Pan de Azúcar
33. Parque Nacional Nevado de Tres Cruces
34. Ovalle
35. Laguna Verde
36. Reserva Nacional Pingüino de Humboldt
37. Monumento Natural Pichasca
38. Monumento Nacional Valle del Encanto
39. Termas de Socos
40. Parque Nacional Bosque Fray Jorge

Pazifischer Ozean

PERU
Tacna
Putre
Oruro
Chacalluta International Airport
Azapa
8
4 Parque Nacional Lauca
Arica 1
7
9 Reserva Nacional Las Vicuñas
Iglesia de San Gerónimo de Poconchile
Codpa
Challapata
Cuya
Camiña
Enquelga
TARAPACÁ
12 Parque Nacional Volcán Isluga
Potosí
El Gigante de Atacama
10
Humberstone und Santa Laura
13 Termas de Mamiña
Iquique 3
11 La Tirana
Diego Aracena International Airport
14
15 Pica
Salar de Uyuni
Uyuni
16 Cerro Pintados
Lagunas
Atacama-Wüste
BOLIVIEN
Ollagüe
Quillagua
Volcán San Pedro 6158 m
Tupiza
Pukará de Lasana
Tocopilla
20
24 Géiseres del Tatio
Chuquicamata 21
19
17 Caspana
Pumahuasi
El Loa Airport
18
Calama
Chiu Chiu
22 Termas de Puritama
2 San Pedro de Atacama
Mejillones
Valle de la Luna 23
25 Salar de Tara
26
La Portada 29
Andrés Sabella Gálvez Airport
Antofagasta 28
Salar de Atacama
Humahuaca
Socaire
Cerro Rincón 5594 m
Volcán Socompa 6030 m
ANTOFAGASTA
San Salvador de Jujuy
Observatorio de Cerro Paranal 27
Paposo
Salta
Catalina
Volcán Azufre 5679 m
Taltal
Atacama-Wüste
La Viña
Parque Nacional Pan de Azúcar 32
ARGENTINIEN
El Salvador
El Peñón
Chañaral
Diego de Almagro
San Miguel de Tucumán
35 Laguna Verde
Caldera 31
Volcán Ojos del Salado 6891 m
33
Desierto de Atacama Airport
30 Copiapó
Parque Nacional Nevado de Tres Cruces
Bahía Copiapó
Tierra Amarilla
Punta de Díaz
Belén
Juntas
Carrizal Bajo
ATACAMA
Cerro del Potro 5829 m
Huasco
Catamarca
Vallenar
Alto del Carmen
Reserva Nacional Pingüino de Humboldt 36
Domeyko
Cerro del Toro 6379 m
Chilecito
La Higuera
Guandacol
La Rioja
La Serena 5
La Florida Airport
Casa de Piedra
Coquimbo
Vicuña
6 Valle del Elqui
Patquía
Ovalle
37
Parque Nacional Bosque Fray Jorge 40
34
Monumento Natural Pichasca
Chañar
38
Termas de Socos 39
Monumento Nacional Valle del Encanto
COQUIMBO
Salamanca
San Juan
Los Vilos
N
0 Kilometer 150
Valle Central
Seiten 114–149

1

Arica

B1 220 000 1664 km nördl. von Santiago Aeropuerto Chacalluta Sernatur, San Marcos 101 So Carnaval Andino con la Fuerza del Sol (Ende Jan) aricasiempreactiva.cl

Die Küstenstadt lockt mit palmenbestandenen Plazas und einem unverwechselbaren Flair. Aus peruanischer Zeit stehen noch viele Gebäude im engen Straßenraster der Stadt, darunter Bauwerke von Gustave Eiffel. Sehenswert sind zudem die bunten Märkte, Strände und archäologischen Stätten. Arica ist eine beliebte Basis für Ausflüge auf den Altiplano und zum Parque Nacional Lauca.

←

Morenada-Tanzgruppe bei einer Karnevalsparade in Arica

①

Morro de Arica

Camino Al Morro, über Colón Di–So 10–20

Der 110 Meter hohe Felsen oberhalb des Stadtzentrums bildet das Ende von Chiles Küstenkordillere. Als Nationaldenkmal markiert er den Standort, an dem die chilenischen Truppen 1880 im Salpeterkrieg die peruanischen Befestigungen erstürmten und Arica eroberten.

Auf dem Felsen zeigt das Museo Histórico y de Armas Kriegsgeräte und andere Exponate. Ebenfalls auf der Klippe sind ein Grab für unbekannte gefallene Soldaten und eine zehn Meter hohe Christusstatue.

②

Catedral de San Marcos

San Marcos 260
tägl. 9–19

Aricas neogotische Kirche ist eine Eisenkonstruktion des französischen Ingenieurs

Expertentipp
Strände

Südlich des Zentrums haben die Playa El Laucho und die Playa La Lisera ruhiges Wasser. Nördlich des Zentrums ist die Playa Chinchorro wegen ihrer Surferwellen beliebt, ebenso wie die Playa Las Machas.

↑ *Auf dem Morro de Arica weht die chilenische Flagge im Wind*

Gustave Eiffel. Die einzelnen Teile wurden in Frankreich gegossen und 1876 in Arica montiert. Die Fassade zieren braune Elemente, im Innenraum überrascht das zierliche Maßwerk an den Pfeilern. Die 1729 gegossene Glocke am Eingang stammt aus der Vorgängerkirche, die Christusfigur über dem Altar aus dem 17. Jahrhundert.

③

Museo de Sitio Colón 10

Avenida Colón 10 +56 58 220 50 41 Di–So 10–18 (Jan, Feb: bis 19)

2004 wurden bei Ausschachtungsarbeiten für ein Bauprojekt zahlreiche Mumien und Skelette gefunden, die der Chinchorro-Kultur zugeordnet werden konnten. Das Museum von Azapa beherbergt bereits ähnliche Funde, man entschied jedoch, die Mumien von Arica am Fundort am Fuße des Morro zu belassen, wo sie heute zu besichtigen sind.

④

Poblado Artesanal

Hualles 2825 +56 58 222 85 84 Di–So 10–13:30, 15–20 pobladoartesanal.cl

Am Rand von Arica kann man in dem Handwerkerdorf Quechua-Kunsthandwerk wie Webereien aus Alpaka- und Lamawolle, Keramik, Schmuck und Lederwaren kaufen. Die Kolonie ist von Mauern umgeben, wurde nach dem Vorbild eines Altiplano-Dorfs errichtet und umfasst Werkstätten und von Handwerkern bewohnte Unterkünfte. Das Dorf hat eine schöne Kirche mit faszinierenden Wandmalereien.

Hotel

Hotel Apacheta

Die Zimmer des modernen Strandhotels bieten einen spektakulären Meerblick. Das Frühstück wird auf der Holzterrasse serviert.

Avenida Comandante San Martín 661

hotelapacheta.com

$$$

Restaurants

Rayú
Das elegante Restaurant serviert peruanische Klassiker wie *ceviche* und *lomo saltado* (eine Kombination aus Steakstreifen, Zwiebeln, Tomaten, Pommes frites und Reis). Reservieren Sie frühzeitig.
Ingeniero Raúl Pey 2590
$$$

Maracuyá
Das Restaurant ist auf Fisch und Meeresfrüchte spezialisiert. Zu den Highlights gehören gegrillte *corvina* (seebarschähnlicher Fisch) mit Garnelen. Fragen Sie nach einem Platz auf der schönen Terrasse mit Meerblick.
Avenida Comandante San Martín 321
$$$

⑤
Ex-Aduana
Manuel González
+56 58 220 95 01
Mo–Do 9–17:30, Fr 9–18:30, Sa 10:30–14

Auch das frühere Zollhaus – heute die Casa de la Cultura – ist ein Gebäude von Gustave Eiffel. Es wurde in Frankreich vorgefertigt und 1874 in Arica aufgebaut. Das gedrungene, rot-weiß gestreifte Ziegelgebäude ist im Inneren mit gusseisernen Pfeilern und Wendeltreppen ausgestattet. Zu sehen sind hier Kunstausstellungen und alte Fotografien. Einige zeigen den Morro de Arica mit Tausenden Pinguinen.

⑥
Mercado de Pescado
Avenida Comandante San Martín **tägl. 6–15**

Im Hafen von Arica bietet der Mercado de Pescado (Fischmarkt) ein überaus geruchs- und farbenintensives Erlebnis. Die vielen frechen Wasservögel und die Seelöwen streiten sich um Fischreste, während die Fischer ihren Fang an Ständen säubern. Hier legen auch die Boote zu Fahrten in die Bucht ab.

⑦
San Miguel de Azapa
Valle de Azapa, 12 km östl. von Arica

Das beschauliche San Miguel de Azapa ist nur eine kurze Autofahrt von Arica entfernt und ein angenehmer Ort für einen Morgen- oder Spätnachmittagsspaziergang. Das schmucke Dorf ist bekannt für seine verlockenden Olivenhaine und schönen tropischen Obstbäume und beherbergt einen farbenfrohen Friedhof, der dramatisch in der Wüste liegt und von einer kahlen Felswand überragt wird.

⑧
Museo Arqueológico San Miguel de Azapa
Camino Azapa, km 12
+56 58 220 55 55 **tägl. 10–18 (Jan, Feb: bis 19)**
masma.uta.cl

Das faszinierende Museum für Archäologie zeigt Objekte, die bis zu 10 000 Jahre alt sind. Höhepunkt ist die Sala Chinchorro mit den ältesten bekannten Mumien der Welt, den Chinchorro-Mumien. Die Exponate umfassen einen Mann, eine Frau und zwei Kinder, die vor 4000 bis 8000 Jahren von den Chinchorro-Menschen in Massengräbern bestattet wurden.

Die Stätte zeigt zudem abgetrennte Köpfe, die Teil eines »Kopfkults« sind, der zwischen 500 v. Chr. und 500 n. Chr. existierte. Das Museo Arqueológico San Miguel de Azapa hat auch eine faszinierende Ausstellung,

←
Seelöwen und Pelikane suchen am Mercado de Pescado nach Fischresten

die einige der Utensilien zeigt, die von den Tiwanaku (500–1000 n. Chr.) zur Herstellung von Halluzinogenen geschnitzt wurden.

Die Besucher können schließlich eine Reihe von alten Petroglyphen erkunden, bei denen es sich um Felsritzungen handelt. Diese wurden direkt auf der Oberfläche des Felsens durch Absplittern, normalerweise mit einem Steinmeißel, einem Hammerstein oder einem ähnlichen Werkzeug, hergestellt.

Interessant sind auch die Mumien eines Inka-Fischers und eines Babys.

⑨

Geoglifos de Cerro Sagrado

Alto Ramírez, Valle de Azapa

Das Steinmosaik am Cerro Sagrado (Heiliger Berg) ist der auffälligste von mehreren riesigen Geoglyphen im Valle de Azapa. Das Mosaik stellt riesige menschliche Figuren sowie Eidechsen und Lamas dar. Diese werden in Bewegung »gezeichnet«, so als ob sie den Berg hinaufstiegen oder quer über den Hang sprängen. Die Geoglyphen stammen aus der Inka-Zeit dieser Region (1450–1500 n. Chr.), als die Bauern dieses grüne Tal besiedelten.

In der Nähe des Cerro Sagrado liegt das malerische Dorf Pampa Alto Ramírez, in dem noch immer die Überreste von 30 Wohnhäusern stehen. Geoglifos de Cerro Sagrado beherbergt außerdem kleine Lamakorrale, einige Lagerhäuser, einen Friedhof und zwei Süßwasserquellen, die einst das Wasser für die Bewässerung der Pflanzen und den Verbrauch lieferten. Besucher können frei durch das Dorf spazieren.

↑ *Geoglifos de Cerro Sagrado, in den Hügel geritzte Geoglyphen*

Chinchorro-Mumien

Die Chinchorro-Kultur siedelte zwischen 6000 und 2000 v. Chr. im Norte Grande. Die Mumien, die sie in der Atacama bestatteten, sind die ältesten der Welt. Die Leichname wurden einem komplexen Verfahren unterworfen: Unter anderem entfernte man die Haut, die inneren Organe und die Extremitäten. Die Hohlräume füllte man mit Lehm, Asche und harzigen Substanzen. Die Mumien wurden ausgestreckt in Gemeinschaftsgräbern für Erwachsene, Kinder und Feten bestattet.

2

San Pedro de Atacama

C2 · 5000 · 490 km südöstl. von Inique
Toconao, Ecke Gustavo Le Paige · La Celebración de San Pedro (Ende Juli) · sanpedroatacama.com

Das malerische San Pedro de Atacama ist das beliebteste Reiseziel in Nordchile und Startpunkt für Ausflüge zu schillernden Salinen, Mondtälern, aufragenden Vulkanen, hoch gelegenen Lagunen und heißen Quellen sowie den Ruinen von Prä-Inka-Festungen.

①

Iglesia de San Pedro de Atacama

Caracoles 362
tägl. 9–20

Die Iglesia San Pedro de Atacama an der hübschen, baumbestandenen Plaza, ein weißer Adobe-Bau mit Türen und Decken aus Kaktusholz, das mit Lama-Leder zusammengebunden ist, stammt aus dem frühen 17. Jahrhundert.

Das Dach besteht aus großen Sparren aus Algarrobo-Holz, die mit Kaktusholz geschindelt sind. Die Kirche wurde gebaut, nachdem die erste Kirche der Stadt zerstört worden war. Der heutige Bau stammt aus den 1740er Jahren, der rustikale Glockenturm wurde im 19. Jahrhundert hinzugefügt. Die weißen Wände wurden in den 1970er Jahren restauriert, 2009 fanden weitere Restaurierungsarbeiten statt.

Im Inneren sind zahlreiche religiöse Ikonen, vor allem eine von San Pedro (St. Peter), nach dem die Stadt benannt ist, sowie der Heiligen Maria und Joseph, die beide von einer Leuchtstoffröhre sanft beleuchtet werden. Der Altaraufsatz ist fein geschnitzt und in leuchtenden und lebendigen Farben bemalt, die einen Kontrast zu den weißen Wänden bilden.

Schon gewusst?

Um den Eindruck einer Oase zu erhalten, dürfen Gebäude nur zwei Stockwerke hoch sein.

②

Casa Incaica

+56 57 254 47 34
vorab tel. informieren

Direkt gegenüber der Iglesia de San Pedro de Atacama steht die Casa Incaica (Inka-Haus), das älteste Haus der Stadt. Wackelig und mit einem scheinbar einsturzgefährdeten Dach wurde das Haus angeblich schon 1540 für den Gründer Chiles, Pedro de Valdivia, gebaut. Heute beherbergt es einen Laden, der lokale Souvenirs verkauft, aber es lohnt sich

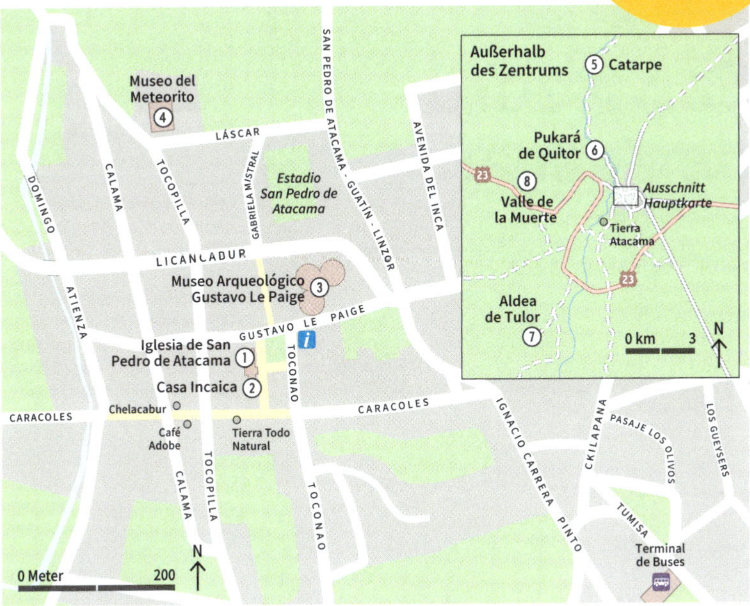

immer noch, einen kurzen Blick ins Innere zu werfen.

Das Souvenirangebot umfasst Alpaka-Strickwaren und Rica Rica, ein in der Region weitverbreitetes Kraut, das für sein Aroma und seine verschiedenen medizinischen Eigenschaften gepriesen wird.

③

Museo Arqueológico Gustavo Le Paige

Gustavo Le Paige 380
tägl. 9–12, 14:30–18
iaa.ucn.cl

Das Museo Arqueológico Gustavo Le Paige ist nach dem Jesuitenmissionar und Pionier der archäologischen Forschung benannt, der es auch gründete. Es beherbergt etwa 380 000 präkolumbische Artefakte und archäologische Objekte aus der Atacameño-Kultur. Die riesige Sammlung umfasst steinerne Utensilien, die mit Abbildungen von tierischen Gottheiten versehen sind, die Mitglieder der Tiwanaku-Kultur (500–1000 n. Chr.) einst zur Herstellung von Halluzinogenen verwendeten. Das Museum zeigt auch Kleidungsstücke, Tonwaren und weitere Utensilien.

←

Traditionelles Straßencafé im Stadtzentrum von San Pedro de Atacama

Restaurants

Tierra Todo Natural
Das beliebte Restaurant in einer reetgedeckten Hütte ist für seine umfangreiche vegetarische Speisekarte bekannt.

Caracoles 271
tierratodonatural.cl
$$

Café Adobe
Das große Café serviert gekonnt präsentierte Versionen chilenischer Spezialitäten. Im Winter wärmt das Feuer im offenen Kamin, und es gibt Livemusik aus den Anden.

Caracoles 211
cafeadobe.cl
$$

Das Observatorium ALMA ist das größte Radioteleskop der Welt ↑

④

Museo del Meteorito

Tocopilla 101 Di–So 6–21 museodelmeteorito.cl

Das Meteoritenmuseum ist zwar klein, aber sehr interessant. Es ist in einer Reihe miteinander verbundener geodätischer Kuppeln nördlich des Zentrums von San Pedro de Atacama untergebracht, und man sollte es unbedingt besuchen, bevor man sich auf eine Sternenbeobachtungstour begibt oder das Observatorium ALMA besucht, das größte astronomische Projekt der Erde, das 50 Antennen mit einem Durchmesser von jeweils zwölf Meter umfasst. Das Museum verfügt über eine Sammlung von 80 verschiedenen Meteoriten, von denen die meisten in oder um die Atacama-Wüste herum gefunden wurden. Besucher können die Meteoriten teils auch in die Hand nehmen. Es gibt informative Tafeln, interaktive Ausstellungen und einen mehrsprachigen Audioguide, der im Eintrittspreis enthalten ist. Das Museum arrangiert auch Touren zu einem nahe gelegenen Meteoritenkrater.

Expertentipp

Aktiv bleiben

Neben Fahrten in die Wüste gibt es rund um San Pedro de Atacama eine Vielzahl weiterer Aktivitäten, darunter Wanderungen und Klettertouren. Agenturen wie CaminAndes (www.caminandesagencia.com) organisieren Wanderungen auf einige Vulkane.

⑤

Catarpe

8 km nördl. von San Pedro de Atacama

Von der Pukará de Quitor können Besucher fünf Kilometer nördlich nach Catarpe weiterfahren, wo sich die Ruinen eines *tambo*, eines Verwaltungszentrums der Inka, befinden. Die Stätte ist zwar weit weniger intakt als die Pukará, doch die Fahrt dorthin führt durch eine wilde Schluchtlandschaft und erstreckt sich über eine schwierige, aber dennoch schöne alte Straße, die zu einem 1930 erbauten Tunnel führt. Die Straße bietet den Besuchern einige erstaunliche Ausblicke auf das Catarpe-Tal und die umliegenden Felsformationen.

⑥

Pukará de Quitor

3 km nördl. von San Pedro de Atacama tägl. 8–17 monumentos.gob.cl

Mit dem Taxi, dem Mountainbike oder sogar zu Pferd erreicht man von San Pedro de Atacama die Pukará de Quitor. Ihren Namen verdankt sie den Ayllu de Quitor, deren Felder einst am Fuß der Stätte lagen. Die Ruinen der Festung aus rotem Stein, die vor der Inka-Zeit in einer Kriegsperiode im 12. Jahrhundert gebaut wurde, liegen an einem steilen Hang oberhalb der Schlucht des Río San Pedro. Die Pukará wurde in den 1520er Jahren von den Spaniern angegriffen, aber bemerkenswerterweise konnten ihre Verteidiger sie zwei Jahrzehnte halten, bis sie schließlich 1540 vom Eroberer Francisco de Aguirre besiegt wurden. In den letzten Jahren wurde die Festung teilweise restauriert. Man erkennt sofort, warum sie einst so uneinnehmbar war. Die Ruinen erstrecken sich über einen steilen Berghang und bestehen aus einer Außenmauer, schmalen Gängen, einigen Wohnhäusern, Kornspeichern, Viehställen und Gemeinschaftsplätzen. Besucher können auf einem Weg auf die Spitze der Festung klettern und den fantastischen Blick auf die Schlucht, die Vulkane und das Valle de la Muerte zu genießen.

⑦

Aldea de Tulor

9 km südwestl. von San Pedro de Atacama tägl. 8–12, 13–18 (vorher buchen)

Aldea de Tulor lag 1500 Jahre unter Wüstensand, bis es 1982 ausgegraben wurde. Die roten Lehmruinen der Siedlung, die zu den ältesten mit sesshafter Bevölkerung in Chile gehört, sind

2800 Jahre alt. Die Atacameño verließen sie um 500 n. Chr. aufgrund fortschreitender Wüstenbildung in dem Gebiet. Die Überreste der Siedlung wurden in den späten 1950er Jahren von dem belgischen Priester und Amateurarchäologen Gustavo Le Paige wiederentdeckt, der auch das gleichnamige Museum in San Pedro de Atacama gründete *(siehe S. 159)*. Heute sind die Mauern, Durchgänge und riesigen wabenförmig angeordneten Räume wieder teilweise oder ganz zu sehen. Die meisten Besucher erreichen Tulor von San Pedro de Atacama individuell mit dem Auto auf einer Sandpiste, auf dem Pferd oder auf dem Mountainbike, wobei sie die Atacama im Schatten mächtiger Vulkane durchqueren. Im Angebot sind auch Führungen durch die alte Siedlung.

⑧

Valle de la Muerte

C2 10 km westl. von San Pedro de Atacama; Camino a Calama

Das Valle de la Muerte (Tal des Todes) ist ein ödes Areal mit riesigen Sanddünen und roten Felsspitzen. Es wurde vor 23 Millionen Jahren, als die Anden noch aufgeworfen wurden, von der Erdkruste nach oben geschoben. Der Name des Tals ist keine Fehlbezeichnung: Es besitzt zwar reiche Mineralvorkommen, zählt aber zu den trockensten und unwirtlichsten Orten der Welt. Kein Leben ist hier bekannt. Geführte Ausflüge zum Valle de la Luna *(siehe S. 184)* halten kurz an der Strecke am Valle de la Muerte. Man kann aber auch längere Ausritte (auch im Mondschein) unternehmen.

Die Siedlung Aldea de Tulor, die zu den ältesten mit sesshafter Bevölkerung in Chile gehört, lag 1500 Jahre unter Wüstensand, bis sie 1982 ausgegraben wurde.

Highlight

Bar

Chelacabur

Diese Bar bietet eine große Auswahl an chilenischen und importierten Bieren und hat eine einladende Atmosphäre.

Caracoles 212
+56 55 285 15 76
$$$

Hotel

Tierra Atacama

Das Boutique-Hotel am Rand der Stadt verfügt über schicke Suiten und eine ausgezeichnetes Restaurant, das innovative chilenische Küche serviert.

Séquitor s/n
tierrahotels.com
$$$

←

Die mächtige Duna Mayor im Valle de la Muerte in der Atacama-Wüste

3

Iquique

B2 · 200 000 · 316 km südl. von Arica
Sernatur, Aníbal Pinto 436; Mo–Fr 9–18, Sa 10–14
Festival de la Canción de Iquique (Ende Jan) · iquique.cl

Iquique gehörte früher zu Peru, wurde im Salpeterkrieg (1879–83) von Chile annektiert und entwickelte sich in der Folge zu Chiles Salpeterhauptstadt. In diesem Goldenen Zeitalter hatte Iquique angeblich den weltweit höchsten Champagnerverbrauch pro Kopf. Aus der Salpeterära sind bis heute Prachtstraßen und opulente Gebäude verblieben.

①

Palacio Astoreca

O'Higgins 350
+56 57 252 68 90
Mo–Fr 10–18, Sa 11–14

Der extravagante Palacio Astoreca ist ein schönes Herrenhaus im britischen Georgianischen Stil mit 27 Räumen. Er wurde im Jahr 1903 für einen Salpetermagnaten aus Douglasien erbaut, die aus den USA per Schiff importiert wurden.

Im Inneren künden unter anderem Seidentapeten, eine Prachttreppe und ein Oberlicht aus Buntglas über der Empfangshalle von der glorreichen Vergangenheit des Palacio, der heute als Kulturzentrum dient. Hier finden gelegentlich Kunstausstellungen und Workshops statt.

Eine sehenswerte Dauerausstellung zeigt unter anderem Wohnquartiere aus der Salpeterära mit Original-Jugendstil-Möbeln. Eine weitere Sammlung umfasst Meeresmuscheln aus aller Welt und in allen Größen. Gezeigt werden auch Werke nationaler und internationaler Künstler, darunter eine schöne Sammlung von Gravierungen des chilenischen Malers Roberto Matta, der als ein wichtiger Repräsentant des Surrealismus gilt.

②

Cerro Dragón

Die bei Paraglidern beliebte, hohe Sanddüne Cerro Dragón ragt hoch über der Stadt auf und dient als Startplatz für Gleitschirmflieger. Nach

Schon gewusst?

Iquique ist einer von nur zwei Freihäfen Chiles, der andere ist Punta Arenas im Süden.

↑ *Die Stadt Iquique liegt unterhalb einer riesigen Sanddüne*

dem Start von der Düne schweben Sie über der Stadt und lassen sich von der Strömung treiben, bevor Sie am Strand landen. Gleitschirmfliegen ist hier ein wirklich unvergessliches Erlebnis.

Die vier Kilometer lange Küstendüne ist wahrscheinlich vor etwa 20000 Jahren entstanden.

③

Teatro Municipal

Calle Thompson 269
+56 57 254 47 34
wegen Renovierung

Iquiques Teatro Municipal wurde im Jahr 1890 auf dem Höhepunkt des Salpeterbooms erbaut. An der klassizistischen Fassade des prächtigen Holzgebäudes symbolisieren weibliche Steinfiguren Theaterelemente wie etwa das Kostüm oder den Tanz.

Die bemalte Kuppel des Foyers zieren allegorische Darstellungen der Künste Musik, Malerei, Tanz und Theater sowie Porträts von berühmten Dramatikern und Komponisten wie William Shakespeare, Frédéric Chopin und Wolfgang Amadeus Mozart. Die Kuppeldecke über dem Zuschauerraum ist mit weiteren Theatermotiven ausgestaltet, darunter Musikinstrumenten und Theatermasken, die Komödie und Tragödie symbolisieren. Neben der Bühne führt eine Treppe in das Bühnenhaus, wo alte hölzerne Flaschenzüge und Räder zur Bühnentechnik gehören.

Das Theater zieht einige der größten internationalen Talente in den Bereichen Musik und Tanz an. Derzeit ist es wegen umfassender Renovierung geschlossen.

Highlight

Hotel

Hotel Terrado Suites
Dieses Hochhaushotel an der Playa Cavancha hat verschiedene Zimmer im Angebot, darunter auch welche mit Balkon und Meerblick. In der Nähe gibt es etliche gute Restaurants.

Capitán Roberto Pérez 126
terrado.cl
$$$

↑ *Die historische Torre Reloj an der Plaza Arturo Prat ist ein symbolisches Wahrzeichen der Stadt*

Restaurants

El Tercer Ojito
Auf der Speisekarte stehen Gerichte wie Sushi, Satay, Pad-Thai und Curry.
Patricio Lynch 1420
$$$

El Rincón de Cachuperto
Vor allem die mit Seafood gefüllten Empanadas sind in Iquiques bester Empanadería sehr gefragt und entsprechend schnell ausverkauft. Kommen Sie möglichst noch am Vormittag hierher.
Filomena Valenzuela 125
$$$

④

Plaza Arturo Prat

zwischen Calle Aníbal Pinto u. Avenida Baquedano

Iquiques Hauptplatz liegt im Herzen des historischen Zentrums. Dominantes Bauwerk an der Plaza Arturo Prat ist die Torre Reloj. Der Uhrenturm wurde 1877 im Auftrag der englischen Gemeinde aus dem Holz von Douglasien erbaut. Er ist weiß bemalt und ragt in drei sich verjüngenden Stufen 25 Meter in den Himmel. Am Sockel erinnert eine Büste von Arturo Prat an diesen größten Seehelden Chiles. Er war der Kapitän der *Esmeralda*, die im Salpeterkrieg in der Schlacht von Iquique von der peruanischen *Huáscar* versenkt wurde. Prat und ein Großteil seiner Crew kamen in der Schlacht ums Leben, die aber dennoch einen Wendepunkt im Kriegsverlauf darstellte. In der Folge sicherte sich Chile die Herrschaft über Iquique und die lukrativen Salpetervorkommen des Gebiets.

⑤

Casino Español

Plaza Prat 584 · +56 57 233 39 11 · Mo–Sa 12:30–16, 20–23, So 12:30–16 · casinoespanoliquique.cl

Das Casino Español wurde 1904 im Auftrag der spanischen Gemeinde erbaut – ein Holzgebäude im maurischen Stil, dessen Fassade arabische Bogen zieren. Die Innenräume erinnern an die maurischen Paläste Andalusiens, ist doch jeder Quadratzentimeter der Wände, Böden und Decken mit Arabesken und arabischen Schriftzügen verziert. Arabische Bogen und Säulen unterteilen die Säle, deren Böden mit farbenfrohen glasierten Fliesen bedeckt sind. Zum Dekor zählen zudem spanische Buntglasfenster, Spiegel und Statuen. An den Wänden des Restaurants zei-

→ *Eine Mischung aus Hochhäusern und Bergen bilden die Kulisse für die Playa Cavancha*

gen acht riesige Ölgemälde des spanischen Künstlers Antonio Torrecilla aus dem Jahr 1907 Szenen aus Miguel de Cervantes' berühmtem Roman *Don Quijote de la Mancha* (1605).

⑥
Strände
an Avenida Arturo Prat Chacón

Die südlich des Zentrums gelegene Playa Cavancha ist der beliebteste Strand von Iquique, er ist zu Fuß erreichbar. Weiter südlich liegt die Playa Brava, wohin man mit dem Sammeltaxi gelangt. Sie ist beliebt bei Sonnenanbetern, aber mit tückischen reißenden Strömungen. Während man am nördlichen Ende der Playa Cavancha auf einigen Wellen reiten kann, machen sich versierte Surfer weiter südlich auf den Weg zu den Breaks der Playa Huaiquique.

⑦
Museo Regional
Baquedano 951
Mo–Do 9–17, Fr 9–16, Sa 10–13:30
registromuseoschile.cl

Das 1960 gegründete Museum befindet sich seit 1987 an seinem heutigen Standort, in dem Gebäude, in dem einst die Gerichtshöfe untergebracht waren. Das Museum illustriert die frühen Kulturen der Gegend, die Entstehung der Altstadt von Iquique und ihr Wachstum als Hafenstadt anhand von Fotos und gibt gleichzeitig einen Einblick in die Nitratindustrie.

Das Museum ist in drei Bereiche unterteilt. Zu den wichtigsten Exponaten gehören eine ethnografische Sammlung und eine auf dem Hügel Esmeralda gefundene Inka-Mumie, die die Verbindung der Region mit dem großen Reich der Inka belegt.

Salpeterkrieg

Bis zum Ausbruch dieses Konflikts (1879–83) erstreckte sich das nördliche Grenzgebiet Chiles nur bis nach Copiapó in der nördlichen Region Atacama, eine siebenstündige Busfahrt von Iquique entfernt. Das nitratreiche Land der Atacama gehörte zu Bolivien und Peru, obwohl viel davon von chilenischen Investoren kontrolliert wurden. Ein Streit über Exportsteuern provozierte 1879 eine chilenische Invasion auf bolivianisches Gebiet, und Peru wurde bald in den Konflikt auf der Seite Boliviens hineingezogen. Der Krieg endete mit einem überwältigenden Sieg Chiles, das sein Territorium und seine natürlichen Ressourcen auf Kosten seiner beiden Gegner erheblich ausweitete, Bolivien dagegen blieb im Binnenland.

Das Casino Español wurde 1904 im Auftrag der spanischen Gemeinde erbaut - ein Holzgebäude im maurischen Stil, dessen Fassade arabische Bogen zieren.

4

Parque Nacional Lauca

C1 165 km östl. von Arica CONAF, Putre; +56 58 258 57 04 conaf.cl

Der Parque Nacional Lauca ist einer der beliebtesten Nationalparks Chiles. Die Landschaft ist spektakulär – schneebedeckte Berge, glitzernde Seen und umherstreifende Wildtiere. Über all dem thront der Volcán Parinacota, ein schlafender Vulkan, dessen Bruder Pomerape im Nordosten an der bolivianischen Grenze liegt.

Der Nationalpark bewahrt rund 1380 Quadratkilometer beeindruckende Altiplano-Wildnis. Die je nach Höhenlage verschiedenen Landschaften in Nordchiles malerischstem Schutzgebiet liegen zwischen 3200 Meter im Westen und mehr als 6300 Meter über dem Meeresspiegel im Osten. In dieser Hochgebirgsregion entdeckt man leuchtend blaue Bergseen, schneebedeckte Vulkane, Inseln aus Lava, Hochplateaus, winzige Aymara-Dörfer – und viele Wildtiere. Über 140 Vogelarten leben hier, darunter straußenartige Nandus und drei Flamingoarten. Diese finden Nahrung und Nistplätze an den Ufern der Seen. Häufig sind auch wilde Vicuñas zu sehen.

Den Park entdecken

Der Parque Nacional Lauca ist per Mietwagen und bei organisierten Ausflügen zu erreichen oder mit den Bussen auf der Strecke Arica – Bolivien, die durch das Gebiet fahren. Im Park verläuft die Autobahn CH-11 in Ost-West-Richtung. Wanderwege führen zu den beliebten Zielen Parinacota, Lago Chungará und Laguna de Cotacotani. CONAF-Stationen stehen in Las Cuevas, Parinacota (mit Besucherzentrum) und am Lago Chungará (mit *Refugio*-Unterkunft).

Highlight

1 *Ein Wanderer überquert eine Brücke in Las Cuevas. Das Gebiet markiert den Beginn der Region Altiplano.*

2 *Lamas sieht man im Nationalpark häufig, ebenso wie ihre Verwandten, die Vicuñas.*

3 *Yareta ist eine Polsterpflanze, die in großen Höhen zu finden ist.*

1

3

2

Expertentipp
Höhenkrankheit

Vermeiden Sie Fahrten von Meeresspiegelniveau in große Höhen. Steigen Sie langsam auf, um Zeit zur Akklimatisierung zu haben. Die Stadt Putre in 3500 Meter Höhe liegt ideal für eine Unterbrechung der Reise. Trinken Sie viel Wasser und überanstrengen Sie sich nicht.

Hotels

Terrace Lodge
Etwas außerhalb von Putre bietet das kleine B&B schöne Zimmer.

Circunvalación 25, Putre **terracelodge.com**

$$$

Hotel Kukuli
Saubere, einfache und preiswerte Zimmer. Nehmen Sie unbedingt warme Kleidung mit.

Baquedano 301, Putre
hotelkukuli.cl

$$$

←

Der Volcán Parinacota spiegelt sich im Wasser des Lago Chungará

5

La Serena

B5 198 000 700 km südl. von Antofagasta
Aeropuerto La Florida Sernatur, Matta 461; +56 51 222 51 99 Aniversario de La Serena (Ende Aug)
turismolaserena.cl

Das 1544 gegründete La Serena ist Chiles zweitälteste Stadt und einer der größten Küstenorte des Landes. Im historischen Zentrum erklingen die Glocken der Kirchen aus der Kolonialzeit inmitten zeitgenössischer Architektur. Die Küste säumen moderne Gebäude. An der Mündung des Río Elqui ist die Stadt das Tor zum Valle del Elqui.

1

Plaza de Armas

Museo Histórico Gabriel González Videla: Matta 495
+56 51 221 71 89 Mo–Fr 10–18, Sa 10–13
museohistoricolaserena.cl

La Serenas Hauptplatz markiert die Stelle der zweiten Stadtgründung durch den Konquistadoren Francisco de Aguirre (1507–1581). Hier steht die schöne Catedral de La Serena. Auffällig rot-weiß gestaltet sind die neokolonialen Tribunales de la Justicia (Gerichtshöfe) und die Municipalidad (Rathaus) aus den 1930er Jahren. Der modernistische Brunnen des Bildhauers Samuel Román ziert die Mitte des Platzes.

An einer Ecke des Platzes steht der frühere Familiensitz des ehemaligen chilenischen Präsidenten Gabriel González Videla aus dem 19. Jahrhundert, in dem heute das Museo Histórico Gabriel González Videla residiert.

Hotel

Hostal La Sombra del Viento

Das von einem Franzosen betriebene Gästehaus ist in einem Gebäude aus der Kolonialzeit untergebracht. Es ist komfortabel eingerichtet und bietet eine Terrasse.

Los Carrera 224
lasombradelviento.cl

$$$

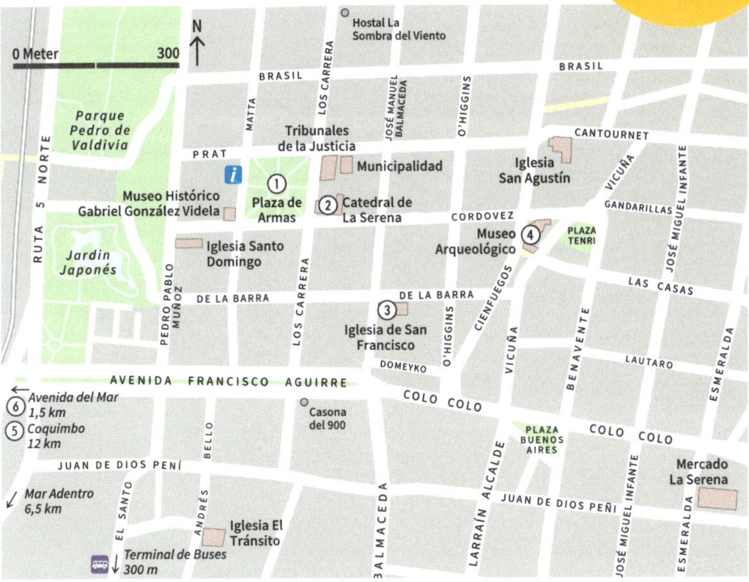

Im ersten Stock sind Gegenstände ausgestellt, die dem ehemaligen Präsidenten gehörten, das regionalgeschichtliche Museum ist im zweiten Stock.

② Catedral de La Serena

Plaza de Armas +56 51 221 69 56 Di–So 9–13, 15–18

Die klassizistische Fassade und der Turm von La Serenas Kathedrale ragen majestätisch an der Plaza de Armas auf. Die Kathedrale wurde 1844 unter Leitung des französischen Architekten Juan Herbage aus Kalkstein errichtet und bewahrt das Grab von Francisco de Aguirre. Das heutige Bauwerk steht an der Stelle einer älteren Kathedrale, die 1680 von Bartholomew Sharp zerstört wurde. Der englische Pirat ließ die Stadt drei Tage lang plündern, bevor er sie dem Erdboden gleichmachte. Schöne Buntglasfenster aus Frankreich schmücken die Wände der Kirche. Das sehenswerte Museo Sala de Arte Religioso zeigt sakrale Kunst und Objekte.

←

Modernistischer Brunnen auf der Plaza de Armas

Desierto Florido

Wenn es alle vier bis fünf Jahre in einem Teil der Atacama regnet, beginnen die im Sand schlafenden Samen explosiv zu keimen. Dann verwandelt sich die Wüste über Nacht in den farbenprächtigen Desierto Florido (Blühende Wüste), dessen Teppich aus leuchtend blauen, roten, gelben und lila Blüten Insekten und Vögel sowie Tausende Besucher aus dem ganzen Land anlockt. Wann der Desierto Florido auftritt, ist nicht voraussagbar.

③

Iglesia de San Francisco

Balmaceda 640 ☎ +56 51 224 74 51 85 Mo–Fr 9:30–13:30, So 10–12:30

Die Iglesia de San Francisco wurde zwischen 1590 und 1627 von den Franziskanern erbaut und ist damit die älteste der schönen Steinkirchen von La Serena. Sie ist auch das einzige Gotteshaus, das diverse Piratenangriffe überstand, vor allem den des englischen Piraten Bartholomew Sharp im Jahr 1680.

Die Kirche bekrönen ein Glockenturm und eine Kuppel, ihre Außenmauern schmücken extravagante Barockmotive. Diese Form der Gestaltung wird aufgrund der südamerikanischen Einflüsse als *mestizo* bezeichnet. Anfang des 20. Jahrhunderts wurden Teile des Klosters verkauft und zerstört, um Platz für ein neues Stadtviertel zu schaffen.

Neben der Kirche präsentiert das Museo de Colonial Iglesia San Francisco sakrale Kunst aus der Zeit seit der Ankunft des Franziskanerordens in Chile im 16. Jahrhundert, darunter eine Bibel aus dem Jahr 1538.

Expertentipp
Souvenirs

Auf dem Markt La Recova findet man typische chilenische Souvenirs, darunter Regenstäbe, kunsthandwerklichen Schmuck und eine Reihe von Kleidungsstücken aus Andenwolle.

④

Museo Arqueológico

Cordovez, Ecke Cienfuegos ☎ +56 51 267 22 10 Di–Fr 9:30–18, Sa 10–13, 16–19, So 10–13 museoarqueologicolaserena.cl

Hinter seinem eindrucksvollen Barockportal aus dem 18. Jahrhundert, das früher Teil eines alten Kolonialhauses war, präsentiert das überaus interessante archäologische Museum von La Serena viele unterschiedliche präkolumbische Objekte aus dem Norte Chico, Norte Grande und von der Osterinsel.

Einen Schwerpunkt der renommierten Sammlung bieten bemalte Keramiken der Diaguita aus der Ära von 1000 bis 1536.

Zu den augenfälligsten und wertvollsten Exponaten des Museo Arqueológico zählen außerdem die 1500 Jahre alte Mumie eines gekrümmten Körpers, die in der Atacama-Wüste bei Chiu Chiu ausgegraben wurde, und ein drei Meter hoher *moai* von der Osterinsel. Beide Objekte stehen beispielhaft für einzelne chilenische Kulturen.

↑ *Faszinierende* Moai-*Statue im Museo Arqueológico*

⑤

Coquimbo

12 km südlich von La Serena

Am südlichen Ende der Avenida del Mar erreicht man die ehemalige Bergbaustadt Coquimbo. Einwanderer aus Großbritannien und den USA strömten im 19. Jahrhundert hierher, um ihr Vermögen zu machen, und errichteten im sogenannten Barrio Inglés (Englisches Viertel) prächtige Häuser. Die Casa Novella (Aldunate 569) stammt aus dem Jahr 1840, mit ihrer Fassade aus Oregon-Kiefer und amerikanischer Eiche sowie ihren weitläufigen Holzbalkonen ist sie repräsentativ für die typische *arquitectura portuaria* (Hafenarchitektur) der Stadt.

Im Stil ähnlich war die 1892 errichtete Casa Chesney Cosgrove gleich nebenan. Nachdem sie lange Zeit vernachlässigt worden war, riss man sie ab und baute an

Highlight

dieser Stelle aus Stahlbeton ein neues Gebäude, das seit 2017 als **Centro Cultural Palace** wieder öffentlich zugänglich ist. Das Kulturzentrum zeigt Kunstausstellungen und Musikdarbietungen und bietet auch ein Café.

Centro Cultural Palace
Aldunate 599
+56 51 225 64 18
Mo–Sa 9–19

⑥

Avenida del Mar

Benavente 980 +56 51 220 40 96 Mo–Fr 9:30–12:30, 14–17

La Serenas sechs Kilometer langer Küstenboulevard ist die florierende Restaurant- und Barmeile der Stadt, an der Besucher interessante Cocktails trinken können, bevor sie sich für ein Restaurant entscheiden.

Die Avenida säumen auf der einen Seite Sandstrände, auf der anderen moderne Hotels, Apartmentblocks, Bars und Restaurants. Im Sommer herrscht hier Tag und Nacht hektisches Leben, in der Nebensaison kann man vor allem bei Sonnenuntergang wunderbar spazieren.

20 Gehminuten vom Zentrum von La Serena entfernt erreicht man auf der Avenida Francisco de Aguirre am Nordende der Avenida del Mar den faszinierenden Leuchtturm El Faro Monumental. Er wurde zwischen 1950 und 1951 auf Anordnung des chilenischen Präsidenten Gabriel González Videla erbaut und gehört zu den beliebtesten Besucherattraktionen der Region.

Die Strände rund um den Faro Monumental sind einfach, ziehen mit ihren hohen Wellen aber Surfer aus dem ganzen Land an. Südlich des Leuchtturms liegen die Hauptbadestrände von La Serena, Playa 4 Esquinas und Playa Canto del Agua. An beiden Stränden gibt es viele Bars und Restaurants.

Strand an der Avenida del Mar und der mächtige Leuchtturm (Detail) ↑

La Serenas sechs Kilometer langer Küstenboulevard ist die florierende Restaurant- und Barmeile der Stadt, an der Besucher interessante Cocktails trinken können.

Restaurants

Casona del 900
Die Speisekarte in dem traditionell dekorierten Lokal ist umfangreich. Die meisten Leute teilen sich Grillplatten, es gibt auch gutes Seafood.
Francisco de Aguirre 443
+56 15 252 07 67
$$$

Mar Adentro
Das Lokal mit Blick auf Playa Los Pescadores bietet eine große Auswahl an Seafood und gelegentlich Livemusik.
Rengo 4629 Di
maradentro restaurant.cl
$$$

6

Valle del Elqui

B5 von La Serena und Santiago Carnaval Elquino (Mitte Jan – Mitte Feb) chile.travel/de

Östlich von La Serena erscheint das Valle del Elqui wie eine andere Welt. Als willkommener Kontrast zu den weitgehend trockenen Landschaften des Norte Chico ist das üppige Tal ein berühmtes Ziel für Sternengucker und Heimat der besten *Pisco*-Brennereien Chiles. Außerdem wird man immer wieder an die Nobelpreisträgerin Gabriela Mistral erinnert, die hier geboren wurde und aufgewachsen ist.

①

Vicuña

63 km östl. von La Serena 24 000 Gabriela Mistral, Ecke San Martín; +56 51 241 9105 Fiesta de la Vendimia (Feb) turismovicuna.cl

Die Kleinstadt Vicuña mit ihren sehenswerten Adobe-Häusern steht inmitten einer Bergkulisse im Tal des Río Elqui. Der Geburtsort der chilenischen Nobelpreisträgerin Gabriela Mistral (1889–1957, *siehe S. 38*) ist eine beliebte Pilgerstätte für Literatur- und Kunstfreunde.

Das **Museo Gabriela Mistral** präsentiert persönliche Besitztümer der berühmten Dichterin, darunter Bücher, Gemälde und Preise, mit denen sie für ihr Schaffen ausgezeichnet wurde.

Ein wichtiger Orientierungs- und Treffpunkt im Zentrum ist die Plaza de Vicuña. Den Platz schmücken Skulpturen, die von Mistrals Werken inspiriert sind, und Pflanzgefäße aus Beton, die für die Daguita-Kultur typische geometrische Muster aufweisen.

Beim Carnaval Elquino, dem mit Abstand größten und buntesten Fest Vicuñas, erlebt man auf diesem Platz traditionelle Musik- und Tanzdarbietungen. Hier steht auch der auffällige, eigentlich unpassende und doch hübsche bayerische Turm Torre Bauer. Er wurde 1905 im Auftrag von Vicuñas damaligem deutschstämmigem Bürgermeister Alfonso Bauer errichtet. In dem 1826 erbauten *cabildo* (Rathaus) neben der Torre Bauer sind ein kleines historisches Museum und das Fremdenverkehrsbüro untergebracht. Ebenfalls an der Plaza steht die Iglesia de la Inmaculada Concepción. Die Decke der hellen Kirche aus dem Jahr 1909 ist mit Fresken bemalt. Im Taufbecken der Kirche wurde Gabriela Mistral 1889 getauft.

Die **Planta Capel** am Stadtrand von Vicuña ist Chiles größte *Pisco*-Brennerei. Bei Führungen sehen Besucher die Weingärten, die Fabrikanlage und ein *Pisco*-Museum. Auch eine Verkostung wird geboten.

Schöne Aussicht
Blick von oben

Der Aufstieg auf den Cerro de la Virgen, einen Hügel in der Nähe von Vicuña, lohnt sich, denn von dort aus hat man einen Panoramablick auf das Valle del Elqui und wunderbare Fotomöglichkeiten.

→ *Im Innenhof des Museo Gabriela Mistral stehen verschiedene Skulpturen*

Highlight

Museo Gabriela Mistral
Gabriela Mistral 759 +56 51 241 12 23 Di–Fr 10–17:45, Sa 10:30–18, So 10–13 mgmistral.cl

Planta Capel
Camino a Peralillo +56 51 255 43 96 tägl. 10–18 centroturisticocapel.gob.cl

②
Pisco Elqui

105 km südöstl. von La Serena 500 von La Serena und Montegrande piscoelqui.com

Das hübsche Dorf liegt auf 1250 Meter Höhe. Bei den Spaniern hieß es La Unión, wurde aber 1936 im Rahmen einer Werbekampagne für *pisco*, das berühmteste Erzeugnis des Gebiets, umgetauft.

Seit mehr als einem Jahrhundert wird Pisco Elqui von der **Destilería Pisco Mistral** produziert. Die früher Solar de Pisco Tres Erres genannte Brennerei befindet sich an einem schönen Platz. Bei Führungen sieht man das *Pisco*-Museum, die Produktion sowie die Abfüllung, zudem wird eine Verkostung geboten.

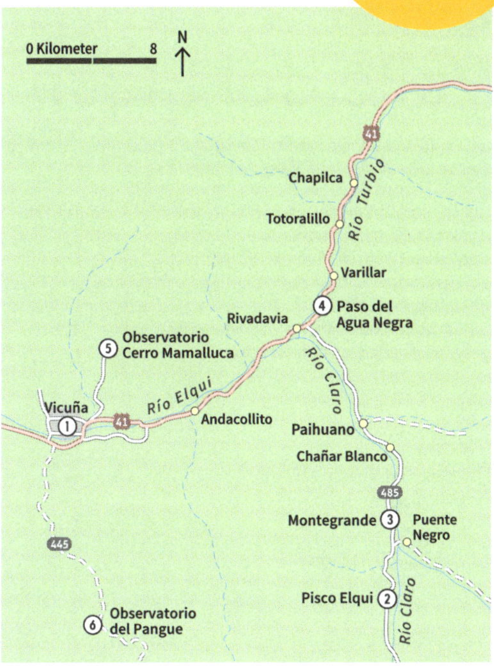

Destilería Pisco Mistral
O'Higgins 746 +56 51 245 13 58 tägl. 11–17:30 (Jan, Feb: bis 18:30) piscomistral.cl

③
Montegrande

101 km östl. von La Serena 600 von La Serena und Vicuña

Das winzige Andendorf liegt am malerischen Ostende des Valle del Elqui auf 1100 Meter Höhe. Hier zwängt sich das Tal, nur noch 400 Meter breit, zwischen die steilen, ariden Hänge der andinen Präkordillere. Dahinter bilden die schneebedeckten Gipfel der mächtigen Anden eine fantastische Kulisse.

Hier verbrachte Gabriela Mistral ihre Kindheit. Sie war drei Jahre alt, als ihre Mutter und ihre Schwester mit ihr von Vicuña in den Weiler zogen. Das kleine Adobe-Haus, in dem Mistral wohnte, ist heute das **Museo de Sitio Casa-Escuela Gabriela Mistral**. Zu sehen sind Möbel und persönliche Habseligkeiten der Dichterin.

Bevor Mistral 1957 verstarb, verfügte sie, in Montegrande bestattet zu werden. Ihr Grab liegt auf einer Hügelkuppe nahe der Dorf-Plaza. In der reich geschmückten Kirche an dem kleinen Platz erhielt Mistral die Heilige Erstkommunion.

Museo de Sitio Casa-Escuela Gabriela Mistral
Calle Principal s/n Di–So 10–13, 15–18 caminoagabrielamistral.cl

Vicuña, der Geburtsort der chilenischen Nobelpreisträgerin Gabriela Mistral (1889-1957), ist eine beliebte Pilgerstätte für Literatur- und Kunstfreunde.

Hotels

El Tesoro de Elqui
Entzückendes Hotel mit modern ausgestatteten Zimmern in einem ruhigen Garten mit Swimmingpool, Hängematten und einem großartigen Café. Das Anwesen bietet auch Whirlpools.

Arturo Prat s/n, Pisco Elqui
eltesorodeelqui.cl
$$

Refugio Misterios del Elqui
Strohgedeckte Hütten mit stilvoller Ausstattung und herrlicher Aussicht auf einem gepflegten Gelände, das auch über einen wunderbaren Swimmingpool und ein modernes Teleskop verfügt.

Arturo Prat s/n, Pisco Elqui
misteriosdelelqui.cl
$$

Cabañas Los Sauzales
Das charmante Hotel liegt direkt am Fluss, hat einen bequemen Privatparkplatz und ist von herrlichen Obstbäumen umgeben. Die ruhigen Hütten bieten den Besuchern einen Vorgeschmack auf die Natur.

Pisco Elqui, Paihuano
lossauzales.cl
$$

Der Paso del Agua Negra in den Bergen ist teilweise mit Schnee bedeckt (Detail) ↑

④
Paso del Agua Negra
185 km östl. von Vicuña

Die spektakuläre Ruta 41 liegt auf der chilenischen Seite des Paso del Agua Negra. Sie schlängelt sich durch die Berge und umrundet die Andengrenze zwischen Chile und Argentinien. Die Straße steigt auf 4765 Meter Höhe an.

Die Aussicht wird noch spektakulärer durch *penitentes* (riesige Schneezacken, die vom heftigen Wind in unheimliche und bizarre Gestalten geformt werden), die so heißen, weil sie gebückten, reuigen Mönchen ähneln. Die Route führt auch an dem türkisfarbenen Stausee La Laguna vorbei zu dem Thermalbad Termas de Pismanta in Argentinien und zur Provinzhauptstadt San Juan.

Beachten Sie, dass der Paso del Agua Negra normalerweise nur im Sommer geöffnet ist – zwischen Mai und Oktober ist die Route oft wegen Schnee gesperrt. Wenn Sie vorhaben, die Strecke in der Vor- oder Nachsaison zu überqueren, sollten Sie sich vorher bei den Behörden erkundigen, ob die Straße befahrbar ist.

⑤
Observatorio Cerro Mamalluca
9 km nordöstl. von Vicuña
nur Führungen; Buchung im Informationszentrum in Vicuña; +56 51 267 03 30 **observatoriomamalluca.com**

Zu den größten Attraktionen des Valle del Elqui zählt ein Blick ins All im faszinieren-

den Observatorio Cerro Mamalluca. Zu dem Komplex gehören riesige Teleskope und weiße Gebäude mit Kuppeln, die am Berg wie gigantische Golfbälle aussehen. Das Observatorium steht oberhalb von Vicuña am Cerro Mamalluca und kann im Rahmen von zweistündigen spanischen und englischen Führungen besichtigt werden. Besucher werfen durch die Linse der leistungsstarken Teleskope einen Blick auf die Tausende Lichtjahre entfernte Milchstraße, auf Planeten, kosmische Nebel, Sternhaufen, blaue und rote Sterne, auf die Ringe von Jupiter und Saturn und auf die Krater auf dem Mond. Dies alles erscheint fotografisch deutlich in einem Nachthimmel, wie er wohl nirgendwo auf der Erde klarer ist.

Vor dem Blick durch das Teleskop können Besucher zwischen zwei unterhaltsamen Hightech-Präsentationen wählen – über die Sterne, Planeten und das All oder die alte Kosmologie der indigenen Völker der Region.

Entdeckertipp
Cochiguaz
Am östlichen Rand des Tals liegt das Dorf Cochiguaz mit starker New-Age-Atmosphäre. Einheimische bieten therapeutische Behandlungen und Kurse an. Hier soll man auch UFOs sehen können.

⑥

Observatorio del Pangue

17 km südl. von Vicuña
odp-i.blogspot.co.uk

Das Observatorio del Pangue wird von französischen und chilenischen Astronomen geleitet und organisiert nächtliche Sternentouren. Die Führungen für maximal zehn Personen beginnen um 20:30. Den Besuchern werden die Wunder des Universums unter optimalen Bedingungen mithilfe modernster Teleskope gezeigt.

Das Observatorium steht auf einem Hügel in einer Berglandschaft mit atemberaubender Aussicht. Das auffälligste Merkmal ist jedoch der Himmel an sich, das Ergebnis einer seltenen Kombination aus Geologie, einem günstigen lokalen Klima und dem Fehlen von Lichtverschmutzung.

Pisco

Pisco wurde von spanischen Siedlern im 16. Jahrhundert entwickelt und ist ein aromatischer, fruchtiger Weinbrand aus Muskatellertrauben. Chiles Nationalgetränk wird gern als Pisco Sour getrunken – ein frischer Aperitif aus *pisco*, Zitronensaft und Zucker. *Pisco* wird allerdings auch pur sowie als *piscola* mit Cola genossen. In den Destillerien des Valle del Elqui können Reisende zahlreiche Sorten *pisco* probieren, so etwa bei Pisco Capel, Pisco ABA (www.piscoaba.cl), Pisco Mistral (www.piscomistral.cl) und Los Nichos (www.fundolosnichos.cl).

SEHENSWÜRDIGKEITEN

→ *Grasende Vicuñas und Alpakas in der Reserva Nacional Las Vicuñas*

7 Iglesia de San Gerónimo de Poconchile

B1 35 km östl. von Arica; Poconchile

Die Iglesia de San Gerónimo in Poconchile ist die älteste christliche Kirche Nordchiles. Sie wurde 1580 von spanischen Priestern am Camino del Inca (Inka-Weg) gebaut, um von dort die in dem Gebiet ansässigen Aymara zu missionieren. Die strahlend weiße Kirche ist ganz im spanischen Kolonialstil gehalten: Eine dicke Adobe-Mauer verläuft rund um das Grundstück. Zwei Glockentürme flankieren das Portal. Der restaurierte Innenraum ist aus Holz und weißem Verputz. Hinter der Kirche sind die alten Gräber des Wüstenfriedhofs nur mit Steinen und Holzkreuzen markiert.

Schon gewusst?

Lamas und Guanakos sind die größten der Andenkamele.

8 Putre

C1 1200 149 km nordöstl. von Arica

Putre ist die größte der hoch gelegenen Ortschaften in der Umgebung von Arica. Die Oasensiedlung ist von einem Ring spitzer, schneebedeckter Vulkangipfel umgeben. Putre liegt auf 3500 Meter Höhe und ist ein Zwischenstopp für Reisende, die sich erst akklimatisieren müssen, bevor sie in noch höhere Lagen fahren – etwa in den nahen Parque Nacional Lauca und die entferntere Reserva Nacional Las Vicuñas.

Putres Wurzeln liegen in der Zeit vor den Inka. Die heutige Ortschaft wurde jedoch von den Spaniern um 1580 als Rastplatz für die Treiber der Maultiere gegründet, die Silber von den Minen von Potosí im heutigen Bolivien an die Pazifikküste transportierten.

Das schönste Gebäude ist die umfassend restaurierte koloniale Kirche von 1670 an der Plaza. Ihre Vorgängerin an dieser Stelle wurde bei einem Erdbeben zerstört und war spanischen Chroniken zufolge ganz mit Gold und Silber verkleidet.

Ansonsten bietet die nette Altiplano-Siedlung ein enges Straßennetz mit relativ neuen Beton-Zink-Häusern und alten spanischen Adobe-Bauten, einige Hotels und Restaurants sowie Reisebüros in der Calle Baquedano.

9 Reserva Nacional Las Vicuñas

C1 230 km östl. von Arica CONAF, Guallatire conaf.cl

Die einzigartige und abgelegene Reserva Nacional Las Vicuñas schützt eine riesige Wildnis mit mächtigen Vulkanen, weiten Hochplateaus, verlassenen Aymara-Siedlungen und einer vielfältigen Tierwelt.

Das Schutzgebiet besteht aus mehreren Hochebenen in Höhen zwischen 4000 bis 5600 Meter und wird von drei Sechstausender-Vulkanen überragt: Volcán Acotango,

← *Adobe-Häuser in einem Dorf bei Putre*

Volcán Capurata und Volcán Guallatire.

Vicuñas, zu deren Schutz der Park im Jahr 1983 gegründet wurde, sieht man über die »Puna« genannte Hochwüste hüpfen. Nandus laufen über die offenen Ebenen, Flamingos sammeln sich an den Ufern der Hochlandseen. Viscachas (große, Chinchillas ähnliche Nagetiere) wieseln über die Felsen.

Im zentralen Teil der Reserva Nacional Las Vicuñas liegt der Weiler Guallatire. Hier befinden sich ein paar einfache Unterkünfte, eine Zuchtstation für Lamas, das CONAF-Verwaltungszentrum, das bei frühzeitiger Reservierung auch Campingplätze vermietet, und eine Kirche des 17. Jahrhunderts. Südlich des Orts erstreckt sich das Monumento Natural Salar de Surire. Am Rand dieser blendend weißen Salzpfanne nisten im Sommer drei verschiedene Flamingoarten. Das Wetter im gesamten Reservat gleicht einer Wüste, sodass mit Temperaturstürzen in der Nacht gerechnet werden muss.

10 El Gigante de Atacama

C1 · 80 km nordwestl. von Iquique

Der 14 Kilometer östlich von Huara gelegene, 86 Meter hohe Geoglyph ist das weltweit größte Bild eines Menschen. Es ruht am Westhang des Cerro Unita an der Straße Huara–Colchane. Zwar gibt es keine öffentlichen Verkehrsmittel, doch halten Touren nach Humberstone *(siehe S. 178)* von Iquique hier an.

Pukarás und der Camino del Inca

Pukarás heißen die Festungen, die zwischen 1000 und 1450 in Nordchile erbaut wurden. Als im 11. Jahrhundert das Tiwanaku-Reich im heutigen Bolivien zusammenbrach, wurden die Atacameño und Aymara des Norte Grande wieder unabhängig. Sie büßten jedoch den Frieden ein, der vorher Bestand hatte: Immer wieder führten lokale Machthaber Krieg um Ressourcen. Um die Handelsrouten zu schützen, bauten sie an strategischen Stellen Pukarás. Diese wurden jedoch um 1450 von den Inka eingenommen, die die Handelsstraßen an den Camino del Inca anschlossen. Der 6000 Kilometer lange Inka-Weg führte durch das gesamte Inka-Reich.

Ein verlassener Schulhof in der Geisterstadt Humberstone

11

Humberstone und Santa Laura

C1 48 km östl. von Iquique; Ruta A16, km 3 +56 57 276 06 26 tägl. 9–18 (Führungen auf Anfrage) museodelsalitre.cl

In den 1930er Jahren bauten britische Investoren Santa Laura und Humberstone als Wohnsiedlungen mit Freizeitangebot für die Arbeiter und das Management der umliegenden Nitratminen. Als die Salpeterwerke 1960 aufgrund der Übermacht synthetischen Ammoniaks schließen mussten, wurden beide Orte zu unheimlichen Geisterstädten. Heute gehören sie zum UNESCO-Welterbe und sind beliebte Touristenziele. Mehr Besucher zählt dabei Humberstone mit seinen stillen Straßen, leeren Plätzen, quietschenden Straßenschildern und verlassenen Gebäuden. Zu sehen sind hier Wohnhäuser für 3700 Arbeiter, ein Krankenhaus und eine Schule, ein Freibad und ein Sportfeld, ein Marktplatz, eine Kirche, ein Uhrturm und ein Theater mit 800 Plätzen. Dank der Informationstafeln an all diesen leeren Bauten kann man die Stadt gut auf eigene Faust erkunden. Neben der Siedlung stehen die rostigen Maschinen des Salpeterwerks.

Ungefähr 1,5 Kilometer östlich von Humberstone zieht die kleinere Geisterstadt Santa Laura weniger Besucher an und wirkt deshalb noch öder. Ihr mächtiges Salpeterwerk mit Riesenschloten und Mühlen ist nahezu perfekt erhalten.

12

Parque Nacional Volcán Isluga

C1 250 km nordöstl. von Iquique CONAF; +56 57 242 13 52 conaf.cl

Der Parque Nacional Volcán Isluga liegt abseits der üblichen Reisewege in Nordchile. Er schützt rund 1750 Quadratkilometer wilden Altiplano: leuchtend blaue Seen, einsame Aymara-Dörfer und mächtige Vulkane wie den 5550 Meter hohen Volcán Isluga. Der Park wartet mit einer ähnlichen Flora und Fauna auf wie der Parque Nacional Lauca *(siehe S. 166f)*, ist aber viel weniger besucht und stellt eine ausgezeichnete Option für diejenigen dar, die dem Touristenrummel entfliehen wollen.

Die Hauptsehenswürdigkeiten liegen im Ostteil des Parks. Ihn erreicht man über die befestigte internationale Autobahn A55, die von Iquique in das benachbarte Bolivien führt.

Nahe dem Parkeingang stehen in dem Aymara-Dorf Isluga eine schöne Kirche aus dem 17. Jahrhundert und die Ruinen der präkolumbischen Festung Pukará de Isluga. Ebenfalls im Ostteil erreicht man von dem Aymara-Dorf Enquelga die Thermalquellen des Parks. In diesem Teil des Parks liegen zwei unberührte Seen: die Laguna Arabilla mit Wan-

Schon gewusst?

Von den etwa 200 Nitratwerken, die in der Blütezeit in Betrieb waren, läuft nur noch eines.

Die weite Wüstenlandschaft des Parque Nacional Volcán Isluga derweg am Ufer und die Laguna Parinacota. Dort kann man gut Wildtiere sehen, etwa Flamingos und die gefährdeten Tarucas oder Andenhirsche.

13

Termas de Mamiña

C1 125 km östl. von Iquique; Mamiña
termasdemamina.cl

Die 2700 Meter hoch gelegenen Thermalquellen werden seit der Inka-Zeit genutzt, um Ekzeme, Angstzustände, Atemwegserkrankungen und andere Leiden zu heilen. Hier entstanden im Lauf der Zeit verschiedene Einrichtungen, zu denen etwa die für ihre Schlammbäder berühmten Baños Chinos und die natriumreichen Baños de Ipla gehören. Unweit der Quellen liegt das Dorf Mamiña mit Steinhäusern, terrassierten Feldern und Inka-Ruinen. Die Iglesia de San Marcos von 1632 ist wegen ihrer zwei Glockentürme einmalig.

Fiesta de La Tirana

Chiles größtes religiöses Fest basiert auf präkolumbischen Riten und bietet einen kleinen Einblick in die andine Kultur. Mit Kostümen und Tanz wird dabei die Virgen del Carmen gefeiert. Am ersten Tag betreten die Tänzer zu Trommel- und Blasmusik La Tiranas Kirche und bitten die Jungfrau um Erlaubnis zu tanzen. Danach folgen vier Tage voller frenetischer Tänze. Der Höhepunkt ist die Prozession, bei der ein Bild der Heiligen durch das Dorf getragen wird.

14

La Tirana

C2 1300 72 km südöstl. von Iquique
Fiesta de La Tirana (Juli)

Das Oasendorf mit Adobe-Häusern erwacht alljährlich im Juli für die bunte Fiesta de La Tirana zum Leben. Zu diesem religiösen Fest kommen rund 200 000 Gläubige aus ganz Chile nach La Tirana (www.fiestadelatirana.cl).

Die Ursprünge des Dorfs lassen sich bis in das 16. Jahrhundert zurückverfolgen. Damals regierte in dem Gebiet eine Inka-Fürstin und angebliche Christenverfolgerin. Die La Tirana (Tyrannin) genannte Herrscherin verliebte sich allerdings in einen portugiesischen Gefangenen und konvertierte zum Christentum – dafür wurde das Paar von zornigen Untertanen am Hochzeitstag getötet.

1540 fand ein jesuitischer Missionar das Grabkreuz der Fürstin und ließ an jener Stelle eine Kirche errichten, die er nach der Fürstin und nach Chiles Nationalheiliger Iglesia de la Virgen del Carmen de la Tirana nannte. Von dieser Kirche aus verbreitete sich der Tirana-Kult. Zur **Iglesia de la Tirana** gehören die heutige Holzkirche mit dem Marienschrein, die Plaza mit den Figuren Marias und der Fürstin sowie das Museo de la Virgen de la Tirana. Es zeigt Kostüme und Masken von der Fiesta de La Tirana.

Iglesia de la Tirana
tägl. 9:30–20

15 Pica

C2 4700 114 km östl. von Iquique Balmaceda 299; +56 57 274 18 41 La Fiesta de San Andrés (Ende Nov) pica.cl

In den Obstgärten des Oasendorfs Pica, der »Blume im Sand«, mit seinem Mikroklima wachsen regionale Sorten. Selbst die Straßen säumen außer Adobe-Häusern auch Obstbäume. Die Iglesia de San Andrés von 1886 birgt eine lebensgroße, holzgeschnitzte Darstellung des Letzten Abendmahls. Das **Museo Municipal de Pica** zeigt Chinchorro-Mumien.

Südwestlich der Stadt befinden sich im **Valle de los Dinosaurios** lebensgroße Modelle der Dinosaurier, deren versteinerte Fußabdrücke man in der Nähe fand.

Museo Municipal de Pica
Balmaceda 178 +56 57 274 16 65 Mo–Fr 9–14, 15:30–17:30

In den Obstgärten des Oasendorfs Pica, der »Blume im Sand«, mit seinem Mikroklima wachsen regionale Sorten.

→ *Im Dorf Caspana leben immer noch einige traditionelle Schafbauern* (Detail)

Valle de los Dinosaurios
Camino Matilla
24 Std.

16 Cerro Pintados

C2 96 km südöstl. von Iquique; El Cruce de Geoglifos de Pintados, La Panamericana +56 57 275 10 55 Di–So 9:30–17 wmf.org

Die kahlen Hänge der Cerros Pintados sind mit über 420 gigantischen Geoglyphen *(siehe S. 41)* aus der Zeit von 500 bis 1450 n. Chr. gezeichnet. In jener Epoche führte eine Handelsroute durch die Region zur Pazifikküste. Die Geoglyphen umfassen geometrische Formen sowie anthropomorphe und zoomorphe Darstellungen – etwa Fische, Lamas und Nandus. Man erreicht sie über einen fünf Kilometer langen Weg, der unterhalb der Hänge verläuft.

17 Caspana

C2 480 84 km östl. von Calama La Virgen de la Candelaria (Anfang Feb)

Caspana ist eines der Oasendörfer auf dem hohen Pass zwischen Calama und San Pedro de Atacama. Es liegt auf 3260 Meter Höhe in einer steilen Schlucht eines Nebenflusses des Río Salado. Das heutige Adobe-Dorf mit den einfarbigen Stein-Lehm-Häusern war bereits vor Eintreffen der Inka und Spanier von den Atacameño besiedelt. Caspana lebt von der Landwirtschaft, die Reihen seiner Terrassenfelder folgen im sanften Schwung den Konturen der unteren Berg-

↑ *Das Innere der Kirche San Andrés in Pica mit der schönen himmelblauen Decke*

hänge. Das dort gezogene Wurzelgemüse wird auf dem Markt in Calama verkauft.

Am Dorfrand steht die 1641 aus Adobe und Kaktusholz erbaute Iglesia San Lucas. Im **Museo Etnográfico** sind archäologische und ethnografische Exponate zu sehen. Die Dorf-Plaza lockt mit schattigen Bänken und einem wunderbaren Blick auf die felsige Schlucht, hellen Häusern und grünen Terrassen.

Museo Etnográfico
Los Tres Alamos s/n +56 55 269 21 47 Di–Fr 10–13, 14–18, Sa, So 14–18

18

Calama

C2 158 000 390 km südöstl. von Iquique El Aeródromo El Loa de Calama J. J. Latorre 1689; +56 55 253 17 07 Aniversario de la Ciudad de Calama (März)

Von der Industriestadt Calama aus kann man die Kupferminen von Chuquicamata besichtigen. Die Geschichte der Oasenstadt in der trockensten Zone der trockensten Wüste der Welt reicht in präkolumbische Zeit zurück. Der Name Calama leitet sich von dem Atacameño-Wort *kara ama* – Wasser-Ort – ab. Obwohl dieser Name heute eher unsinnig erscheint, war die Stadt bis Mitte des 20. Jahrhunderts vom Río Loa umgeben.

In den 1920er Jahren boomte Calama als Versorgungsstadt, geboten wurden auch ziemlich eindeutige Vergnügungen für die Grubenarbeiter.

Heute ist Calama recht unscheinbar. Vor Kurzem erlebte die Stadt einen Zustrom neuer Einwohner aus dem nahe gelegenen Chuquicamata, nachdem der Kupfertagebau dort im Jahr 2003 für immer geschlossen worden war.

Calamas einzige Attraktion ist der Besucherpark **Parque El Loa**. Dort steht ein Nachbau der Kolonialkirche von Chiu Chiu *(siehe S. 182)*. Das ebenfalls auf dem Gelände befindliche Museo Arqueológico y Etnográfico Parque el Loa präsentiert Artefakte aus der Zeit vor den Inka.

Schon gewusst?

Zwischen 1570 und 1971 fiel in Calama kein einziger Tropfen Regen.

Parque El Loa
Avenida Bernardo O'Higgins s/n +56 55 284 55 85 tägl. 10–18

→ *Skulptur eines Grubenarbeiters in Calama*

Fassade und Innenraum (Detail) *der Iglesia San Francisco de Chiu Chiu* ↑

19

Chiu Chiu

C2 36 km nordöstl. von Calama Festival de Nuestra Señora de Lourdes (Mitte Feb)

Das von den Spaniern um 1610 gegründete Chiu Chiu ist ein Oasendorf mit einfachen Adobe-Häusern und Türen aus Kaktusholz. Es liegt an den Tourrouten von Calama *(siehe S. 181)* und vor allem von San Pedro de Atacama *(siehe S. 158–161)*.

Die Iglesia San Francisco de Chiu Chiu zählt zu Chiles schönsten und ältesten Kirchen. Die weiß getünchte Kirche mit den einen Meter dicken Adobe-Mauern wurde im Jahr 1674 im spanischen Kolonialstil mit zwei Glockentürmen errichtet. Im gut erhaltenen Inneren sind Mini-Altäre sowie Heiligen- und Marienfiguren zu sehen. Auf dem von einer dicken Mauer umgebenen kleinen Kirchengrund liegt ein winziger Friedhof.

Ein Block neben dem Hauptplatz zeigt das **Museo Geológico de Chiu Chiu** interessante Steine und Fossilien.

Museo Geológico de Chiu Chiu
+56 9 9703 8988
Di–So 10–13, 15–18

Restaurant

Talatur
Das familiengeführte Lokal serviert hausgemachte chilenische Küche, vor allem Kaninchen und köstliche Aufläufe.

Ruta 21 128, Esmeralda 881, Chiu Chiu

$$$

20

Pukará de Lasana

C2 45 km nördl. von Calama; Pueblo Lasana, Valle Lasana tägl. 9:30–17

Die Ruinen der Pukará de Lasana aus der Prä-Inka-Zeit liegen auf einem natürlichen Felsvorsprung über dem grünen Valle Lasana in einem ansonsten steinigen Canyon. Angehörige der Atacameño-Zivilisation (400 v. Chr.–1400 n. Chr.) erbauten die Festung in einer Kriegsperiode im 11. Jahrhundert bei einem bereits bestehenden Dorf. Heute bilden die gut erhaltenen Ruinen ein hügeliges Labyrinth aus Steinmauern, abgedeckten Häusern, Lagern, Höfen, engen Passagen und Befestigungen. Die Inka eroberten die Festung 1447 und bauten sie zu einem strategischen Verwaltungszentrum aus, über das sie das Tal kontrollierten. Sie verließen die Festung im 16. Jahrhundert mit Ankunft der Spanier in der Region.

21

Chuquicamata

C2 16 km nördl. von Calama; Entrada al Campamento, J. M. Carrera Führungen: Mo – Fr 13 (vorab buchen; Ausweis nötig) codelco.com

Chuquicamata – von Einheimischen auch liebevoll Chuqui genannt – ist die größte Tagebaugrube der Welt und kann im Rahmen einer Führung besichtigt werden. Die gigantische Kupfermine ist rund drei Kilometer breit, fünf Kilometer lang und beeindruckende 1000 Meter tief. Was Saudi-Arabien in Bezug auf Erdöl, ist diese Grube in Bezug auf Kupfer: Hier werden rund elf Prozent des Rohstoffs weltweit abgebaut. Winzigste Produktionsschwankungen lösen auf dem Weltmarkt Panik aus. Chuquicamata wird von Codelco geleitet. 20 000 Arbeiter stehen bei diesem größten staatlichen Unternehmen Chiles in Lohn und Brot, gearbeitet wird rund um die Uhr.

Als größter Einzahler in die Staatskasse finanziert Codelco Chiles Gesundheits- und Bildungssystem. Jedes Jahr wird das riesige Loch in den Anden tiefer gegraben – das atemberaubende Ergebnis sieht man auf einstündigen Bustouren, die vorbei an Brech- und Schmelzanlagen zu einem Aussichtspunkt führen. Hier sieht man bis auf den Grund der Grube und in der Ferne die riesigen 400-Tonnen-Muldenkipper, die pausenlos das fast reine Kupfererz an den terrassierten Wänden der Grube vom Felsengrund der Mine nach oben schaffen. Bei einem Besuch sollte man bequeme Schuhe und Kleidung, die Arme und Beine bedeckt, tragen.

2018 fand die letzte Sprengung auf dem Grund des Tagebaus statt. Derzeit wird auf Blockhöhlenabbau übergegangen, eine effizientere und nachhaltigere Abbaumethode. Damit soll sich die Lebenszeit des Bergwerks um weitere 50 Jahre verlängern. Die Umstellung kostet etwa 5,6 Milliarden US-Dollar.

Schon gewusst?

Der junge Che Guevara besuchte Chuquicamata während seiner Reise durch Südamerika.

22

Termas de Puritama

C2 30 km nordöstl. von San Pedro de Atacama; Camino al Tatio, km 32 tägl. 9:15 – 17:30 termasdepuritama.cl

Eine schöne Halbtagestour führt von San Pedro de Atacama zu den Termas de Puritama. Die angenehm 25 – 30 °C warmen Thermalquellen sprudeln in einer engen Schlucht in vulkanischen Becken. Vor Ort sind Umkleiden, zu den gestaffelt liegenden miteinander verbundenen Becken führen hölzerne Fußgängerbrücken.

Die angenehm 25 - 30 °C warmen Thermalquellen sprudeln in einer engen Schlucht in vulkanischen Becken.

→ *Badende im warmen Wasser der Termas de Puritama*

23

Valle de la Luna

C3 19 km südwestl. von San Pedro de Atacama; Sector 6, Reserva Nacional Los Flamencos So–Fr 9–19 (vorab buchen) conaf.cl

Das »Mondtal« ist eine Landschaft mit bizarren Felsformationen, Salzhöhlen, von der Natur geformten Amphitheatern und riesigen Sanddünen. Es liegt auf 2400 Meter Höhe in der Cordillera de la Sal (Salzgebirge) und kann auf einem Rundweg erkundet werden. Auf dem Weg gibt es eine Reihe von Höhlen, deshalb sollte man eine Taschenlampe dabeihaben, wenn man sie erkunden will. Der Rundweg führt auch zur Felsformation Las Tres Marías, die drei betenden Frauen gleicht, und zur Duna Mayor. Diese größte Sanddüne des Tals erklimmt man am besten bei Sonnenuntergang, wenn sich die umliegenden Andengipfel und Vulkane indigoblau, orange und rot verfärben, so etwa der Volcán Licancabur und der Volcán Láscar. Letzterer zählt zu Chiles aktivsten Vulkanen.

Am besten besucht man die wunderbare Landschaft in den heißeren Monaten von Dezember bis Februar.

24

Géiseres del Tatio

C2 119 km östl. von Calama; Camino al Tatio tägl. 6–17 chile.travel

Auf 4320 Meter Höhe schleudern die Géiseres del Tatio weiße Dampfsäulen in die dünne Bergluft. Rund 40 Geysire und 70 Fumarolen dampfen hier – Wunden in der Oberfläche eines ebenen geothermischen Beckens zwischen rostfarbenen Bergen und spitzen Vulkanen. Tief unter der Erde trifft ein kalter Fluss auf heißen, magmatischen Fels. Der heiße Dampf, der dadurch entsteht, schießt durch Risse in der Erdkruste nach oben und schließlich in weißen, bis zu zehn Meter hohen und 85 °C heißen Fontänen in die Luft.

Am besten besichtigt man die Geysire auf Geländewagentouren, die um vier Uhr morgens in San Pedro de Atacama beginnen. Wenn man bei Tagesanbruch am Geysirfeld ankommt, zeigt es

←

Die seltsam geformten Salzgrotten des Valle de la Luna

↑ *Bei Dämmerung färbt sich der Himmel über dem Salar de Atacama violett*

sich von seiner beeindruckendsten Seite: Es grollt und grummelt, ächzt und stöhnt, bis die Dampffontänen schließlich lautstark in die Höhe schießen. Die halbtägigen Ausflüge zu den Géiseres del Tatio enden mit einem Bad in heißen Schwefelquellen. Bei ganztägigen Touren fährt man weiter nach Calama und besichtigt Caspana, Chiu Chiu und die Pukará de Lasana, bevor man wieder nach San Pedro de Atacama zurückkehrt.

25

Salar de Tara

D3 100 km östl. von San Pedro de Atacama; Reserva Nacional Los Flamencos Control de CONAF conaf.cl

Ein Abenteuer ist die anstrengende, aber einmalige Tour von San Pedro de Atacama zum Salar de Tara auf 4300 Meter Höhe. Trotz der Mühen wollen es viele Besucher nicht missen.

Schattenlose Pisten führen zur atemberaubenden weißen Salzpfanne des Salar de Tara, in dem Seen wie Edelsteine leuchten. In der grünen Vegetation leben zahlreiche Wildtiere. Am Ufer rasten unter anderem Flamingos aller drei Arten, die in Chile vorkommen, Rüsselblesshühner und Andengänse. Am Rand des Salar de Tara kann man Vicuña-Herden beim Grasen sehen. Tourbesucher sehen auch die Catedral de Tara, eine riesige Felswand inmitten der Wüste, die einst von einem alten Vulkankrater umgeben war, und die Monjes de la Pacana, Felsformationen, die durch Winderosion geformt wurden.

26

Salar de Atacama

C3 25 km südl. von San Pedro de Atacama; RN Los Flamencos Control de CONAF, Sector Soncor conaf.cl

Der Salar de Atacama bedeckt 3000 Quadratkilometer – die größte Salztonebene Chiles und zugleich die drittgrößte der Welt. Auf 2350 Meter liegt sie in einer riesigen Senke zwischen der Cordillera Domeyko und den Anden. Der *salar* bildete sich, als die Seen der Senke verdunsteten und auf der ebenen Fläche eine dicke, silbergraue Salzkruste hinterließen. Der Salar de Atacama ist nicht gleißend weiß wie andere Salzpfannen der Region, mit seinen tiefblauen Seen jedoch von bizarrer Schönheit. Die Laguna Céjar hat einen solch hohen Salzgehalt, dass Badende bewegungslos darin treiben können. An der seichten Laguna Chaxa faszinieren die Vulkankulisse, die Flamingo-Population und die farbenprächtigen Sonnenuntergänge.

Gleich östlich liegen auf 4000 Meter Höhe die Laguna Miscanti, Laguna Miñeques und Laguna Lejía, ein Mekka für Vogelfreunde. Ebenfalls östlich des *salar* kann man in den Oasendörfern Toconao, Peine und Socaire frühkoloniale Kirchen, Prä-Inka-Ruinen und Petroglyphen bewundern.

Der Salar de Atacama bedeckt 3000 Quadratkilometer – die größte Salztonebene Chiles und zugleich die drittgrößte der Welt.

27 Observatorio de Cerro Paranal

B3 120 km südl. von Antofagasta; Cerro Paranal, Ruta B-710 +56 55 243 53 35 Führungen: Sa 10, 14 (vorab buchen) eso.org

Das Observatorio de Cerro Paranal ist eine der modernsten astronomischen Anlagen der Welt, ein futuristischer Komplex aus weißen Gebäuden mit klaren Linien und runden Kuppeln. Es steht in 2600 Meter Höhe auf dem Cerro Paranal und wird vom European Southern Observatory (ESO) geleitet. Seine Hauptattraktion ist das Very Large Telescope (VLT). Dieses extrem starke optische Instrument besteht aus vier separaten Teleskopen, die zusammen eine gigantische Linse mit 200 Meter Durchmesser bilden. Sie gibt Objekte vier Milliarden Mal deutlicher zu erkennen als das menschliche Auge. Theoretisch könnte Sie die Lichter eines Autos auf dem Mond als getrennte Lichtquellen sehen. Die zweistündigen Führungen umfassen eine astronomische Präsentation sowie Besichtigungen des VLT und dessen Kontrollzentrum. Szenen des James-Bond-Films *Ein Quantum Trost* (2008) wurden hier gedreht.

Schon gewusst?

Norte Grande umfasst 25 Prozent des Festlands, aber nur fünf Prozent der Bevölkerung.

28 Antofagasta

B3 348 000 313 km südwestl. von San Pedro de Atacama Aeropuerto Cerro Moreno Avenida Prat 384; +56 55 245 18 20 El Día del Aniversario (Feb) municipalidad antofagasta.cl

Von der alten Hafenstadt Antofagasta aus werden Metalle und Mineralien aus der Atacama-Wüste über das Meer verschifft. Die 1869 gegründete Stadt gehörte zu Bolivien, bis sie im Salpeterkrieg an Chile fiel. Von hier wurden Silber, Salpeter und ab 1915 Kupfer von der Chuquicamata-Mine *(siehe S. 183)* verschifft. In den 1930er Jahren war Antofagasta Chiles modernste Stadt, heute wirkt es etwas vernachlässigt, besitzt aber noch viel Charme.

Im Zentrum steht an der Plaza Colón die neogotische Kathedrale von 1917. Der Uhrturm auf der Plaza, 1910 von der englischen Gemeinde gespendet, erinnert an den britischen Einfluss in Antofagasta. Gleich nördlich der Plaza besitzt das **Museo Regional de Antofagasta** im alten Zollhaus von 1869 über 9000 Exponate, darunter Fossilien aus der Region, Objekte aus den alten Nitratminen und alte Möbel.

Am Ende derselben Straße liegt die **Ex-Estación El Ferrocarril de Antofagasta a Bolivia**. Der stillgelegte Bahnhof wurde 1873 mit britischem Kapital erbaut und war die Endstation der Eisenbahnstrecke Antofagasta –

→ *Die Kuppeln des Observatorio de Cerro Paranal*

Bolivien. Hier sieht man schottische Dampfzüge, englische Uhren und rote Telefonzellen. Noch heute passieren die mit Kupfer aus der Chuquicamata-Mine beladenen Züge den Bahnhof auf ihrem Weg zum Hafen. Ebenfalls in Hafennähe liegen die Salpeterwerft Muelle Histórico Salitrero von 1872 und Antofagastas Fischmarkt, der Mercado de Pescado.

Acht Kilometer südlich des Stadtzentrums stehen die riesigen steinernen Überreste einer Silberraffinerie aus den Jahren 1888 bis 1892. Die faszinierenden **Ruinas de Huanchaca** liegen als intakte Anlage auf Terrassen an einem Wüstenhang. Zu sehen sind etwa eine steile zentrale Treppe, ein runder Turm, enge Passagen und Reihen steinerner Lagerhäuser. Das Casino Enjoy Antofagasta gegenüber der Anlage organisiert Besichtigungstouren (auch nachts). Der Casino-Bau bildet mit rundem Turm und gestufter Fassade das glamouröse Gegenstück zu den Ruinen und verschafft der Stätte eine pseudoaztekische Symmetrie. Das Museum präsentiert Objekte aus Geologie, Archäologie und Anthropologie, u.a. alte Maschinen zur Silberraffination.

Museo Regional de Antofagasta
Balmaceda 2786 +56 55 222 70 16 Di–Fr 9–17:30, Sa, So 11–14:30 museodeantofagasta.cl

Ex-Estación El Ferrocarril de Antofagasta a Bolivia
Bolívar 255 +56 55 220 61 00 Fr 17–18, Sa, So 10–13, 15–18 fcab.cl

Ruinas de Huanchaca
Avenida Angamos 01606 +56 55 241 78 60 von Antofagasta Di–So 10–17 ruinasdehuanchaca.cl

29

La Portada

B3 116 km nördl. von Antofagasta; Ruta 5, Lado Norte von Antofagasta tägl. conaf.cl

Der Felsbogen La Portada (Das Tor) entstand in über sieben Millionen Jahren durch Erosion. An der malerischen Küste ist er von zwei Wanderwegen aus zu sehen. Der eine verläuft auf der Höhe der Klippen mit Blick auf den Bogen und die Küste, der andere führt von den Klippen hinab über Strände zum Fuß des Bogens.

↑ *Der natürliche Felsbogen La Portada ist ideal für Fotos*

Sternegucken in der Atacama

Fast nirgendwo ist der Himmel so klar wie über Chiles Wüste, ideal für die modernsten Observatorien der Welt, darunter Einrichtungen am Cerro Mamalluca *(siehe S. 174f)* und am Cerro Paranal. Die Besucher können bei Anbruch der Nacht in die Wüste fahren und durch ein Teleskop die Sternenwelt betrachten. In der Region werden Touren angeboten, bei denen Führer Informationen geben und auf Stern- und Planetenformationen hinweisen, die Milliarden von Lichtjahren entfernt sind.

↑ *Copiapós schöne neoklassizistische Iglesia de San Francisco*

30

Copiapó

B4 158 000 566 km südl. von Antofagasta Sernatur, Los Carrera 691; +56 52 223 15 10 Festival de la Virgen de la Candelaria (Feb) copiapo.cl

Copiapós Attraktionen stehen in Zusammenhang mit dem Silberbergbau, ansonsten bietet die Hauptstadt der Region Atacama nicht viel. 1832 entdeckte hier der Maultiertreiber Juan Godoy als Erster Silber. Seine Statue steht auf der Plaza vor der Iglesia de San Francisco (1872) mit verzierten Gemälden. Chiles erste, heute stillgelegte Eisenbahn transportierte ab 1851 das Silber von Copiapó zum Hafen von Caldera.

Anfang 2015 beschädigten schwere Sturzfluten und Schlammlawinen einige der schönen alten Holzgebäude entlang der Avenida Manuel Matta.

An der zentralen Plaza steht die hölzerne klassizistische Kathedrale von 1851 mit dem ungewöhnlichen dreistufigen Glockenturm. Im Westen der Stadt wurde der prächtige georgische Palacio Viña de Cristo 1860 für einen Silberbaron erbaut. Das **Museo Mineralógico** und das **Museo Regional de Atacama** widmen sich der Geschichte und den Bodenschätzen der Region.

Museo Mineralógico
Colipi 333
+56 52 220 66 06
Mo–Fr 9–12:50, 15–18

Museo Regional de Atacama
Atacama 98
+56 52 221 23 13
Mo–Fr 9–17:45, Sa 10–12:15, 15–17:45, So 10–13:15
museodeatacama.cl

31

Caldera

B4 14 000 80 km westl. von Copiapó Plaza Carlos Condell; +56 52 231 60 76 Sa La Fiesta de Recreación (Mitte Juli) caldera.cl

Von der bunten Hafenstadt Caldera aus wurde ab dem späten 19. Jahrhundert das Silber verschifft, das mit der Eisenbahn von Copiapó transportiert wurde. Heute lockt sie mit einer malerischen Uferfront am glitzernden Ozean und mit idyllischen Stränden. An der Uferfront liegen der Fischerhafen und der Mercado de Pescado (Fischmarkt). Zahlreiche Essensstände locken mit frischen Fischspezialitäten.

Daneben präsentiert das **Museo Paleontológico** in Calderas altem Bahnhof von 1850 riesige Meeresfossilien, darunter einen zehn Millionen Jahre alten versteiner-

Rettung von 33 Bergarbeitern in San José

Am 5. August 2010 wurden 33 Minenarbeiter in der Gold- und Kupfermine San José bei Copiapó nach einem Einsturz rund 700 Meter unter der Erde eingeschlossen. Ihre Familien drängten Unternehmen und Behörden, weiter nach ihren Angehörigen zu suchen. 17 Tage später fanden die Rettungsmannschaften einen Bohrkopf mit der Notiz: »Es geht uns im Schutzraum gut – die 33.« Die Geschichte erregte internationale Aufmerksamkeit, und schließlich wurden die Männer nach 69 Tagen im Untergrund am 13. Oktober sicher an die Oberfläche gebracht.

ten Walschädel. Das rote neoklassizistische Herrenhaus **Casa Tornini**, einst Heimat einer italienischen Einwandererfamilie, wurde in den 1890er Jahren erbaut. Bei Führungen sieht man die Originaleinrichtung der Familie. Gelegentlich finden hier auch Kunstausstellungen statt.

Umgebung: Südlich von Caldera liegt Nordchiles schönster Strand, die **Bahía Inglesa**. Die »Englische Bucht« heißt nach den englischen Piraten und Korsaren, die hier im 17. Jahrhundert zu ankern pflegten. Der lange weiße Sandstrand liegt geschützt an einem türkisfarbenen Meer und ist nur mit ein paar vereinzelten gehobenen Hotels und Restaurants bebaut.

Museo Paleontológico
Centro Cultural Estación Caldera, Wheelwright s/n +56 52 253 56 04 Di–Fr 10–17, Sa, So 11–18 museo paleontologicocaldera.com

Casa Tornini
Paseo Gana 210 +56 52 231 79 30 tägl. 11:30–16:30 (Jan, Feb: tägl. 12–20)

Bahía Inglesa
6 km südl. von Caldera
neben dem Hotel Rocas de Bahía
bahiainglesachile.com

32

Parque Nacional Pan de Azúcar

B4 194 km nordwestl. von Copiapó; Ruta C-120, km 27 ab Chañaral Di–So 9–12, 14–17 conaf.cl

Der 438 Quadratkilometer große Park schützt seit 1985 die Küstenwüste. Die beeindruckende Küste mit langen Stränden, geschützten Buchten und steilen Sandklippen bietet einer großartigen Tierwelt Zuflucht. Hier lassen sich Delfine, Seelöwen, Humboldt-Pinguine, Möwen, Kormorane und Pelikane beobachten.

Vor der Küste leben auf der Isla Pan de Azúcar Pinguine und andere Seevögel, die Insel ist auf Bootsausflügen zu erreichen. Im malerischen Fischerort Caleta Pan de Azúcar stehen Zeltplätze und Hütten zur Verfügung. Weiter im Inland sind Guanakos, Füchse, Adler, Kondore und über 20 Kaktusarten zu sehen. Landschaftliche Höhepunkte sind zweifellos die Schluchten Quebrada del Castillo und Quebrada Pan de Azúcar sowie die Aussichtspunkte Mirador und Las Lomitas.

Restaurant

Legado
Das Lokal war während der Rettung der Bergleute 2010 bei Journalisten beliebt. Heute ist es hier ruhiger, aber das Essen bleibt anspruchsvoll. Viele Wildgerichte.

B4 O'Higgins 12, Copiapó So
+56 52 254 17 76
$$

Küstenlinie und Humboldt-Pinguine (Detail) *im Parque Nacional Pan de Azúcar* ↓

33

Parque Nacional Nevado de Tres Cruces

C4 151 km östl. von Copiapó tägl. 8:30–18 CONAF, Laguna del Negro Francisco conaf.cl

Der abgelegene, aber faszinierende Nationalpark bewahrt rund 590 Quadratkilometer Altiplano-Wildnis mit blauen Seen, schneebedeckten Vulkanen und vielen heimischen Wildtieren. Die meisten Besucher fahren in den Nordsektor, wo rund um die tiefblaue salzige Laguna Santa Rosa in einer Senke die verschneiten Gipfel des Nevado de Tres Cruces aufragen. Ganz in der Nähe erstreckt sich mit dem blendend weißen Salar de Maricunga Chiles südlichste Salzpfanne.

Eine Piste für Geländewagen führt von der Laguna Santa Rosa in den weniger besuchten Südteil des Parks. Im wunderbar klaren Wasser der Laguna del Negro Francisco spiegelt sich der Kegel des Volcán Copiapó. Am See leben nicht nur alle drei in Chile vorhandenen Flamingoarten, sondern rund 30 weitere Vogelarten sowie leicht zu beobachtende Säugetiere wie Vicuñas, Guanakos, Viscachas und Andenschakale. Wanderwege führen rund um die Laguna Santa Rosa und die Laguna del Negro Francisco, wo ein CONAF-*refugio* zwölf Betten und Duschen bietet.

Das Wasser der 4200 Meter hoch in den Anden gelegenen atemberaubend schönen Laguna Verde wechselt je nach Licht und Tageszeit die Schattierungen seiner Grün- und Türkistöne.

34

Ovalle

B5 107 000 86 km südl. von La Serena Victoria, Ecke Independencia; +56 53 262 21 08 La Fiesta de Vendimia (März)

Nur wenige Reisende kommen in das fruchtbare Valle del Limarí, dessen Plantagen und Felder zu einem großen Teil den ariden Norte Chico versorgen. Ovalle, eine kleine Stadt, die von interessanten einfarbigen Gipfeln umgeben ist, ist die größte Siedlung des Tals. Hier verkaufen Bauern täglich auf dem Stadtmarkt Feria Modelo de Ovalle *(siehe S. 191)* ihre Produkte – von Ziegenkäse bis Fisch.

Im Stadtzentrum steht seit 1888 die im Inneren reich ausgestaltete Iglesia de San Vicente Ferrer mit dem hohen Glockenturm an der baumbestandenen Plaza. Das hervorragende **Museo del Limarí** präsentiert präkolumbische Exponate aus der Umgebung und Chiles beste Sammlung von Diaguita-Keramiken (1000–1536 n. Chr.).

Umgebung: Ovalle ist die ideale Basis für Ausflüge zu den Weingütern und Dörfern des Valle del Limarí. Westlich der Stadt liegt das malerische Oasendorf Barraza mit Adobe-Gassen und einer Kirche von 1681, in deren Wände die Gräber der ehemaligen Priester eingemauert sind. Ebenfalls im Westen bieten die Weingüter **Viña Tabalí** und **Viña Ocho Tierras** Besichtigungen und Weinproben. Die Region ist für ihren Weißwein bekannt.

Museo del Limarí

Covarrubias, Ecke Antofagasta, Ovalle +56 53 243 36 80 Di–Fr 10–18, Sa, So 10–14 museolimari.gob.cl

Viña Tabalí
Hacienda Santa Rosa de Tabalí, Ruta Valle del Encanto +56 2 2477 55 35 So–Fr 8:30–17, Sa 11–16 tabali.com

Viña Ocho Tierras
Ruta D-505, km 11
+56 53 262 62 11
Mo Fr 10–17, Sa 11–16
ochotierras.cl

35

Laguna Verde

C4 265 km nordöstl. von Copiapó Okt–März Sernatur, Los Carrera 691, Copiapó; +56 52 221 28 38

Das Wasser der 4200 Meter hoch in den Anden gelegenen atemberaubend schönen Laguna Verde wechselt je nach Licht und Tageszeit die Schattierungen seiner Grün- und Türkistöne. Am Westufer bieten rustikale Thermalquellen herrliche Entspannung. Rund um das Gebiet stehen beeindruckende Vulkane wie der El Muerto, Peña Blanca, Incahuasi, Barrancas Blancas und Vicuñas. Das Weiß ihrer schneebedeckten Gipfel und das Braun, Rot und Ocker ihrer Flanken ergänzen die Palette der stark kontrastierenden Farben des Gebiets. Die meisten der Gipfel sind nur schwer zu besteigen. Zu den in der Region lebenden Tieren zählen Flamingos, Enten, Füchse und Rüsselblesshühner, die sich alle an die extremen Temperaturen der Wüstenumgebung angepasst haben.

Der 6893 Meter hohe Volcán Ojos del Salado ragt über das südliche Becken der Laguna Verde auf. Dieser höchste Vulkan der Welt ist zugleich Chiles höchster Berg. Der Aufstieg ist zwar nicht schwierig, jedoch anstrengend und nur mit einer Genehmigung des chilenischen Auswärtigen Amts erlaubt. Die beste Zeit für eine Besteigung des Vulkans ist zwischen Dezember und Ende März, und der einfachste Weg nach oben ist von der chilenischen Seite aus. Es gibt auf mehreren Ebenen Schutzhütten.

36

Reserva Nacional Pingüino de Humboldt

B5 87 km nördl. von La Serena Mi–So 8:30–16 CONAF am Parkeingang conaf.cl

Das 888 Hektar große Reservat, das nach den hier brütenden Humboldt-Pinguinen benannt ist, besteht aus drei Inseln. Das Areal ist ein beliebter Tagesausflug von La Serena.

Über 12 000 Paare der gefährdeten Pinguinart nisten in dem Reservat, insbesondere auf der Isla Choros. Zodiac bietet Bootstouren an, die eine Landung auf der leichter zugänglichen Isla Damas ermöglichen. Aus Gründen des Naturschutzes wird Besuchern empfohlen, sich an die festgelegten Wege zu halten und die Vögel nicht zu stören. Vom Boot aus kann man die Seelöwenkolonie hören und riechen. Oft sieht man auch Tümmler und Seeotter.

Shopping

Feria Modelo de Ovalle

Bauern aus der ganzen Region kommen auf diesen Markt, um ihre Waren zu verkaufen. Man kann leicht ein paar Stunden an den bunten Ständen verbringen.

B5 Ecke Avenida la Feria und Benavente, Ovalle

↑ *Straße, die zum unberührten türkisfarbenen Wasser des Laguna Verde führt*

Nachbildung eines Dinosauriers im Monumento Natural Pichasca ↑

37

Monumento Natural Pichasca

B5 55 km nordöstl. von Ovalle, Valle del Limarí +56 9 8923 00 10 von Ovalle bis 5 km vor dem Eingang tägl. 9–16 conaf.cl

Das Monumento Natural Pichasca schützt zahlreiche archäologische und paläontologische Schätze, darunter einen versteinerten Wald, riesige Dinosaurierfossilien und 11000 Jahre alte Felsbilder. In dem Gebiet lebten um 8000 v. Chr. Jäger-Sammler-Gruppen. Die Touren beginnen am Besucherzentrum, das über die Tier- und Pflanzenwelt sowie die Vor- und Frühgeschichte des Gebiets informiert. Von dort führt ein Weg durch die Stätte und zu Nachbildungen von Dinosauriern, die die Region einst durchstreiften.

Schöne Aussicht
Bergblick

Um die Aussicht auf die Berge (und ein kühleres Klima) zu genießen, fahren Sie 35 Kilometer vom Monumento Natural Pichasca zum Oasendorf Hurtado in 1200 Meter Höhe.

38

Monumento Nacional Valle del Encanto

B5 25 km südwestl. von Ovalle; D45, Valle del Encanto +56 9 468 54 00 von Ovalle bis 5 km vor dem Eingang tägl. 8:30–18:30 (Jan, Feb: bis 20)

Den alten Zeremonial- und Jagdgrund zieren Chiles schönste Petroglyphen der El-Molle-Kultur. Von einem markierten Rundweg sieht man über 30 Felsbilder, die um 700 n. Chr. mit scharfen Steinen in den Fels geritzt wurden – meist Strichzeichnungen mit menschlichen, zoomorphen, abstrakten und geometrischen Formen. Die besonders interessanten menschlichen Darstellungen zeigen Familien in verschiedenen Posen, deren Finger nach oben zur Sonne und nach unten auf Mutter Erde deuten. Die abgebildeten Schamanen und Götter sind mit Tiara und Kopfputz geschmückt. Die Petroglyphen wirken am meisten im Licht der Mittagssonne.

Ein weiteres geheimnisvolles Glanzlicht der Stätte sind die *piedras tacitas* – flache Steinplatten, auf denen große Muster aus identischen runden, tiefen Löchern bestimmten Sternenkonstellationen entsprechen. Experten vermuten, dass sie zur Zubereitung von Halluzinogenen oder für Opferhandlungen verwendet wurden oder mit Wasser gefüllt die Sternbilder auf der Erde widerspiegeln sollten.

Motorradfahrer im Parque Nacional Bosque Fray Jorge →

39 Termas de Socos

B5 · 38 km südwestl. von Ovalle; Panamericana Norte, km 370 · +56 2 2236 3336 · Spa: tägl. 8:30–19 · termasocos.cl

Zwischen den Canyons des Valle del Limarí heißt das Thermalbad Termas de Socos Tages- und Übernachtungsgäste willkommen. Zum Angebot des Betriebs gehören Massagen, Saunen, Thermalbäder und ein Pool zwischen Kakteen, Pfeffer- und Eukalyptusbäumen. Das Flair ist ländlich-kultiviert: Vom Pool blickt man zu felsigen Canyons, im weitläufigen Park schwirren Kolibris umher. Die Gäste schlafen in komfortablen Räumen. Preiswerter ist der Campingplatz mit eigenen Thermalbädern. Das Personal organisiert Touren zum Monumento Nacional Valle del Encanto und Parque Nacional Bosque de Fray Jorge. Nachts bewundert man vom Observatorium des Spas oberhalb des Canyons die Sterne.

40 Parque Nacional Bosque Fray Jorge

B5 · 90 km westl. von Ovalle; Ruta Patrimonial, km 26 · +56 9 9346 2706 · Apr–Nov: Do–So 9–17:30; Dez–März: tägl. 8:30–17 · CONAF am Parkeingang · conaf.cl

Die Hauptattraktion dieses UNESCO-Biosphärenreservats ist der Rest eines Valdivianischen Regenwalds. Er ist ein Überbleibsel des gemäßigten Regenwaldes, der vor rund 30 000 Jahren den ganzen Norte Chico bedeckte, bevor sich die Atacama nach Süden ausdehnte. Der dichteste Waldabschnitt erstreckt sich über die westlichen Hänge der Küstenberge. Der Wald konnte hier nur dank der starken Niederschläge an der Bergspitze überleben: Rund 120 Zentimeter Regen fällt hier jährlich im Vergleich zu zehn Zentimeter im semiariden Tiefland östlich des Bergs. Am schönsten ist der Park zwischen Oktober und Dezember, wenn der Waldboden nach Regenfällen mit Blumen bedeckt ist.

Vom Parkeingang, wo ein CONAF-Zentrum über die Flora des Gebiets informiert, führen eine Autoroute und ein zehn Kilometer langer Wanderweg zum Gipfel. Dort durchquert ein kurzer Plankenweg den dichten Wald. Am schönsten ist die Tour am Vormittag, wenn der Wald noch nebelverhangen ist.

> **Am schönsten ist der Parque Nacional Bosque Fray Jorge zwischen Oktober und Dezember, wenn der Waldboden nach Regenfällen mit Blumen bedeckt ist.**

Bunte Pfahlhäuser (palafitos) an der Uferfront von Castro (siehe S. 222f)

Seenregion und Chiloé

Zahlreiche blaue Seen erstrecken sich in der ganzen Seenregion zwischen smaragdgrünen Wäldern, schwelenden Vulkanen, blubbernden Thermalquellen, rauschenden Flüssen und Wasserfällen. Südlich des Gebiets lockt, durch einen schmalen Kanal vom Festland getrennt, der bezaubernde Archipel Chiloé mit nebligen Buchten, bunten *palafitos* und historischen Jesuitenkirchen. Die Seenregion wird im Norden durch den Río Bío Bío und im Süden durch den Canal de Chacao begrenzt. Der Meereskanal trennt das Gebiet vom Chiloé-Archipel.

In präkolumbischer Zeit lebten in der Seenregion Mapuche-Gruppen und auf Chiloé die seefahrenden Chono. 1522 drangen die Spanier in die Region vor und gründeten die heute größten Städte des Gebiets, darunter Valdivia, Villarrica und Osorno. Die Region blieb jedoch eine Hochburg der Mapuche, bis Chile nach der Unabhängigkeit im Arauco-Krieg den Widerstand der indigenen Völker erstickte. Bei den Auseinandersetzungen starben Tausende von Mapuche, die Überlebenden wurden gezwungen, sich in kleinen Reservaten im Süden der Region niederzulassen. Ihr Land wurde europäischen Einwanderern – vor allem deutschen Siedlern – angeboten. Die daraus resultierenden ethnischen Spannungen dauern bis heute an.

Ende des 19. Jahrhunderts beflügelte der Eisenbahnbau die Land- und Waldwirtschaft und die Häfen des Gebiets. Temuco stieg zum wichtigsten Handelsplatz der Seenregion auf. Im Chiloé-Archipel bildet der Fischfang (vor allem Lachszucht) seit je die wirtschaftliche Grundlage. Heute kurbelt dazu der Fremdenverkehr in der Seenregion und auf Chiloé die Wirtschaft an.

Seenregion und Chiloé

Highlights

1. Parque Nacional Conguillío
2. Valdivia
3. Parque Nacional Villarrica
4. Parque Nacional Vicente Pérez Rosales

Sehenswürdigkeiten

5. Temuco
6. Termas de Malalcahuello
7. Parque Nacional Tolhuaca
8. Centro de Ski Corralco
9. Puerto Montt
10. Nevados de Sollipulli
11. Lago Caburgua
12. Ojos del Caburgua
13. Villarrica
14. Coñaripe
15. Santuario El Cañi
16. Santuario de la Naturaleza Carlos Anwandter
17. Parque Nacional Huerquehue
18. Panguipulli
19. Licán Ray
20. Pucón
21. Reserva Biológica Huilo-Huilo
22. Parque Nacional Puyehue
23. Lago Ranco
24. Termas de Puyehue
25. Osorno
26. Lago Llanquihue
27. Puerto Octay
28. Puerto Varas
29. Frutillar
30. Ancud
31. Monumento Natural Islotes de Puñihuil
32. Dalcahue
33. Parque Nacional Chiloé
34. Castro
35. Curaco de Vélez
36. Achao
37. Chonchi
38. Quellón
39. Parque Tantauco

Valle Central
Seiten 114–149
Renaico
Mulchén
Angol
Volcán Copahue 2979 m
Trintre
Collipulli
Parque Nacional Tolhuaca 7
Volcán Tolhuaca 2805 m
Victoria
8 Centro de Ski Corralco
Traiguén
Curacautín
6 Termas de Malalcahuello
Tirúa
ARAUCANÍA
Parque Nacional Conguillío 1
Lautaro
Cherquenco
Volcán Llaima 3125 m
Carahue
Temuco 5
Melipeuco
Puerto Saavedra
La Araucanía International Airport
Cunco
10 Nevados de Sollipulli
Freire
Puerto Domínguez
Lago Caburgua 11
17 Parque Nacional Huerquehue
Ojos de Caburgua 12
15 Santuario El Cañi
Hualpín
Villarrica 13
20
Pucón
Curarrehue
Licán Ray 19
3 Parque Nacional Villarrica
Mehuín
Lanco
Lago Calafquén
14 Coñaripe
Pichoy Airport
Panguipulli 18
Máfil
Santuario de la Naturaleza Carlos Anwandter 16
Lago Panguipulli
Riñihue
Neltume
21 Reserva Biológica Huilo-Huilo
Valdivia 2
Lago Riñihue
Los Lagos
Corral
Volcán Mocho Choshuenco 2414 m
Futrono
Paillaco
San Martín de los Andes
LOS LAGOS
Lago Ranco
La Unión
23 Lago Ranco
ARGENTINIEN
Río Bueno
San Pablo
Volcán Puyehue 2236 m
Osorno 25
Lago Puyehue
22 Parque Nacional Puyehue
Maicolpué
Cañal Bajo Carlos Hott Siebert Airport
Entre Lagos
24
Volcán Casablanca 1990 m
Termas de Puyehue
Puerto Octay
Purranque
27
Volcán Osorno 2652 m
Bariloche
Volcán Tronador 3460 m
Frutillar 29
Petrohué
26 Lago Llanquihue
4 Parque Nacional Vicente Pérez Rosales
Fresia
Llanquihue
Puerto Varas 28
Ralún
El Tepual Airport
9 Puerto Montt
La Arena
Maullín
Calbuco
Pargua
Ancud
Chacao
30
Nordpatagonien
Seiten 228–247
El Bolsón
Monumento Natural Islotes de Puñihuil 31
Golfo de Ancud
Quemchi
Degán
Quicaví
Dalcahue 32
35 Curaco de Vélez
Castro 34
36 Achao
Caleta Gonzalo
Parque Nacional Chiloé 33
Rilán
Chonchi 37
Aituy
Esquel
Parque Nacional Los Alerces
Chaitén
Queilen
Isla Grande de Chiloé
Futaleufú
Parque Tantauco
38 Quellón
Lago Yelcho
39
Golfo de Corcovado
Inio
0 Kilometer 60
N

1

Parque Nacional Conguillío

F1 · 120 km östl. von Temuco · von Temuco. Taxi von Melipeuco und Curacautín · CONAF, Sector del Lago Conguillío; +56 45 229 82 10; Apr – Mitte Dez: Do – So 8:30 – 17:30; Mitte Dez – März: tägl. 8:30 – 18:15 (vorher buchen) · conaf.cl

Der Parque Nacional Conguillío mit seinen Araukarienbäumen, tiefen Schluchten, alpinen Seen und heimischen Wäldern ist das ganze Jahr über ein idealer Ort für Besucher. Der Nationalpark bietet Bergpfade für Wanderer, tiefen Schnee für Skifahrer und eine Fülle von Wildtieren für Naturliebhaber.

Der Parque Nacional Conguillío zählt zu den herrlichsten Naturgebieten der Seenregion – eine 609 Quadratkilometer große vulkanische Wildnis, über der der rauchende Kegel des 3125 Meter hohen Volcán Llaima majestätisch aufragt. Rund um den mächtigen Berg erstreckt sich eine vielfältige Landschaft mit Araukarienwäldern, Bergketten, klaren Seen und tiefen Tälern, die von schartigen Lavaflüssen gezeichnet sind. Im Park leben zahlreiche Wildtiere, darunter Pumas, Wildkatzen, Füchse, Spechte, Falken und Kondore. Während des ganzen Jahres lockt der Park Besuchermengen mit großartigen Wanderwegen, Skipisten an Vulkanen und Bootsfahrten über Seen.

Den Park entdecken

Die zwei Sektoren des Parque Nacional Conguillío liegen zu beiden Seiten des Volcán Llaima. Im westlichen Sector Los Paraguas kann man im Winter Ski fahren, im größeren östlichen Sector del Lago Conguillío unter anderem auf dem beliebten Sendero Sierra Nevada wunderbar wandern. Diesen Sektor erreicht man von Melipeuco im Süden und Curacautín im Norden. Wegen starker Schneefälle ist er in der Regel von Mai bis September unpassierbar.

Der Zorn des Volcán Llaima

Der oft rauchende Llaima ist neben dem Villarrica *(siehe S. 202f)* Chiles aktivster Vulkan. Mehr als 40 Ausbrüche sind seit 1640 verzeichnet – die Landschaft des Parque Nacional Conguillío wurde vor allem durch seine Lava geformt. Seine Eruptionen von 2008/09 verursachten 3000 Meter hohe Rauchsäulen, erzwangen die Evakuierung von Dörfern und schleuderten Asche bis Argentinien. Im Lauf der Jahre blockierten Lavaströme Flüsse und verwandelten Wälder in Seen. Andernorts erstreckt sich seine kahle Lava an der Stelle grüner Wälder.

Blick über den Lago Conguillío auf den Volcán Llaima →

Wanderer auf dem Sendero Sierra Nevada ↑

Eine Eidechse auf einem Lavastein →

Highlight

→ Boote am Ufer des Río Valdivia in der Nähe des Mercado Fluvial

2

Valdivia

F2 · 150 000 · 162 km südwestl. von Temuco · · · Pérez Rosales 619; +56 63 221 55 85 · La Noche de Valdivia (3. Sa im Feb), Festival Internacional de Cine Valdivia (Mitte Okt) · welcomechile.com/valdivia

Valdivia, das sich an den Ufern von drei Flüssen erstreckt, war über 200 Jahre lang in der Hand der Spanier. 1960 verwüstete ein Erdbeben Valdivia, aber heute ist es eine lebendige Stadt, deren Flussufer schöne Museen und deutsche Architektur aus dem 19. Jahrhundert säumen.

①
Mercado Fluvial

Avenida Arturo Prat s/n
tägl. 8–16

Am Río Valdivia vermittelt der Fischmarkt eine farbenfrohe Momentaufnahme vom Alltag an der Küste und deren Hauptindustrie. Händler säubern die frischen Fische, während Krebse in Kisten übereinanderkrabbeln, Seelöwen am Wasser um Abfälle betteln und über dem ganzen Chaos Hunderte kreischende Seevögel kreisen. Ringsum servieren Lokale günstige Fischspezialitäten.

②
Centro Cultural El Austral

Yungay 733 · +56 63 221 36 58 · Di–Fr 10–18
centro-cultural-el-austral.negocio.site

Valdivias Centro Cultural El Austral residiert in einem schön restaurierten Haus aus der Ära, in der deutsche Siedler in die Seenregion strömten. Das Haus wurde in den 1870er Jahren für eine Siedlerfamilie aus einheimischem Holz und im Stil einer deutschen Villa mit kupfergedecktem Turm erbaut.

Die Wohnräume im Inneren sind mit Jugendstil-Leuchtern, extravaganten Wandspiegeln und eleganten Möbeln aus dem 19. Jahrhundert wunderschön möbliert. In anderen Räumen des Hauses sind zudem Werke zeitgenössischer Künstler zu sehen.

Expertentipp
La Noche de Valdivia

Am dritten Samstag im Februar findet in Valdivia die Noche de Valdivia statt mit einer Flotte schön dekorierter Flussschiffe, Feuerwerken und Fackeln und einer Nacht voller Tanz.

③

Museo de Arte Contemporáneo

Los Laureles s/n, Isla Teja
Zeiten der Website entnehmen **macvaldivia.cl**

Eine ehemalige Brauerei mit einer markanten modernen Glasfassade ist der auffällige postmoderne Sitz von Valdivias Museo de Arte Contemporáneo, meist kurz MAC genannt. Präsentiert werden hier Videokunst, Installationen, Gemälde, Fotografien und Skulpturen von aufstrebenden und etablierten Künstlern aus Chile und anderen Ländern. Die Sammlung ist auf zwei Etagen in ehemaligen Produktionsräumen mit Zementböden und gusseisernen Säulen untergebracht. Überall sind noch die reparierten Schäden des zerstörerischen Erdbebens von 1960 zu sehen.

Das Museum schloss 2019 für eine umfangreiche, mehrere Jahre andauernde Renovierung.

④

Museo Histórico y Antropológico Maurici Van de Maele

Los Laureles s/n, Isla Teja
+56 63 221 28 72
Di–So 10–13, 15–18
museosaustral.cl

Neben dem Museo de Arte Contemporáneo steht das ehemalige Wohnhaus des Gründers von Chiles erster Brauerei, Karl Anwandter (1801–1889). In der Villa des 19. Jahrhunderts zeigt heute das Museo Histórico y Antropológico Mauricio Van de Maele seine Sammlung. Die Räume der Sammlung sind thematisch nach Epochen der Lokalgeschichte von der präkolumbischen Ära bis zum 20. Jahrhundert ausgerichtet. In jedem Saal informiert eine mehrsprachige Tafel über historische Details der jeweiligen Epoche.

In der Sala de Platería Mapuche sind Mapuche-Werkzeuge und Textilien zu bewundern sowie wunderbare Schmuckstücke – Silber gilt bei den Mapuche als Macht- und Prestigesymbol. Den Nachlass von Thomas Cochrane (1775–1860) zeigt die Sala Lord Cochrane. Der britische Marineoffizier führte im Jahr 1820 den Angriff der chilenischen Marine auf Valdivia, der mit einem Sieg über die Royalisten endete. Einen schön nachgestalteten Salon aus der Kolonialzeit zieren dekorative Wandbehänge, Damasttapeten und ein venezianischer Spiegel.

Highlight

Bar

El Growler
Valdivias beste Bierkneipe hat 15 Zapfhähne mit unterschiedlichen Bieren. Außerdem gibt es großartiges Baressen und interessante vegetarische Optionen.
Saelzer 41
elgrowler.cl
$$$

3

Parque Nacional Villarrica

F2 · 8 km südöstl. von Pucón · Taxi von Pucón · Di–So 8:30–17
CONAF, Lincoyán 336, Pucón; +56 45 244 37 81 · conaf.cl

Die hoch aufragenden Vulkangipfel von Villarrica, Lanín und Quetrupillán erheben sich hoch über dem Parque Nacional Villarrica, einem der beliebtesten Nationalparks Chiles. Neben diesem feurigen Dreigestirn birgt der Park ruhige Seen und rauschende Flüsse, schneebedeckte Berge und üppige Wälder.

Der Parque Nacional Villarrica schützt südlich von Pucón bis zum Grenzgebiet mit Argentinien eine 629 Quadratkilometer große, fantastische Wildnis. Der Kegel des 2847 Meter hohen Volcán Villarrica überragt als Herzstück des Parks eine herrliche Landschaft mit zwei weiteren Vulkanen, mehreren kleinen Seen, steilen Schluchten sowie dichten Südbuchen- und Araukarienwäldern. In dem Gebiet findet eine reiche Tierwelt Zuflucht, darunter auch das seltene Mausopossum. Eruptionen im Februar und März 2015 führten zur Schließung des Parks bis Ende 2016. Die aktuelle vulkanische Aktivität ist auf niedrigem Niveau, wird aber von Wissenschaftlern ständig überwacht.

Den Park entdecken

In allen drei Sektoren des Parks gibt es Wanderwege und eine Rangerstation. Von Pucón erreicht man den westlichen Sektor mit dem Volcán Villarrica und anderen Hauptattraktionen des Parks. Die östlicheren Sektoren sind abgelegen, aber wunderschön. Am wildesten ist der Sektor an der Grenze zu Argentinien.

»Haus des Teufels«

Die Mapuche nennen den hochexplosiven Volcán Villarrica Rucapillán – »Haus des Teufels«. Allein im 20. Jahrhundert brach der Vulkan 18 Mal aus. 1971 zerstörte er fast das nahe Dorf Coñaripe *(siehe S. 212)*. Der letzte heftige Ausbruch wurde 2015 verzeichnet, ein leichterer 2019, doch der Villarrica ist stets aktiv. In seinem rauchenden, zischenden, spuckenden Krater liegt ein aktiver Lavasee.

↑ *Wanderer besteigen den schneebedeckten Volcán Villarrica*

→ *Wanderer erkunden das karge Gelände des Volcán Villarrica*

↑ *Der schneebedeckte Gipfel des majestätischen Volcán Villarrica*

Vulkane

Volcán Villarrica

▷ Die Wanderung auf den Volcán Villarrica ist anstrengend, technisch aber nicht anspruchsvoll. Unterwegs überwindet man eisige Gletscher, rutscht durch Schneetunnels und genießt einen fantastischen Blick auch auf den brodelnden Lavasee des Vulkans.

Volcán Lanín

◁ Der schneebedeckte, kegelförmige Volcán Lanín gehört zu Chile und Argentinien und ist der höchste Vulkan in Südchile. Am besten sieht man ihn auf der spektakulären Wanderung von der Laguna Avutardas zum Lago Quilleihue.

Volcán Quetrupillán

▷ Der schlafende Vulkan mit Schneekappe liegt an der Grenze zwischen den Regionen Los Ríos und La Araucanía in der Nähe des Volcán Villarrica. Sein Name Quetrupillán bedeutet in der Sprache der einheimischen Mapuche »stummer Teufel«.

Schon gewusst?

Charles Darwin war 1835 Zeuge des Ausbruchs des Volcán Osorno.

4

Parque Nacional Vicente Pérez Rosales

F2 · 45 km nordöstl. von Puerto Varas · von Puerto Montt und Puerto Varas via Ensenada und Petrohué · tägl. 9–17 · CONAF, Petrohué; +56 65 221 20 36 · conaf.cl

Chiles ältester Nationalpark, der Parque Nacional Vicente Pérez Rosales, ist eines der wichtigsten Ziele in Los Lagos. Die Seen und die üppigen Wälder ziehen Reiter und Schwimmer, Wanderer und Naturliebhaber an, während die Vulkane hervorragende Panoramablicke bieten und im Winter Skifahrern Pistenspaß bescheren.

Der Parque Nacional Vicente Pérez Rosales schützt bereits seit 1926 eine atemberaubend schöne Landschaft mit hoch aufragenden Vulkanen, klaren Seen, rauschenden Wasserfällen und immergrünen Wäldern. Der Höhepunkt einer Tour durch den Nationalpark ist der perfekte Kegel des aktiven Volcán Osorno. Im Park beeindrucken zudem zwei weitere Vulkane, Tronador und Puntiagudo, sowie der Lago Todos Los Santos und die Saltos de Petrohué. Sie bieten einer reichen Tierwelt mit zahlreichen Vogelarten Zuflucht. Im Park gibt es auch viele Sportmöglichkeiten, darunter Bootsfahrten, Ausritte in den Wäldern, Lavatreks und Skifahren auf den Vulkanhängen.

Den Park entdecken

Die Glanzpunkte des Parque Nacional Vicente Pérez Rosales liegen im Westsektor, den man mit dem eigenen Auto und mit Regionalbussen auf der Straße von Puerto Varas *(siehe S. 218f)* erreicht. In diesem Teil des Nationalparks kann man in den Dörfern Ensenada und Petrohué im Hotel übernachten oder campen. Von Petrohué fahren Katamarane täglich in rund zwei Stunden über den blaugrünen Gletschersee Lago Todos Los Santos in den Peulla genannten östlichen Teil des Nationalparks. In diesem Bereich gibt es ein dichtes Netz an Wanderwegen, von denen einige zu malerischen Wasserfällen führen.

Highlight

↑ *Die spektakulären Saltos de Petrohué vor dem Volcán Osorno*

← *Blick auf den Volcán Tronador bei der Andenüberquerung*

↓ *Grasende Wildpferde nahe dem Volcán Tronador*

Expertentipp
Cruce de los Lagos

Die aufregende Andenüberquerung zwischen den Seenregionen Chiles und Argentiniens führt durch zwei Nationalparks und zu vier Seen. In zwei Tagen gelangt man von Petrohué auf dem Land- und Seeweg nach Bariloche in Argentinien. Unterwegs sieht man vier Vulkane, viele großartige Wasserfälle und vielfältiges Tierleben.

SEHENSWÜRDIGKEITEN

5 Temuco

F2 220 000 620 km südl. von Santiago
Bulnes 590; +56 45 231 28 57 El Show Aniversario de Temuco (Mitte Feb)
temuco.cl

Im Herzen des alten Mapuche-Landes entstand Temuco aus einem Fort des 19. Jahrhunderts. Die Stadt selbst wurde offiziell 1881 gegründet und wuchs durch den Bau der Eisenbahn und europäische Immigranten schnell an. Heute ist Temuco ein Handelszentrum mit geschäftigen Plazas und Museen – und mit farbenprächtigen Märkten von Mapuche-Händlern und -Kunsthandwerkern. Die Stadt ist ein idealer Ausgangsort für Ausflüge in die herrliche Landschaft der Umgebung.

Das **Museo Regional de la Araucanía** in einer Villa von 1924 dokumentiert mit rund 3000 archäologischen, ethnografischen und historischen Exponaten die blutige Geschichte Araukaniens. Es besitzt Chiles beste Mapuche-Sammlung, darunter Webarbeiten und Silberschmuck aus dem 19. Jahrhundert. Zu sehen sind aber auch Feuerwaffen der Konquistadoren, sakrale Objekte aus dem 17. Jahrhundert, alte Fotografien von Temuco und die Rekonstruktion einer *ruca*, einer strohgedeckten Gemeinschaftshütte.

An einer geschützten Flanke des Cerro Ñielol, dem **Monumento Natural Cerro Ñielol**, wächst wie einst in ganz Araucanía artenreicher gemäßigter Regenwald. Lehrpfade führen durch immergrüne Coigüe- und Arrayán-Wälder sowie zu Lagunen mit einer reichen Vogelwelt. Das Denkmal La Patagua del Armisticio erinnert an den Waffenstillstand von 1881 zwischen den Mapuche und der chilenischen Regierung. Dabei gaben die Mapuche Territorium für die Gründung von Temuco frei. Vom Hügel hat man einen schönen Blick auf die Stadt.

Die von Eichen und Palmen beschattete **Plaza Teodoro Schmidt** ist bekannt als Austragungsort der Feria Arte. Die wichtige Kunsthandwerksmesse findet alljährlich im Februar statt und zeigt Holzschnitzereien, Keramikwaren und Webarbeiten von Künstlern aus dem ganzen Land.

↑ *Eine alte Dampflokomotive im Museo Nacional Ferroviario Pablo Neruda*

Restaurant

El Corralero
Wohl das beste Restaurant in Temuco. Das Steakhaus serviert auch einige Fischgerichte. Die Dekoration ist hell und fröhlich, der Service ist ausgezeichnet.

F2 Vicuña Mackenna 811, Temuco
+56 45 240 13 55
$$$

An Temucos Hauptplatz, der **Plaza Aníbal Pinto**, stehen heimische Bäume und exotische Palmen sowie in der Mitte das Monumento a la Araucanía. Die Skulptur aus Bronze und Stein gedenkt der verschiedenen Siedler in der Region. Das Monument wird von der Figur einer *machi* (Mapuche-Schamanin) bekrönt, die von vier Figuren flankiert wird: ein Mapuche-Jäger mit Speer, ein spanischer Konquistador mit Kreuz, ein Soldat des 19. Jahrhunderts und ein hier siedelnder Landwirt. Der Sockel, eine stilisierte Felswand, symbolisiert die Anden.

Temucos Freiluftmarkt **Feria Libre Aníbal Pinto** bietet ein authentisches Erlebnis. Händler bieten hier intensiv duftenden Käse, Kräuter, Gewürze, Gemüse und Obst, darunter *piñones* (Araukariennüsse), *cochayuyo* (getrocknetes Seegras) und *merquén* (Chilipulver), Grundnahrungsmittel der Mapuche, an. Mapuche-Frauen aus den Außenbezirken verkaufen Mehl, Eier und *mote* (geschälter Weizen).

↑ *Spaziergänger auf der Plaza Aníbal Pinto*

In der Mitte des Markts servieren kleine Lokale regionale Spezialitäten wie *pastel de choclo* (Rindfleischpastete mit Zuckermaiskruste) und Meeresfrüchte. Im Außenbereich findet man *Huaso*-Hüte, Steigbügel und Sporen.

Chiles Eisenbahnmuseum **Museo Nacional Ferroviario Pablo Neruda** im alten Sitz der staatlichen Eisenbahn ist eine UNESCO-Welterbestätte. Seine Hauptattraktion ist die alte Casa de Máquinas. Der ovale Lokschuppen wurde 1929–43 für die Wartung der Lokomotiven gebaut, heute stehen hier alte Züge. Der Präsidentenzug z. B. wurde 1920 in Deutschland gefertigt und bis 2004 von allen Präsidenten genutzt – außer von Pinochet. Im opulenten Inneren des Zugs sieht man das Präsidentenabteil, von dem eine versteckte Tür in das Schlafzimmer der Präsidentengattin führt. Im alten Verwaltungsteil hängen sehenswerte historische Fotos.

Das Museum ist nach Temucos berühmtestem Sohn Pablo Neruda *(siehe S. 105)* benannt. Dessen Vater war sein Leben lang bei der Eisenbahn angestellt. Nerudas Oden an Chiles Eisenbahn schmücken die Tafeln in diesem schönen Museum.

Museo Regional de la Araucanía
Avenida Alemania 084 +56 45 274 79 48 Di–Fr 9:30–17:30, Sa 11–17, So 11–14 museoregionalaraucania.gob.cl

Monumento Natural Cerro Ñielol
Avenida Arturo Prat s/n +56 45 229 82 22 tägl. 8–19, (Sa, So 8–21)

Plaza Teodoro Schmidt
Avenida Arturo Prat

Plaza Aníbal Pinto
Avenida Arturo Prat, Ecke Claro Solar

Feria Libre Aníbal Pinto
Avenida Aníbal Pinto, Ecke Balmaceda Mo–Sa 8–18

Museo Nacional Ferroviario Pablo Neruda
Avenida Barros Arana 0565 Di–Fr 9–18, Sa 10–18, So 11–17 (Okt–März: Di–Fr 9–18, Sa, So 10–18) museoferroviariodetemuco.cl

Mapuche-Kultur

Die Mapuche sind die größte indigene Gruppe Chiles. Rund 1,7 Millionen Menschen (neun Prozent der Bevölkerung des Landes) haben ein Mapuche-Erbe. Die größten Gemeinden befinden sich im Seengebiet, in Patagonien und Santiago. Die Mapuche leisteten heftigen Widerstand gegen die spanischen Kolonialherren und kämpfen weiter um ihre Rechte. Im Museo de los Volcanes in der Nähe des Salto del Huilo-Huilo *(siehe S. 215)* erhält man einen Einblick in die wechselvolle Geschichte und in die reiche Kultur der Mapuche anhand von vielfältigen Beispielen ihrer Handwerkskunst.

Tourengeher am Hang eines schneebedeckten Vulkans im Centro de Ski Corralco

6

Termas de Malalcahuello

F1 Ruta Bioceánica H-181, km 86, Región de la Araucanía, Malalcahuello +56 45 197 35 50 tägl. 10–18 malalcahuello.cl

Der moderne Thermalbadkomplex Termas de Malalcahuello liegt in einem dicht bewaldeten Tal am Fuß des 2865 Meter hohen Volcán Lonquimay. Hier heißt man Tages- und Übernachtungsgäste willkommen. Geboten werden drei Hallenthermalbecken, deren stark mineralhaltiges Wasser aus der Tiefe nach oben sprudelt und zwischen 37 und 43 °C heiß ist. Von den Becken blickt man durch deckenhohe Panoramafenster auf das fruchtbare Valle de Lonquimay und den schneebedeckten Gipfel seines Vulkans. Von der breiten Sonnenterrasse reicht die Aussicht über das Tal.

Zu den Anwendungen zählen Wein-, Honig- und Warmsteinmassagen, Kräuter- und Schlamm- sowie Dampfbäder. Die Palette der Unterkünfte reicht von Zimmern in einem Hotel im Berghüttenstil über Blockhütten bis zu Familienbungalows. Örtliche Buslinien und Privattransporte pendeln zwischen den Termas de Malalcahuello und dem Centro de Ski Corralco.

Restaurant

Cotelé
Eine kurze Fahrt vom Zentrum Puerto Montts entfernt serviert das Steakhaus Cotelé neben perfekten Steaks auch gute Weine.

F2 Manfredini 1661, Puerto Montt +56 65 22 780 00

$$$

7

Parque Nacional Tolhuaca

F1 130 km nordöstl. von Temuco; Acceso 1, Straße über Dorf Inspector Fernández tägl. 9–18 CONAF-Büro nahe dem Südosteingang zum Park conaf.cl

Weit im Norden der Seenregion schützt der Parque Nacional Tolhuaca abseits der üblicheren Besucherrouten eine malerische Landschaft in Vorbergen der Anden. Im Park wächst ein wilder gemäßigter Regenwald mit Araukarien *(Araucaria araucana)*. Wanderwege führen durch unberührte Wälder und bieten großartige Möglichkeiten zur Vogelbeobachtung. Relativ leicht erspäht man etwa Smaragdsittiche, mehrere Entenarten und Andenkondore. Beliebte Sportarten im Park sind Wandern, Fischen und Schwimmen. Der populärste Wanderweg, der Sendero Salto Malleco, führt um das Nordufer des Lago Malleco und weiter durch den heimischen Wald zum 50 Meter hohen Wasserfall Salto Malleco.

Ebenso reizvoll ist eine Wanderung um die 1300 Meter hoch gelegene Laguna Verde. Diese ist von kleinen Wasserfällen und wenig dichten Araukarienwäldern umgeben. Auf dem Sendero Lagunillas gelangt man in einem leichten Aufstieg zu mehreren Bergseen, wo der Rundumblick auch auf den 2806 Meter hohen Volcán Tolhuaca fällt. Der Sendero

→ *Wolkenverhangener Himmel über Puerto Montt*

Mesacura führt durch dichten Wald. Beide Wanderungen sollten als Tagestouren geplant werden.

Gleich südlich des Parks liegen in einer Schlucht die Thermalbecken der Termas Malleco. Die natürlichen Saunen aus Felsen und schwefelhaltigem Dampf bieten nach einer Wanderung ideale Entspannung. Die früher als Termas de Tolhuaca bekannten Anlagen wurden umfassend modernisiert. Sie stehen Tages- und Hotelgästen zur Verfügung.

8 Centro de Ski Corralco

F1 Volcán Lonquimay, Camino a RN Malalcalhuello +56 2 2206 07 41 Mitte Juni–Sep: Fr–So 9–17; Okt–Mitte Juni: tägl. 9–17 corralco.com

Das malerische Corralco zählt zu Chiles jüngsten Skigebieten. Hier wedeln Skifahrer am Volcán Lonquimay über zahlreiche Pisten. Könner lieben die Freeride-Routen. Für Snowboarder stehen Strecken mit teils steilen Drops zur Verfügung. Langläufer finden mehrere Loipen. Im Sommer bietet Corralco Möglichkeiten zum Wandern, Reiten und Mountainbiken.

9 Puerto Montt

F2 176 000 210 km südl. von Valdivia San Martín 80; +56 65 225 80 87 La Semana Puertomontina (Feb)

Puerto Montt wurde 1853 oberhalb des Seno de Reloncaví an der Pazifikküste gegründet. Die Stadt wuchs rasch rund um den Hafen an, in dem Getreide und Alerce-Holz verschifft wurden.

Beim Erdbeben 1960 wurde Puerto Montt schwer getroffen, danach jedoch zügig wiederaufgebaut. Heute floriert die Stadt dank der Lachszuchtindustrie. In Puerto Montt legen die Fähren Richtung Süden und Kreuzfahrtschiffe ab.

An Puerto Montts Gründungsstelle liegt heute der Hauptplatz der Stadt. Die klassizistische Iglesia Catedral wurde 1856–1896 nach dem Vorbild des griechischen Parthenon mit dorischen Säulen aus Alerce erbaut. Eine der Säulen bewahrt den Grundstein der Stadt.

Der raue **Fischmarkt Angelmó** an der Uferfront ist die größte Attraktion der Stadt. In diesem bunten, aromenreichen Labyrinth aus engen Passagen verkaufen Händler Fisch, Gewürze und lokale Spezialitäten. Holztreppen führen hinauf zu kleinen Lokalen, die die besten Meeresfrüchteplatten der Stadt servieren. In den Straßen rund um den Markt verkaufen Handwerker Wollwaren und Holzschnitzereien. Von einem Steg hinter dem Markt legen Boote zu den Inseln Tenglo und Maillén im Seno de Reloncaví ab.

Fischmarkt Angelmó

Avenida Angelmó s/n tägl. 6–20

> Entdeckertipp
> **Río Puelo**
> Das Tal, 90 Kilometer südöstlich von Puerto Montt, ist ein wunderbarer Ort, um zu wandern, zu reiten, zu angeln oder einfach ein paar Tage inmitten ruhiger Seen, Flüsse und Regenwälder zu verbringen.

Hotel

Cabañas Quilamalen
Das Gelände mit Hütten aus Lehmziegeln und ausgedehnten Rasenflächen liegt nördlich von Villarrica. Die Hütten verfügen über wärmespeichernde Grasdächer, große Küchen und gemütliche, rustikale Wohnräume. Zum Anwesen gehört ein Pool.

F2 km 3, Camino Villarrica-Freire quilamalen.cl

$$$

10 Nevados de Sollipulli

F2 Nevados de Sollipulli Dome Camp, Camino hacía Carén Alto +56 45 227 60 00 sollipulli.cl

An nur wenigen Orten in Chile können Reisende die geologischen Kräfte der Natur deutlicher sehen als am 2282 Meter aufragenden Volcán Sollipulli. Der Vulkan gehört zur Gebirgskette Nevados de Sollipulli nahe der chilenisch-argentinischen Grenze. Seinen uralten Krater füllt ein zwölf Quadratkilometer großer Gletscher – beides sind die Hauptelemente, die für die Bildung der Anden verantwortlich waren.

Eine Tageswanderung auf den Krater führt durch dichten Araukarienwald. Oben reicht der Blick auf Andengipfel, klare Flüsse und zahllose Nebenkrater. Bei einer anderen zweitägigen Rundwanderung geht man mit Schneeschuhen auf dem Gletscher.

Sämtliche Touren beginnen im Nevados de Sollipulli Dome Camp an einem Waldsee an der Nordostflanke des Vulkans. Das Camp umfasst sechs fantastisch ausgestattete, zentral geheizte Kuppelzelte. Zum Luxusangebot gehören etwa Holzwannen im Freien für heiße Bäder.

←
Sprung über eine Eisspalte des Gletschers Nevados de Sollipulli'

11 Lago Caburgua

F2 122 km südöstl. von Temuco via Pucón

Zwischen bewaldeten Bergen bietet der schöne, kristallklare Lago Caburgua als einziger See in der Region weiße Sandstrände. Dank thermaler Aktivitäten am Grund des Sees ist sein Wasser wärmer als das der anderen in der Region.

An seinem Ufer liegen einige beliebte Strände, darunter die schwarzsandige Playa Negra und die Playa Blanca mit weißem, kristallinem Sand.

Bootsausflüge über den Lago Caburgua beginnen an der Playa Negra, dort werden auch Paddelboote vermietet. Die beiden Strände verbindet ein malerischer Uferweg.

Kanufahrer auf dem Lago Villarrica, der vom Volcán Villarrica überragt wird ↑

12 Ojos del Caburgua

F2 117 km südöstl. von Temuco via Pucón; Camino Internacional 7, km 17 oder km 20
tägl. 10–19

Das Wasser des Lago Caburgua fließt unterirdisch fünf Kilometer nach Süden, wo es in den Ojos del Caburgua an die Oberfläche sprudelt. Diese Kette aus tiefblauen Felsbecken liegt im unberührten Wald am Fuß von Wasserfällen.

Der Weg zu den Becken ist von der Hauptstraße in Pucón ausgeschildert. Ein weiterer Zugang findet sich drei Kilometer weiter nördlich an derselben Straße. Dort hat man einen besseren Blick auf die Becken, die Wasserfälle und den Wald. Halten Sie die Augen offen, denn dieser Weg zu den Ojos del Caburgua ist nur mit einem hölzernen Kreuz an der Straße gekennzeichnet.

13

Villarrica

F2 45 000 87 km südöstl. von Temuco
Pedro de Valdivia 1070; +56 45 220 66 19 La Semana de la Chilenidad (Mitte Feb) **villarrica.org**

Die Stadt wurde 1552 von den Spaniern gegründet und nach den ausgiebigen Gold- und Silbervorkommen, die man hier entdeckte, Villa Rica – reiche Stadt – genannt. 1598 wurde sie bei einem Aufstand der Mapuche zerstört und erst 1883 wieder besiedelt. Heute ist Villarrica ein familienfreundlicher Urlaubsort am blauen Lago Villarrica, über den der Volcán Villarrica (2847 m) majestätisch aufragt. Den traumhaft schönen Lago Villarrica säumen eine charmante *costanera* (Promenade) und Strände aus schwarzem Vulkansand. Besonders beliebt sind Bootsausflüge vom Strand El Pescadito.

Villarricas Mapuche-Geschichte zeigt das **Museo Leandro Penchulef** mit Kanus und anderen Beispielen hoher Handwerkskunst. Das Centro Cultural Mapuche organisiert im Sommer einen Markt mit Mapuche-Kunsthandwerk. Am Stadtrand bietet der Mirador Canela einen herrlichen Blick auf den See und den Vulkan.

Museo Leandro Penchulef
Bernardo O'Higgins 501 Mo–Fr 9–12:30, 14:30–17:30
villarrica.uc.cl

Volcán Lonquimay

Nördlich von Villarrica liegt der Volcán Lonquimay, der zuletzt am 25. Dezember 1988 ausgebrochen ist (was ihm den Spitznamen Navidad eingebracht hat). Er eignet sich hervorragend zum Snowboarden und Skifahren, bietet heiße Quellen und ist auch ein großartiger Ort zum Wandern, mit drei- und fünftägigen Trails rund um den Vulkan. Abenteuerlustigere können den Gipfel besteigen – erfahrene Bergsteiger sogar im Winter.

14 Coñaripe

F2 1500 134 km südöstl. von Temuco coñaripe.com

Coñaripe liegt am Ostufer des Lago Calafquén abseits der beliebten Reisewege. Das kleine, verschlafene Dorf wartet mit mehreren dunklen Sandstränden auf. In der Umgebung bieten sich zahlreiche Gelegenheiten für Erlebnishungrige, etwa Wildwasser-Rafting auf dem Río San Pedro sowie Ausritte und Wanderungen. In Coñaripe selbst finden sich zahlreiche Unterkünfte. Für Reisende mit begrenztem Budget sind die gut ausgestatteten Campingplätze an den Stränden zu empfehlen.

Umgebung: In den Bergen rund um Coñaripe lohnen über ein Dutzend malerische und entspannende Thermalquellen einen Besuch. Zur Wahl stehen einfache rustikale Becken ebenso wie moderne Spa-Hotels. Herausragend sind unter anderem die **Termas Geómetricas** in einer bewaldeten Schlucht. Zu dem eleganten Spa gehören 60 Thermalbrunnen, deren Wasser durch ein Netz von Holzkanälen in blubbernde Badebecken sprudeln. Die Gäste laufen in der Schlucht auf einem 450 Meter langen Plankenweg und steigen über Holztreppen zu dem von ihnen gewählten Becken hinab.

Für Übernachtungsgäste bieten sich die **Termas Coñaripe** an. Das moderne Spa-Hotel verfügt über Hallenbäder, halb überdachte Becken und Thermalbecken im Freien sowie Schlammbäder. Zu den nahen Wasserfällen und Seen können die Gäste reiten oder spazieren.

Von Coñaripe führt eine Straße zum Parque Nacional Villarrica *(siehe S. 202f)*. Er liegt 18 Kilometer nördlich.

Termas Geómetricas
16 km nordöstl. von Coñaripe +56 9 7477 1708 So–Do 11–20, Fr, Sa 9–23 termas geometricas.cl

Termas Coñaripe
15 km südöstl. von Coñaripe; Camino Coñaripe-Liquine, km 15 +56 45 2411 111 termasconaripe.cl

15 Santuario El Cañi

F2 134 km südöstl. von Temuco via Pucón; Camino Termas de Huife, km 21, Pichares +56 9 9837 3928 24 Std. santuariocani.cl

Der 480 Hektar große Santuario El Cañi schützt gemäßigten Valdivianischen Regenwald und einige der ältesten Araukarienbestände in Chile. Tagestouren führen durch Südbuchenwälder hinauf zu versteckten kleinen Bergseen und noch höher zu reinen Araukarienwäldern. Im ganzen Gebiet leben zahlreiche Vogelarten sowie Pumas, Pudus und viele andere scheue Säugetiere, die man in der Regel kaum erspäht. Die Wanderwege enden auf

11
Lagunen gibt es im Santuario El Cañi.

Entspannen in den heißen Quellen der Termas Geómetricas in Coñaripe ↑

↑ *Wanderer im Wald des Parque Nacional Huerquehue*

1550 Meter Höhe an einem Aussichtspunkt. Dort hat man einen Panoramablick auf die vier Vulkane (Lanín, Villarrica, Quetrupillán, Llaima) und die drei größten Seen des Gebiets (Caburgua, Villarrica, Calafquén). Für Übernachtungen stehen rustikale *refugios* und Campingplätze zur Verfügung.

16

Santuario de la Naturaleza Carlos Anwandter

F2 · 21 km nördl. von Valdivia · CONAF Valdivia; +56 63 2245 200

Der Santuario de la Naturaleza Carlos Anwandter schützt über 60 Quadratkilometer Feuchtland mit reichem Wildtierbestand. Das Feuchtgebiet entstand nach dem Erdbeben von 1960, als ein Tsunami die Wälder und Viehweiden des Gebiets überschwemmte. In dem neuen Ökosystem ließ sich eine Vielzahl verschiedener Vögel nieder. 1981 wurde es zum Naturschutzgebiet erklärt. Über 100 Vogelarten, darunter Reiher, Pelikane und Schwarzhalsschwäne, sind in dem Gebiet zu beobachten, aber auch Fischotter und Coipú (Biberratten).

17

Parque Nacional Huerquehue

F2 · 152 km südöstl. von Temuco via Pucón; Camino a Caburgua · tägl. 8:30–17:30 · CONAF Pucón, Lincoyán 336; +56 45 2443 781 · conaf.cl

Der Parque Nacional Huerquehue schützt seit 1967 rund 124 Quadratkilometer heimischen Wald mit über 2000 Jahre alten Araukarienbeständen. Durch den Park verlaufen einige der schönsten Kurzwanderungen der Seenregion mit wundervollem Blick auf den Volcán Villarrica und dessen Umgebung. Nicht versäumen sollte man den Sendero Los Lagos (7 km). Er führt durch Wälder mit Pflaumen-Steineiben und Südbuchen zu fünf Seen und zwei Wasserfällen. Unterwegs eröffnet sich die einmalige Aussicht auf den Vulkan und den Lago Tinquilco, das größte Gewässer des Parks. Der Weg endet an dem kleinen Bergsee Lago Chico, auf dessen steilen Uferklippen Araukarien wachsen. Eine weitere schöne Wanderung ist der Rundweg nach Cerro San Sebastián (10 km). Von hier aus kann man bei klarem Wetter bis zu acht Vulkane sehen.

Zwischendurch kann man schwimmen und die Natur genießen. Zur reichen Vogelwelt zählen verschiedene Adlerarten, zudem leben hier Pumas, Pudus, die kleinsten Hirsche der Welt, sowie Chiloé-Beutelratten.

Restaurants

La Fleur de Sel

Der französisch-baskische Küchenchef Michel Moutrousteguy kreiert in dem entzückenden Restaurant eine Vielzahl chilenischer Gerichte.

F2 · S-907, Pucón · termaspeumayen.cl · So

$$$

La Maga

In dem von Uruguayern geführten Lokal im Gaucho-Stil stehen Steaks im Mittelpunkt.

F2 · Gerónimo de Alderete 276, Pucón · +56 45 2444 277

$$

Siete Lagos

Die wunderschöne Region Siete Lagos (Sieben Seen) wird nur wenig besucht. Sie besteht aus miteinander verbundenen Seen – sechs in Chile, ein weiterer jenseits der Grenze in Argentinien –, die von verschlafenen Dörfern und aufragenden Bergen umgeben sind. Das Gebiet eignet sich perfekt für landschaftlich reizvolle Fahrten und Aktivitäten in der Natur.

↑ *Die Stadt Pucón wird vom schneebedeckten Volcán Villarrica überragt*

18

Panguipulli

F2 16 000 145 km südöstl. von Temuco Bernardo O'Higgins s/n; +56 63 2310 436 La Semana de las Rosas (Mitte Feb) sietelagos.cl

Panguipulli ist für Reisende ein beliebter Zwischenstopp auf dem Weg zur Reserva Biológica Huilo-Huilo. Die größte Attraktion des Städtchens mit bunt bemalten Häusern und Bergstraßen ist die Iglesia Capuchina. Die Kirche wurde 1947 von deutschen Mönchen am Standort einer deutschen Mission aus den 1890er Jahren errichtet. Die Fassade ist schwarz, rot und gelb in Anlehnung an die deutsche Flagge bemalt.

Umgebung: Panguipulli und der Lago Panguipulli liegen im Herzen der Region der Sieben Seen. Die Seen – Calafquén, Pallaifa, Pullinque, Ruñihue, Neltume, Panguipulli und Pirihueico – sind durch Flüsse verbunden und bilden ein eigenes hydrologisches System. An ihren Ufern liegen viele, meist wenig besuchte Dörfer. Obwohl man auch in Panguipulli übernachten kann, ist Pucón der beste Startpunkt für Tagesausflüge in die Region.

19

Licán Ray

F2 2100 113 km südöstl. von Temuco General Urrutia, Ecke Cacique Marichanquin; +56 45 2431 516 (nur Dez – März) La Semana de Licán Ray (Feb)

Licán Ray ist der Hauptort am schönen Lago Calafquén. Das Dorf ist eine Oase der Ruhe, die nur im Februar gestört wird. Dann strömen Hauptstädter in Scharen herbei, um am warmen, nebelverhangenen Lago Calafquén zu urlauben. Die zwei Strände sind die Playa Grande und die malerischere Playa Chica. Dieser schwarze Sandstrand ist von bewaldeten Bergen umgeben. Zwischen beiden Stränden liegt eine Halbinsel, auf der Fußwege zu Aussichtspunkten führen. An der Playa Chica gehen Boote zu Ausflügen auf dem See ab. Im Dorf säumen Sandwege und Handwerksstände die zentrale Plaza.

20

Pucón

F2 21 000 112 km südöstl. von Temuco O'Higgins 483; +56 45 2293 002 Ironman (Mitte Jan)

Pucón am Ostufer des Lago Villarrica ist ein Mekka für Erlebnisurlauber. 1883 wurde es als befestigte Siedlung am Fuß des Volcán Villarrica gegründet. Pucón ist eine gute Basis für Ausflüge zu den nahen Thermalquellen und Nationalparks. Hilfreiche Informationen dazu bietet das

Expertentipp
Wanderungen

Für eine körperliche Herausforderung und eine unvergessliche Erfahrung können Sie eine der Fels- oder Vulkanbesteigungen mit der Agentur Summit Chile (www.summitchile.org) in Pucón buchen.

CONAF-Büro der Stadt. Pucón ist zudem der Startpunkt für viele aufregende Outdoor-Aktivitäten. Wassersport und Schwimmen sind an Pucóns zwei schwarzen Sandstränden möglich. Die Playa Grande überragen bewaldete Berge, westlich davon liegt die kleinere Playa La Poza an einer geschützten Bucht. Von dort führen im Sommer beliebte Bootsausflüge über den See.

21

Reserva Biológica Huilo-Huilo

F2 · 210 km südöstl. von Temuco; El Portal, Camino Internacional Panguipulli-Puerto Fuy, km 56 · +56 2 2887 3510 · huilohuilo.com

Die Reserva ist das Projekt einer Stiftung für nachhaltigen Tourismus. Sie schützt 600 Quadratkilometer gemäßigten Regenwald, der früher großräumig abgeholzt wurde. Die Reserva bewahrt eine fesselnde Landschaft. Am beeindruckendsten ist der Volcán Mocho-Choshuenco, der aus zwei Vulkanen besteht, die ein Gletscher verbindet. In der Umgebung locken Gletscherseen, Flüsse und andine Grasebenen.

Zu den Übernachtungsmöglichkeiten zählen eine exklusive Lodge im Wald und preiswertere Unterkünfte in den Orten Neltume und Puerto Fuy. Dort übernachtet man in den ehemaligen Häusern der Angestellten der Holzfällerfirmen aus den 1930er Jahren. Puerto Fuy liegt beim Lago Pirihueico und ist Startpunkt für Ausflüge zum Angeln, für Kajak- und Bootsfahrten.

Die Berglodge der Reserva, Montaña Mágica (Magischer Berg), ist einen Besuch wert, auch wenn man dort nicht übernachtet. Das Gebäude ragt über den Wald wie ein Schloss auf. Das Innere ist fast ausschließlich aus heimischen Hölzern gebaut. Nebenan befindet sich das skurrile Hotel Nothofagus, das wie ein riesiges Baumhaus aussieht. Unternehmungen in der Reserva finden meist unter Führung statt und werden in der Montaña Mágica oder im Verwaltungszentrum am Haupteingang organisiert. Zur Auswahl stehen Ausritte sowie die Beobachtung von wieder ausgewilderten Tieren, die hier früher lebten. Man kann aber auch an Ziplines sausen, mountainbiken und wandern. Außerdem zeigt in der Reserva das Museo de los Volcanes in einem pyramidenähnlichen Innenraum eine Sammlung silberner Mapuche-Gegenstände.

Hotel

Montaña Mágica Lodge

Die luxuriöse Montaña Mágica Lodge liegt inmitten eines Regenwalds und ähnelt einem Berg. Genießen Sie ein traditionelles chilenisches Essen im Restaurant, bevor Sie sich in einem aus einem Baumstamm geschnitzten Whirlpool entspannen.

F2 · Carretera Internacional CH-203, km 55 s/n, Reserva Biológica Huilo-Huilo · huilohuilo.com

$$$

Wasserfall in der Reserva Biológica Huilo-Huilo

22

Parque Nacional Puyehue

F2 187 km südöstl. von Valdivia; Aguas Calientes tägl. 9–18:30 Centro de Información Ambiental, Aguas Calientes; +56 64 1974 572 conaf.cl

Mit seinen Thermalquellen zählt der Parque Nacional Puyehue zu den beliebtesten Nationalparks in Chile. Er schützt eine 1067 Quadratkilometer große Wildnis mit zwei Vulkanen, rund 200 Kratern und großen immergrünen Valdivianischen Regenwäldern. In der Nähe des Parkeingangs liegen im Sektor Aguas Calientes die **Termas Aguas Calientes** mitten im Wald an rauschenden Bächen. Die schwefelreichen Thermalquellen sprudeln in Steinbecken im Freien. Kaum ein anderer Vulkan der Seenregion ist so leicht zu besteigen wie der 1990 Meter hohe Volcán Casablanca im Sektor Antillanca. An seinem Fuß beginnen einige leichte bis schwierige Wanderwege durch Wälder mit heimischen Lenga-, Ulmo- und Coigüe-Bäumen. Zur reichen Vogelwelt des Parks zählen Kolibris, Rotbrustfischer und Kondore, auf Wanderungen hört man auch den charakteristischen Ruf des endemischen Rotkehltapaculo *(Scelorchilus rubecula)*, der lautmalerisch Chucao genannt wird. Zu den Säugetieren im Park zählen etwa Pumas, Füchse, die gefährdeten Huemuls (Andenhirsche) und die auf Bäumen lebenden Zwergbeutelratten.

Am Volcán Casablanca liegt das exzellente **Centro de Ski Antillanca**. Es bietet hervorragende Freeride-Möglichkeiten, 17 Abfahrten in allen Schwierigkeitsstufen und Snowboardpisten bei einem maximalen Höhenunterschied von 500 Metern. Unterwegs hat man einen Panoramablick auf blaue Bergketten, zwischen denen schneebedeckte Vulkankegel aufragen. Vor Ort findet man einen Skiverleih, eine Skischule und ein Skigelände für Kinder. Im Sommer kann man mountainbiken, reiten, höhlenklettern, am Vulkan wandern, Kajak fahren und fischen, im Winter zudem mit Schneemobilen den Wald erkunden.

Im weniger besuchten nördlichen Sektor des Nationalparks ist der zweitägige Aufstieg auf den 2240 Meter hohen Volcán Puyehue nur für geübte Bergsteiger geeignet. Die beeindruckende Route führt an Geysiren, rauchenden Fumarolen und gluckernden heißen Quellen vorbei.

Expertentipp
In die Wildnis

Anders als in vielen anderen Schutzgebieten ist das wilde Zelten im Nationalpark Puyehue erlaubt. Stellen Sie sicher, dass Sie entsprechend ausgerüstet sind, bevor Sie Ihr Zelt aufschlagen.

←
Wanderin im Parque Nacional Puyehue und ein dort lebender Rotbrustfischer (Detail)

Termas Aguas Calientes
Camino Antillanca, km 4 +56 64 2331 700
termasaguascalientes.cl

Centro de Ski Antillanca
Volcán Casablanca +56 64 2612 070
Juni–Okt: tägl. 8–17:30
antillanca.cl

23

Lago Ranco

F2 2200 124 km südöstl. von Valdivia
Linares und Concepción; +56 63 2491 348
destinoranco.cl

Lago Ranco ist ein stilles Dorf mit Kiesstraßen am Südufer des gleichnamigen silbergrauen Sees. Seine wettergegerbten Häuser säumen das bewaldete Ufer des vielleicht schönsten Gewässers der Seenregion. Der Lago Ranco liegt zwischen zerklüfteten Andengipfeln und ist mit seinem glasklaren, warmen Wasser ideal zum Schwimmen. Die kulturelle Attraktion des Dorfs ist das **Museo Tringlo Lago Ranco**. Es präsentiert archäologische und anthropologische Exponate, darunter alte Keramiken.

Museo Tringlo Lago Ranco
Ancud s/n Mitte Dez–Feb: tägl. 10–13, 15–17
museosregiondelosrios.cl

24

Termas de Puyehue

F2 183 km südöstl. von Valdivia; Ruta 215, km 76, Puyehue +56 64 2331 400 tägl. 10–19
puyehue.cl

Das Fünf-Sterne-Thermalbad ist der ideale Ort zur Erholung nach langen Wanderungen im nahen Parque Nacional Puyehue. Das luxuriöse Hotel mit Lodges und Spa heißt Tages- und Übernachtungsgäste willkommen. Hier entspannt man in drei großen Becken (im Freien, überdacht und halb überdacht) im 22 bis 41 °C warmen, heilsamen Thermalwasser. Zur Verfügung stehen zudem Dampfbäder und Hydrotherapiebecken. Zur Auswahl an wohltuenden Behandlungen zählen Honig-, Algen- und Kräutermassagen sowie schwefelige Schlammbäder. Das Spa bietet täglich ein Programm mit Aktivitäten für Kinder und ein gut ausgestattetes Spielzimmer. Zur Anlage gehören zwei Restaurants, eine kleine Kunstgalerie und Tennisplätze. Besucher können auch Ausritte zum bewaldeten Ufer des Lago Puyehue unternehmen, wo das Spa verschiedene Wassersportmöglichkeiten anbietet.

25

Osorno

F2 154 000 107 km südl. von Valdivia
O'Higgins 667; +56 64 2234 104 Mo, Fr
Festival Nacional de la Leche y la Carne (Jan)

Osorno wurde 1558 von Chiles damaligem Gouverneur García Hurtado de Mendoza gegründet und liegt im Zentrum von Chiles Viehregion. Unbedingt sehenswert ist hier montags und freitags die Feria Ganadera de Osorno, der größte Viehmarkt des Landes.

Restaurant

La Parrilla de Pepe
Das gute Grillrestaurant liegt am Ende einer von Pionieren errichteten Häuserzeile.

F2 Mackenna 1095, Osorno
+56 64 2249 653

$$$

↑ *Die Catedral San Mateo Apóstol in Osorno*

Osorno ist eine Agrarstadt, bietet aber dennoch viele Attraktionen. Besonders beeindruckend ist die neogotische Catedral San Mateo Apóstol von 1960 mit massiver Fassade aus Stahlbeton und filigranen Spitzbogen. Sie steht an der zentralen Plaza.

Südlich der Kirche säumen hölzerne Häuser deutscher Siedler aus dem 19. Jahrhundert die Calle Juan Mackenna. Die Häuser Nummer 939, 1011, 1027, 1068 und 1095 sind Nationaldenkmäler.

Einen Block weiter westlich illustriert in einem neoklassizistischen Haus von 1929 das **Museo Histórico Municipal** chronologisch die Geschichte der Stadt. Zu sehen sind unter anderem Mapuche-Keramiken und Waffen aus der Kolonialzeit.

Osorno ist ein guter Ausgangsort für Ausflüge in den Parque Nacional Puyehue. Vor einem Besuch sollte man sich in Osornos CONAF-Büro informieren.

Museo Histórico Municipal
M.A. Matta 809 +56 64 2238 615 Mo–Fr 9:30–13, 14:30–18, Sa 14–18

Stege am Lago Llanquihue mit dem Volcán Osorno im Hintergrund ↑

26 Lago Llanquihue

F2 · 160 km südöstl. von Valdivia

Der atemberaubend schöne Lago Llanquihue, mit einer Fläche von 875 Quadratkilometern Südamerikas drittgrößter Natursee, wirkt wie ein kleines Meer. Bis zu 350 Meter ist sein klares blaues Wasser tief, an seinen Ufern stehen der Volcán Osorno und der Volcán Calbuco.

Die Mapuche glaubten, dass der See und seine Ufer das Reich böser Geister sei. Die Spanier erreichten den See 1552, doch erst mit den deutschen Einwanderern im 19. Jahrhundert begann die europäische Kolonisierung des Seeufers. Seit damals ist Llanquihue das deutsche Kerngebiet der Seenregion inklusive Ortschaften im bayerischen Stil mit hohen Kirchtürmen.

Deutsche Einwanderer

1845 verabschiedete die chilenische Regierung ein Gesetz zur Kolonisierung der Seenregion. Rund 150 deutsche katholische Familien folgten dem Ruf. Aus diesem ersten Rinnsal wurde ein ganzer Strom von Deutschen, die vor Armut und Unterdrückung in ihrer Heimat flohen. Sie gründeten drei Städte – Puerto Octay, Frutillar und Puerto Varas –, das deutsche Herzland der Region.

27 Puerto Octay

F2 · 9000 · 160 km südöstl. von Valdivia · Germán Wulf s/n; +56 64 2391 860 · Festival de la Leche (Jan)

Puerto Octay wurde 1852 am Nordufer des Lago Llanquihue von deutschen Einwanderern gegründet und entwickelte sich zu einem wichtigen Hafen. Heute ist es ein reizender Urlaubsort mit gut erhaltenen deutschen Häusern. In einem alten Siedlerhaus zeigt das **Museo El Colono** Objekte aus jener Ära. Die auffällige Iglesia Parroquial wurde 1907 in einem einfachen gotischen Stil erbaut.

Die Gipfel der drei Vulkane Calbuco, Puntiagudo und Osorno sind alle von der Playa La Baja zu sehen. Den Hauptstrand der Stadt aus schwarzem Vulkansand säumen schattige Eukalyptus- und Kiefernwälder.

Museo El Colono

Avenida Independencia 591 · +56 93 0703 167 · Mo–Fr 10–13, 14–17:30, Sa, So 11–18

28 Puerto Varas

F2 · 33 000 · 190 km südl. von Valdivia · puertovaras.org

Puerto Varas ist die größte Stadt am Lago Llanquihue. Sie wurde 1854 am Südufer von deutschen Einwanderern gegründet. Häuser aus jener Zeit stehen etwa noch in der Calle Prat, Miraflores und Decker. Das bemerkenswerteste deutsche Bauwerk der Stadt ist die **Iglesia Sagrado Corazón de Jesús**. Sie wurde von 1915 bis 1918 aus Holz erbaut und ist die Kopie einer Kirche im Schwarzwald. Die Kuppeln über dem barock gestalteten Innenraum haben die maximale Höhe, die ohne Metallstützen möglich ist.

Die Stadt ist bekannt für verschiedene Abenteuersportarten, Besucher können auch zum Volcán Osorno wandern und den Parque Vicente Pérez Rosales *(siehe S. 204f)* erkunden.

Der beliebteste der schwarzen Strände ist die Playa de Puerto Chico mit Blick auf den Volcán Osorno.

Iglesia Sagrado Corazón de Jesús
Verbo Divino, Ecke San Francisco variabel

29

Frutillar

F2 16 000 170 km südöstl. von Valdivia Philippi u. O'Higgins Mi, Fr Semana Musical de Frutillar (Ende Jan–Anfang Feb) frutillar.com

Die überaus malerische Stadt wurde 1856 von deutschen Siedlern am Westufer des Lago Llanquihue gegründet. Vom Stadtteil Frutillar Bajo hat man einen herrlichen Blick auf den Volcán Osorno. Hotels, Restaurants, Handwerksmärkte und alte deutsche Häuser säumen das Ufer. In einem Landschaftsgarten lässt das Freiluftmuseum **Museo Colonial Alemán** mit Gebäuden, die mit Originalobjekten ausgestattet sind, die Pionierzeit wieder aufleben.

Das Teatro del Lago am Ufer veranstaltet auch das Musikfestival Semana Musical de Frutillar. Am Nordrand der Stadt schützt die **Reserva Forestal Edmundo Winkler** Valdivianischen Regenwald. Ein Weg führt zu einem Aussichtspunkt mit Blick auf den See und die Vulkane.

Museo Colonial Alemán
Avenida Vicente Pérez Rosales tägl. 10–14, 15–19 museosaustral.cl

Reserva Forestal Edmundo Winkler
Calle Caupolicán s/n +56 65 2422 307 Mo–Fr 10–20 (Winter: bis 17)

Hotels

Casa Ayacara
Klassisches Hotel am See.
F2 Avenida Philippi 1215, Frutillar casaayacara.cl
$

AWA
Lassen Sie sich in dem luxuriösen Hotel am See verwöhnen.
F2 Ruta 225, km 27, Puerto Varas hotelawa.cl
$$$

Compass del Sur
Hostel mit Schlafsälen, Privatzimmern und Campingplatz.
F2 Klenner 467, Puerto Varas compassdelsur.cl
$

Ein von Deutschen erbautes Holzhaus im Museo Colonial Alemán in Frutillar

30

Ancud

F3 40 000 87 km südl. von Puerto Montt; Isla Grande Libertad 665; +56 65 2622 800 Festival Costumbrista Chilote (Feb) ancud.cl

Auf dem Weg von der Seenregion nach Chiloé legen die meisten Besucher jenseits des Canal de Chacao im malerischen Fischereihafen Ancud einen ersten Aufenthalt ein. Die Stadt wurde von den Spaniern 1768 als Festung an der Bahía de Ancud gegründet. Den schmalen Wasserstreifen mit Fischerbooten säumen algenübersäte Strände, bunte Häuser und grüne Hügel. Die kompakte Stadt ist leicht zu Fuß zu erkunden. Am Ufer verläuft die Avenida Salvador Allende parallel zur Bucht unterhalb der Ruinen des **Fuerte San Antonio**. In dieser Festung kämpften 1826 die Royalisten ihren letzten Kampf in Chiles Unabhängigkeitskrieg. Ein Obelisk erinnert an diese letzte Niederlage der spanischen Krone. In der Nähe liegt zwischen Felsklippen das Halbrund des Strands Playa Arena Gruesa.

An Ancuds zentraler Plaza zeigt das **Museo Regional de Ancud** archäologische und ethnologische Exponate, u. a. reich verzierte Objekte der Jesuiten (17./18. Jh.), geschnitzte Dämonen aus Chiloés Mythologie und ein Nachbau der *Goleta Ancud*. Der in Ancud gebaute Schoner brachte 1843 die ersten chilenischen Siedler zur Magellanstraße. Neben dem Museum steht die Kathedrale mit einer für Chiloé typischen Schindelverkleidung.

Im Centro de Visitantes Inmaculada Concepción können Besucher Modelle der 16 einzigartigen Kirchen von Chiloé erkunden. Informationen über die Kirchen des Archipels erhalten Sie im Museo de las Iglesias de Chiloé mit Exponaten über die Geschichte und Architektur der Region.

Mythen und Folklore auf Chiloé

Chiloés Mythen und Legenden werden seit Jahrhunderten mündlich von einer Generation an die nächste weitergegeben. Sie erzählen von Göttinnen, die das Land schützen, von einem bösen Waldbewohner, der Mädchen ihre Jungfräulichkeit raubt, und von einer Schlange, die den Bewohnern eines Hauses die Lebenskraft aussaugt. Die Legenden wurzeln in den uralten Mythen der Mapuche, in die sich spanischer Aberglaube und katholische Glaubensinhalte mischten. Mit ihren nebligen Buchten, stillen Wäldern, zerklüfteten Bergen und ihrem bleigrauen Himmel bildet die Landschaft des Archipels eine ideale Kulisse für diese fantastische Welt.

Fuerte San Antonio
Cochrane, Ecke San Antonio tägl. 9–21

Museo Regional de Ancud
Libertad 370 +56 65 2622 413 Di–Fr 10–17:30, Sa, So 10–13:30 museoancud.gob.cl

31

Monumento Natural Islotes de Puñihuil

E3 27 km westl. von Ancud Jan, Feb: tägl. 10:15–19:15; März–Dez: tägl. 10:15–17:45 pinguineraschiloe.cl

Das Monumento Natural Islotes de Puñihuil besteht aus drei vulkanischen Felseninseln, auf denen jedes Jahr Humboldt- und Magellan-

Pinguine nisten. Die Inseln zählen zu den wenigen Plätzen, wo die gefährdeten Humboldt-Pinguine zusammen mit den ihnen eng verwandten Magellan-Pinguinen vorkommen. Von kleinen Ausflugsbooten, die in Bahía Puñihuil an der Nordwestküste der Isla Grande ablegen, kann man sie und andere Wildtiere beobachten – Küstenotter, die am Ufer über schwarze Felsen huschen, Buntscharben, die sich auf Beutesuche aus vollem Flug ins Wasser stürzen, flugunfähige Dampfschiffenten und Austernfischer.

32

Dalcahue

F3 11 000 28 km nordöstl. von Castro So La Fiesta del Ajo y de las Tradiciones (Mitte Feb)

An der Ostküste der Isla Grande blickt Dalcahue auf die kleineren Inseln des Chiloé-Archipels. Das Städtchen entwickelte sich ab dem 18. Jahrhundert als Zwischenstation für die Jesuiten auf ihrer jährlichen missionarischen Rundreise durch den ganzen Archipel.

Dalcahues Hauptattraktion ist die als UNESCO-Welterbe ausgewiesene Iglesia Dalcahue. Die neogotische Kirche wurde 1903 am Standort der ersten Jesuitenmission erbaut. In der Nähe befindet sich der Mercado Dalcahue, ein aus Holz erbautes Lokal am Wasser mit typischen Gerichten der Region.

Dalcahue ist ein wichtiger Handelsplatz für Handwerker der nahen Inseln, die täglich per Boot kommen und ihre Waren auf dem Kunsthandwerksmarkt anbieten.

← *Blick über die auf dicht bewachsenen Hügeln gelegene Stadt Ancud*

↑ *Plankenwege im Parque Nacional Chiloé*

33

Parque Nacional Chiloé

E3 52 km westl. von Castro; Sector Chanquín, Cucao CONAF, Gamboa 424, Castro; +56 65 2532 501 tägl. 9–19 conaf.cl

Der malerische Parque Nacional Chiloé reicht im Westen bis zum Pazifischen Ozean und wird im Osten durch Chiles Küstengebirge begrenzt. Er schützt auf 426 Quadratkilometern heimischen Wald, darunter Chiles südlichste Alerce-Bestände, sowie eine artenreiche Tierwelt.

An der Küste des Schutzgebiets leben Mähnenrobben-Kolonien, Magellan- und Humboldt-Pinguine sowie viele Seevogelarten. Die meisten Besucher bewegen sich vor allem im Südteil des Parks, wo das Dorf Cucao am Parkeingang rustikale Unterkünfte bietet. In Cucao beginnt der Sendero Chanquín Cole-Cole – der Wanderweg führt an den weißen Stränden, riesigen Wellen und von Wäldern begrenzten Sanddünen der Pazifikküste vorbei. Am Ende des Wegs organisieren Huilliche Ausritte durch die grünen Wälder. Der nördliche Teil des Parks ist weniger besucht. Dort erstrecken sich größere und dichtere Wälder. In diesem Sektor führt der 18 Kilometer lange Sendero Castro-Abtao durch einen dichten Alerce-Wald bis zum Pazifischen Ozean.

Der Parque Nacional Chiloé schützt eine artenreiche Tierwelt. An seiner Küste leben Mähnenrobben-Kolonien, Magellan- und Humboldt-Pinguine sowie viele Seevogelarten.

34

Castro

F3 · 39 000 · 77 km südl. von Ancud
Plaza de Armas · Festival Costumbrista Chilote (Feb)
municastro.cl

Eine Reise auf den Chiloé-Archipel führt unweigerlich auch in dessen hübsche Hauptstadt. Castro wurde 1567 als dritte spanische Siedlung in Chile an einem Hügel über dem Fiordo Castro gegründet. Heute ist Castro ein Städtchen mit hügeligen Gassen, Meeresblick und historischen *palafitos*.

①

Museo Regional de Castro

Esmeralda 255 · +56 65 2635 967 · Jan, Feb: Mo–Fr 9:30–13, 15–19, Sa 9:30–18:30, So 10:30–13; März–Dez: Mo–Fr 9:30–13, 15–18, Sa 9:30–13 · museodecastro.cl

Das Museum dokumentiert Chiloés Geschichte von den ersten Jäger-Sammlern auf dem Archipel vor rund 6000 Jahren bis heute. Historische Objekte informieren über die Besiedlung der Inseln durch Chono- und Huilliche-Gruppen, die spanische Eroberung und über Chiloés Rolle als Bastion der Royalisten in Chiles Unabhängigkeitskrieg (1810–18). Zeitgeschichtliche Exponate sind z. B. Fotos von den Zerstörungen, die das schwere Erdbeben von 1960 und der folgende Tsunami anrichteten.

②

Iglesia San Francisco

Plaza de Armas · tägl. 9:30–12:30, 15:30–20

Chiloés bekanntestes Wahrzeichen gehört als herausragendes Werk einheimischer Handwerkskunst zum Welterbe der UNESCO. Die wunderschöne Iglesia San Francisco wurde 1910 an der Stelle einer älteren, abgebrannten Kirche nach Plänen des italienischen Architekten Eduardo Provasoli vollständig aus heimischen Hölzern (Zypresse, Alerce, Coigüe) erbaut und flamboyant-polychrom verziert.

Die neogotische Fassade der Kirche ist mit gold- und violettfarbenen Blechen verkleidet. Von den beiden 40 Meter hohen Glockentürmen wurden jahrzehntelang ankommende Schiffe in den Hafen geleitet. Heute darf per Gesetz kein höheres Gebäude in Castro errichtet werden.

Das Kircheninnere fasziniert mit hohem Gewölbe, das mit opulenten religiösen Motiven bemalt ist. Altar, Kanzel und Beichtstühle wurden von regionalen Handwerkern wunderbar aus heimischen Hölzern geschnitzt. Die Kirche hat darüber hinaus wunderschöne Buntglasfenster.

Expertentipp
Feria-Yumbel-Markt

Auf dem Handwerks- und Lebensmittelmarkt nordwestlich des Stadtzentrums kann man traditionelle Chiloé-Wollpullover, Hüte, Socken und andere Kleidungsstücke kaufen.

Bunt bemalte Holz-palafitos am Fiordo Castro

③

Palafitos

Ufer am Fiordo Castro

Castros *palafitos* sind das beliebteste Postkartenmotiv der Stadt. Die traditionellen Pfahlbauten aus heimischen Hölzern stehen am Ufer des Fiordo Castro und sind pittoresk in leuchtenden Farben gestrichen. Jeder *palafito* hat eine Fassade zur Straße und eine Fassade mit Blick auf das Wasser. Diese schönen Beispiele einheimischer chilenischer Architektur wurden ab dem 19. Jahrhundert für Fischerfamilien erbaut. Die Fischer konnten so ihre Boote im Wasser vor dem Haus vertäuen und über eine Holzleiter in das Haus klettern.

Vor dem Erdbeben von 1960 säumten *palafitos* einen großen Teil der Ostküste der Isla Grande, die wenigen, die das Erdbeben überstanden, stehen heute vor allem an Castros Avenida Pedro Montt und der Calle Ernesto Riquelme. Besonders schöne Exemplare findet man am Nordende von Castro.

Einige *palafitos* sind restauriert und in luxuriöse Gästehäuser und Boutique-Hotels umgewandelt worden. Es gibt wohl keine schöneren Unterkünfte in der Stadt.

④

Museo de Arte Moderno Chiloé

Galvarino Riveros s/n, Parque Municipal nur bei Ausstellungen; siehe Website mamchiloe.cl

Das exzellente Museum für zeitgenössische Kunst ist in einem alten Kornspeicher auf einem windigen Hügel untergebracht. Von hier hat man einen wunderbaren Blick auf die Stadt. Das Museum präsentiert u. a. Installationen, Graffiti und Digitalkunst sowie eine Dauerausstellung mit Werken bekannter chilenischer Künstler wie Arturo Duclos und Ricardo Yrarrázaval. In vielen Werken sind lokale Materialien wie Schafwolle und Holz verarbeitet. Häufig beschäftigen sich die Künstler mit Chiloés Identität und seiner Abgrenzung von Festland-Chile.

Restaurants

Travesía

Hier gibt es traditionelle Chiloé-Speisen mit einem modernen Touch. Wenn Ihnen das Essen schmeckt, kaufen Sie doch das Kochbuch des Küchenchefs.

Eusebio Lillo 188
+56 65 2630 137
So

$$$

La Brújula del Cuerpo

Auf der Plaza de Armas serviert das preiswerte Café einfache, schmackhafte Mahlzeiten, darunter Sandwiches, Suppen und Burger.

O'Higgins 308
+56 65 2633 229

$$$

Jesuitenkirchen in Chiloé

Die Jesuitenpriester, die ab 1608 nach Chiloé kamen, wollten die im Archipel ansässigen Huilliche missionieren. Dazu errichteten sie auf den Inseln ein ganzes Netzwerk von Holzkirchen. Diese neuartige Sakralarchitektur (Chilotische Schule) gründete auf dem Stil der Jesuitenkirchen im Mitteleuropa des 17. Jahrhunderts. Heute stehen noch über 60 dieser Jesuitenkirchen im Archipel, einige wurden im 18./19. Jahrhundert nach Erdbeben oder Bränden neu gebaut. 16 der Kirchen zählen zum UNESCO-Welterbe.

Kirchenarchitektur

Die in allen chilotischen Kirchen gleichen Grundelemente sieht man auch an der Iglesia Santa María de Loreto in Achao *(siehe S. 226)*, auch bekannt als Iglesia de Achao. Ein immer wiederkehrendes Element sind die unverkennbaren Glockentürme und die symmetrischen Fassaden. Typisch ist der Glockenturm von Santa María, der sich in der Mitte der Fassade erhebt und dem Bau sein symmetrisches Erscheinungsbild verleiht. Der achteckige Turm wird von einem Kreuz gekrönt, das als Leuchtfeuer für Fischer und Seeleute dient. Entlang des Portikus und der Seitenwände befinden sich Fenster, die das Innere der Kirche beleuchten.

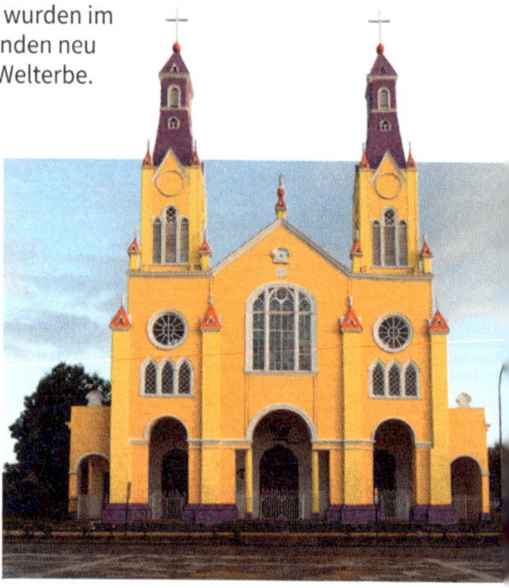

↑ *Die leuchtend gelbe Fassade der Iglesia de San Francisco*

Das symmetrische Holzinterieur der Iglesia Santa María de Loreto ↑

Eingang

Die Eingänge der chilotischen Kirchen können eine säulenförmige und gewölbte Arkade im neogotischen oder neoklassizistischen Stil haben. Die Jesuiten legten vor den Eingängen Plätze für religiöse Prozessionen an.

Innenräume

Das Innere der Kirchen kann einfach und streng oder sehr dekorativ sein. Eine Gewölbedecke bedeckt das Mittelschiff, wie in der Iglesia San Francisco *(siehe S. 222)*. Dieses Element kann hell gestrichen oder auch kahl gelassen sein. Herzstück ist das lange Kirchenschiff. Holzsäulen aus heimischen Baumstämmen trennen diesen Teil von zwei Seitenschiffen. Nur das Mittelschiff reicht zur Rückseite der Kirche und zum Altar. Am nördlichen Ende steht der Altartisch, der aus Alerce-, Zypressen- und Mañio-Stämmen gefertigt und mit katholischen Bildern reich verziert ist.

Jesuitenmission

Die extreme Isolation der Inseln und der Huilliche, die hier lebten, erschwerten die Missionierung von Chiloé. Die Jesuiten lösten dieses Problem, indem sie jedes Jahr den ganzen Archipel per Schiff abfuhren. Auf diesen Fahrten stiegen die Priester an allen Dörfern aus und missionierten deren Bewohner. Ein Laienpriester sorgte für den spirituellen Beistand, bis die Missionare im folgenden Jahr wiederkamen. In jeder neuen Mission wurde eine Kirche erbaut – insgesamt 200 –, um die mit der Zeit ein Dorf entstand. Nach der Vertreibung der Jesuiten aus der spanischen Neuen Welt im Jahr 1767 setzten Franziskaner diese Form der Mission fort.

←

Das markante Äußere der Iglesia Santa María de Loreto

Die grüne Fassade und das Holzinterieur (Detail) *der Iglesia de Chonchi* ↑

35 Curaco de Vélez

F3 3600 237 km östl. von Castro
Festival Costumbrista Chilote (Feb)
curacodevelez.cl

Von Dalcahue *(siehe S. 221)* fahren Boote über den Canal Dalcahue zur Isla de Quinchao. Der Kanal gehört zum Mar Interior (Inneres Meer), das Chiloé vom Festland trennt. Die Insel selbst ist mit winzigen Küstendörfern besiedelt. Auf der Kanalseite der Insel ist das reizende Dorf Curaco de Vélez die kleinste Siedlung im Chiloé-Archipel. Seine Geschichte beginnt im 17. Jahrhundert, als hier erstmals Jesuiten auf ihrer Missionsroute vor Anker gingen. Die originale Jesuitenkirche brannte 1971 ab, doch gibt es hier noch viele alte Bauwerke im heimischen Stil zu bewundern – etwa die grauen Holzhäuser mit den typischen Alerce-Schindeln in der Calle Errázuriz. Sie stammen aus der Zeit, als in Curaco de Vélez die Holzindustrie und das Handwerk florierten.

Heute konzentriert sich das Leben rund um die kleine Plaza, wo auch das Museo Municipal de Curaco de Vélez anhand vielfältiger Objekte die Lokalgeschichte erzählt. Hinter der Plaza erstreckt sich ein muschelübersäter Strand. Auf dem Kanal schwimmen im Sommer Kolonien von Schwarzhalsschwänen. Auf der Isla de Quinchao locken Jesuitenkirchen, historische Holzhäuser, Fischlokale und Kunsthandwerksmärkte.

Hotel

Tierra Chiloé
Das Hotel verfügt über geräumige Zimmer mit weitem Meerblick, ein gut ausgestattetes Spa und ein beeindruckendes Restaurant. Vollpension, Ausflüge und Transfers sind im Preis enthalten.

F3 San José Playa s/n, zwischen Castro und Dalcahue
tierrahotels.com

$$$

36 Achao

F3 3500 45 km östl. von Castro Amunátegui s/n, Plaza de Armas
Encuentro Folclórico de las Islas del Archipiélago (Feb)

Das Städtchen Achao an der Ostküste der Isla de Quinchao ist ein ideales Ziel für einen Halbtagesausflug. Von der einstigen Jesuitenmission ist hier nur noch die Iglesia Santa María de Loreto am Hauptplatz verblieben. Die Kirche wurde 1754 komplett aus Holz erbaut – selbst die Dübel und Nägel sind aus Holz. Im Inneren fallen das Gewölbe, die barocken Säulen sowie der Altar und die Kanzel auf, die beide wunderschön geschnitzt sind. Die klassizistische Fassade ist im traditionellen chilotischen Stil mit Alerce-Schindeln verkleidet. Ebenfalls an der Plaza zeigt das **Museo de Achao**

Ausstellungen über die nomadischen Chono, die Chiloé in präkolumbischer Zeit besiedelten, und farbenfrohe chilotische Webarbeiten.

Museo de Achao
Amunátegui 014
Dez–Feb: tägl. 11–19

37 Chonchi

F3 5000 23 km südl. von Castro
Centenario, Ecke Sgto. Candelaria Festival Costumbrista Chilote (Feb)

Chonchi liegt auf der Isla Grande an einem Hang oberhalb einer Bucht und wird wegen seiner Topografie auch die »dreistöckige Stadt« genannt. Der Ort entwickelte sich ab dem 17. Jahrhundert rund um eine Station, von der aus die Jesuiten den südlichen Archipel missionierten. Ende des 19. Jahrhunderts erreichte Chonchi seinen wirtschaftlichen Zenit als Holzhafen. Noch heute säumen Holzhäuser die Kiesstraßen.

Die Iglesia de Chonchi von 1883 gehört mit 15 anderen Kirchen des Archipels zum UNESCO-Welterbe. Das interessante **Museo de las Tradiciones Chonchinas** präsentiert in der Villa eines Holzbarons von 1910 die typische Einrichtung eines chilotischen Hauses aus der Pionierzeit.

Museo de las Tradiciones Chonchinas
Centenario 116
+56 65 2672 802
tägl. 10–13:30, 14:30–19

38 Quellón

F3 24 000 100 km südl. von Castro
22 de Mayo 251; +56 65 2686 801 Festival Costumbrista Chilote (Feb)
muniquellon.cl

Der Fischereihafen Quellón ist Abfahrtsort für Fähren zu Zielen entlang der Carretera Austral. Hier endet zudem die legendäre Panamericana. Quellón ist eine gute Basis für die Erkundung des südlichen Sektors des Parque Tantauco (mit vorheriger Reservierung).

Von Dezember bis April ziehen Hunderte von Walen direkt vor der Küste von Quellón durch den Golfo de Corcovado. Die Agentur Quilun (www.quilun.cl) organisiert Bootstouren, bei denen Sie möglicherweise auch Schwarzbrauenalbatrosse sowie Peale- und Weißbauchdelfine sehen können.

↑ *Bunte Fischerboote im Handelshafen von Quellón*

Festival Costumbrista Chilote

Das farbenfrohe Festival feiert alljährlich im Januar und Februar die chilotische Kultur. Chiloés größtes Fest wird in den Dörfern und Städten des Archipels mit Volksmusik und -tänzen, Kunsthandwerksmärkten und traditionellen Aktivitäten begangen. Besucher können sich beim Schafscheren, Ochsentreiben und Marmeladekochen versuchen. An Ständen gibt es chilotische Spezialitäten.

39 Parque Tantauco

E3 73 km südwestl. von Castro
Pasaje Las Delicias 270, Castro parquetantauco.cl

Das 456 Quadratkilometer große private Naturschutzgebiet wurde vom ehemaligen Präsidenten Chiles, Sebastián Piñera, gegründet und liegt in der südwestlichen Ecke von Chiloé. Es gehört zu den 35 Biodiversitäts-Hotspots der Welt und beheimatet eine vielfältige Flora und Fauna. Der Park verfügt über eine ausgezeichnete Infrastruktur mit gut gepflegten Wanderwegen, Campinghütten und Campingplätzen. Im Park darf sich immer nur eine begrenzte Anzahl von Besuchern aufhalten.

Den nördlichen Teil erreicht man im Sommer zweimal wöchentlich mit Bussen von Quellón, den südlichen mit einem Kleinflugzeug von Castro oder mit dem Boot von Quellón nach Caleta Inio.

Besucher können eine zweitägige Fahrt um die Halbinsel Caleta Inio oder eine drei- bis achttägige Wanderung innerhalb des Parks machen.

Die schneebedeckten Gipfel der Anden in Nordpatagonien

Nordpatagonien

Das dünn besiedelte Nordpatagonien lockt mit wilden Naturlandschaften und der unvergleichlich malerischen Carretera Austral, mit blauen Gletschern und Eisbergen, zerklüfteten Andengipfeln und riesigen Waldreservaten.

Nordpatagoniens Fjorde, Wälder und Steppen waren einst das Land der Tehuelche und der Kawéskar, die von der Jagd bzw. vom Fischfang lebten. Im Zeitalter der Entdeckungen drangen außer den Missionaren von Chiloé wenige Europäer in das Gebiet vor. Überaus eindrückliche Beschreibungen hinterließen John Byron (1723–1786), Charles Darwin (1809–1882) sowie andere britische Seefahrer und Wissenschaftler. Auch nach der Unabhängigkeit wurde Nordpatagonien nur langsam besiedelt. Erst 1903 schufen Landschenkungen für Schaffarmen und Forstwirtschaft die Basis für den wirtschaftlichen Aufschwung.

Die staatlichen Schenkungen gingen an private Unternehmen in und im Umland der aufblühenden Regionalhauptstadt Coyhaique. Infolge großer Brände, Entwaldung und massiver Erosion musste der Haupthafen der Region, Puerto Aisén, geschlossen werden – in einer Zeit, in der praktisch alles auf dem Seeweg transportiert wurde. An den Straßenverkehr wurde die Region mit dem Bau der Carretera Austral in den 1970er Jahren angeschlossen.

Nordpatagoniens Nationalparks schützen große alte Wälder, Wildbäche, Wasserfälle und Berge. Sie können per Fähre auf dem Wasserweg sowie auf Abstechern abseits der Carretera Austral erkundet werden. Die Parks bieten zahlreiche Möglichkeiten für Outdoor-Fans.

Nordpatagonien

Highlights

1. Parque Nacional Pumalín Douglas Tompkins
2. Futaleufú
3. Parque Nacional Queulat
4. Parque Nacional Laguna San Rafael

Sehenswürdigkeiten

5. Chaitén
6. Palena
7. Melinka
8. Hornopirén
9. Puyuhuapi
10. Puyuhuapi Lodge & Spa
11. Puerto Cisnes
12. Puerto Chacabuco
13. Puerto Edén
14. Cochrane
15. Coyhaique
16. Parque Nacional Patagonia
17. Puerto Río Tranquilo
18. Parque Nacional Cerro Castillo
19. Chile Chico
20. Caleta Tortel
21. Río Baker
22. Villa O'Higgins

Pazifischer Ozean

0 Kilometer 100

N

Seenregion und Chiloé
Seiten 194–227
El Tepual Airport
Puerto Montt
Parque Nacional Hornopirén
8 Hornopirén
Ancud
El Maitén
Cushamen
Isla Llancahué
LOS LAGOS
1 Parque Nacional Pumalín Douglas Tompkins
Isla Grande de Chiloé
Paso del Sapo
Caleta Gonzálo
Chonchi
Santa Bárbara
Volcán Chaitén 1121 m
Esquel
Esquel Airport
Chaitén 5
Colan Conhué
2 Futaleufú
Quellón
Parque Nacional Corcovado
Lago Yelcho
Tecka
Inio
Puerto Ramírez
Villa Santa Lucia
6 Palena
Golfo de Corcovado
Alto Palena Airport
Gobernador Costa
La Junta
Lago Palena
Melinka Airport
7 Melinka
Lago Rosselot
Lago Verde
Puyuhuapi 9
Puyuhuapi Lodge & Spa 10
3 Parque Nacional Queulat
La Tapera
Parque Nacional Isla Magdalena
11 Puerto Cisnes
Villa Amengual
Los Tamariscos
Archipiélago de los Chonos
Alto Río Senguer
Facundo
Puerto Aisén
Puerto Chacabuco 12
15 Coyhaique
Balmaceda Airport
Balmaceda
Volcán Hudson 1905 m
18 Parque Nacional Cerro Castillo
Reserva Nacional las Guaitecas
Villa Cerro Castillo
AISÉN
Puerto Ingeniero Ibáñez
El Puma
Río Exploradores
Puerto Río Tranquilo
Lago General Carrera
19 Chile Chico
Chile Chico Airport
Monte San Valentín 4058 m
17
Puerto Guadal
Parque Nacional Laguna San Rafael 4
Lago Bertrand
16 Parque Nacional Patagonia
Campo de Hielo Norte
Puerto Bertrand
Cochrane 14
Cochrane Airport
Golfo de Penas
Bajo Caracoles
21 Río Baker
Cerro San Lorenzo 3705 m
Caleta Tortel 20
Puerto Yungay
Las Horquetas
Reserva Nacional Katalalixar
Villa O'Higgins 22
Río Chico
Lago Strobel
Lago O'Higgins
Parque Nacional Bernardo O'Higgins
Campo de Hielo Sur
Gobernador Gregores
Lago Cardiel
ARGENTINIEN
Puerto Edén 13
Tres Lagos
MAGALLANES
Isla Wellington
Südpatagonien und Tierra del Fuego
Seiten 248–263

1

Parque Nacional Pumalín Douglas Tompkins

F3 132 km südl. von Puerto Montt; Caleta Gonzalo von Hornopirén
tägl. 9–17:30 CONAF, Palena; +56 65 2436 337 conaf.cl

Der Parque Nacional Pumalín erstreckt sich über fast 4020 Quadratkilometer gemäßigter Regenwälder, tiefer Fjorde und schroffer Berge und ist mit Wanderwegen, Campingplätzen und Hütten ideal zum Wandern.

Der Nationalpark wurde 1991 vom US-amerikanischen Umweltschützer Doug Tompkins und seiner Frau Kris gegründet und war das größte Naturschutzgebiet in Privatbesitz, bis er 2018 zum Nationalpark erklärt wurde. Wanderwege beginnen an der Hauptstraße im südlichen Sektor und schlängeln sich durch seine unberührten Landschaften. Es gibt auch Wege in den weniger besuchten Sektoren im Norden und in Amarillo, die meisten davon sind relativ kurz, aber teilweise durchaus anspruchsvoll. Eine Reihe von heißen Quellen sind ideale Orte zur Entspannung nach einem anstrengenden Trekking-Tag.

Tompkins Conservation

Douglas Tompkins (1943–2015), Mitbegründer von The North Face, und seine Frau Kris, ehemalige CEO des Outdoor-Bekleidungsunternehmens Patagonia, setzten sich 25 Jahre für den Naturschutz in Chile und Argentinien ein. Ihre Arbeit in Chile begann 1991 mit dem Kauf eines großen Grundstücks, das zum Parque Pumalín wurde. Sie stießen zunächst auf erheblichen Widerstand der Einheimischen, aber die Öffnung des Parks für Besucher und ihr Engagement für den Naturschutz führten zu einem Meinungsumschwung. 2018 schenkte die Tompkins Conservation den Park dem Staat.

Highlight

1 *Im Park gibt es eine Reihe von Wasserfällen, die man von Wegen aus sieht.*

2 *Der Campingplatz am Lago Blanco bietet eine spektakuläre Aussicht.*

3 *Ein Führer im Gespräch mit einer Gruppe von Wanderern auf dem Alerce-Trail.*

↑ *Blick auf den Volcán Michinmahuida im Parque Nacional Pumalín*

TOP 3 Trails im Park

Sendero Cascadas Escondidas
Kurzer (1,5 km) und einfacher Weg zu drei wunderschönen Wasserfällen.

Sendero Volcán Chaitén
Die herausfordernde Wanderung (4,5 km) auf den Hängen des Volcán Chaitén wird mit Ausblicken auf den Krater belohnt.

Sendero Ventisquero El Amarillo
Anstrengender Trail (20 km), der durch weitgehend flaches Terrain zum Fuß des gewaltigen Michinmahuida-Gletschers führt.

2

Futaleufú

F3 2300 154 km südöstl. von Chaitén
O'Higgins 596; +56 65 2721 610 futaleufu.cl

Das Dorf Futaleufú liegt in einem abgeschiedenen malerischen Tal nahe der argentinischen Grenze. Der Río Futaleufú, meist nur »Fu« genannt, lockt als Wildwasser-Dorado Rafter und Kajakfahrer aus aller Welt an.

Das Dorf mit seinen schönen pastellfarbenen Häusern und großen Flächen östlich des Río Futaleufú gehört zur 49 Quadratkilometer großen Reserva Nacional Futaleufú. In dem Schutzgebiet mit den dichten Wäldern aus Lenga-Buchen, Coigüe-Bäumen und Chilezedern leben die gefährdeten Andenhirsche und viele andere Wildtiere. Rund ums Dorf kann man wandern, reiten, mountainbiken und angeln.

Am Ufer des Río Futaleufú betreiben Veranstalter Camps für Kühne, die ihr Können in den Stromschnellen der Stärke 4 und 5 testen wollen. Anfänger trainieren in ruhigeren Flussabschnitten oder in der Nähe auf den weniger turbulenten Flüssen Río Azul und Río Espolón. Kajakfahrer zieht es auch hinaus auf den Lago Yelcho.

Großer Fluss

Der Name Futaleufú bedeutet bei den einheimischen Mapuche »Großer Fluss«, sie bezeichnen das Tal als »un paisaje pintado por Dios« – eine von Gott gemalte Landschaft. Abgesehen von seiner Schönheit hat der Río Futaleufú einen internationalen Ruf als Hotspot für Wildwasser-Rafting und Kajakfahren. Mehrere Anbieter organisieren Halb-, Ganz- und Mehrtagesausflüge, darunter Bochinche Expediciones (www.bochinchex.com), Expediciones Chile (www.exchile.com) und Condorfu (www.condorfu.cl). Sie sind erfahren darin, auch mit Anfängern auf den Fluss zu gehen, man muss aber fit sein und schwimmen können.

← *Der Río Futaleufú birgt für Kajakfahrer viele Herausforderungen*

↓ *Gefährdeter Andenhirsch in der Reserva Nacional Futaleufú*

Expertentipp
Nach Argentinien

Wenn Sie nach Argentinien möchten, können Sie mit mehreren Bussen von Futaleufú in die Städte Esquel und Trevelín fahren.

↑ *Der majestätische Río Futaleufú ist ein beliebtes Fotomotiv*

Schon gewusst?

Im 19. Jahrhundert reichte der Ventisquero Colgante bis zum Meer, heute ist er 8 km entfernt.

3

Parque Nacional Queulat

F4 434 km südöstl. von Puerto Montt tägl. 8:30–17 (vorher buchen)
CONAF, Sector Ventisquero Colgante, Carretera Austral conaf.cl

Der weitläufige Nationalpark ist dank seiner gewundenen Fjorde, bewaldeten Felswände, dramatischen Wasserfälle und epischen Gletscher – am spektakulärsten ist der Hängegletscher Ventisquero Colgante – großartig. Machen Sie sich auf den Weg nach Queulat, um die Natur auf verschiedenen Wanderwegen zu erleben.

Der 15 000 Quadratkilometer große Nationalpark, der sich über einige der zerklüftetsten Gebiete Nordpatagoniens erstreckt, umfasst dichte Regenwälder, klare Seen, Forellenbäche und steile Berge. Die Höhenlage im Park variiert erheblich – von Meereshöhe bis zu 2255 Meter, wo der Niederschlag als Schnee

←

Wanderer auf der Hängebrücke über den Río Guillermo

Die grüne Landschaft des Parks und der Hängegletscher (Detail)

TOP 4 Leichte Trails im Park

Sendero Ventisquero Colgante
Eine der beliebtesten Wanderungen (3 km) im Park mit Blick auf den Gletscher und den eiskalten Bergsee darunter.

Sendero Laguna Los Pumas
Die Wanderung (10 km) im Sektor Angostura führt durch Wälder zur Lagune Los Pumas hoch.

Sendero Aluvión
Leichter Spaziergang (1 km) durch eine bewaldete Region im Sektor Ventisquero Colgante, in der viele Vögel leben.

Salto Padre García Trail
Der kurze Weg (0,3 km) führt 500 Meter abwärts zu einem schönen Wasserfall.

fällt. Obwohl der Parque Nacional Queulat an der Carretera Austral liegt, ist sein Hinterland größtenteils unerforscht.

Den Park entdecken

Der zentrale Sektor Ventisquero Colgante ist der beliebteste Teil des Parks mit guten Wanderwegen. Am Besucherzentrum beginnen einige Naturpfade mit atemberaubender Aussicht auf den Ventisquero Colgante. Von der riesigen, festen Eismasse stürzen Wasserfälle in die Laguna Témpanos (Eisbergsee), in der jedoch keine Eisberge schwimmen. Den See erreicht man auf dem 600 Meter langen Sendero Río Guillermo. Unterwegs überquert man eine Hängebrücke über dem Río Guillermo. Der Lago Risopatrón im Norden des Parks ist bei Fliegenfischern beliebt. Der südliche Sektor des Nationalparks ist unter dem Namen Portezuelo Queulat bekannt, und obwohl er weniger besucht wird, ist er durchaus eine Erkundung wert.

Auch der Magellanspecht ist im Parque Nacional Queulat anzutreffen

4

Parque Nacional Laguna San Rafael

F4 190 km südwestl. von Coyhaique conaf.cl

Der Nationalpark Laguna San Rafael ist ein UNESCO-Biosphärenreservat und einer der größten Nationalparks Chiles. Fast die Hälfte des 17 420 Quadratkilometer großen Reservats nimmt der Campo de Hielo Norte ein, die zweitgrößte Eiskappe der Südhalbkugel.

Der Campo de Hielo Norte umschließt den Monte San Valentín, mit 4058 Metern der höchste Gipfel Patagoniens, und nährt über 18 Gletscher, darunter auch den 60 Meter hohen Ventisquero San Rafael. Von der Oberfläche dieses schrumpfenden Gletschers stürzen riesige blaue Eisbrocken in die Lagune. Mehrere Veranstalter bieten Bootsfahrten durch ein Labyrinth aus Fjorden und Kanälen zum Gletscher. Während die großen Boote einen Sicherheitsabstand zum Gletscher einhalten, können sich die Passagiere in Schlauchbooten näher heranwagen. Bei einem Rundflug über den Park hat man ebenfalls eine atemberaubende Sicht auf das Eis.

Ein Boot vor dem Campo de Hielo Norte und eine Leopardenrobbe (rechts) ↓

Highlight

↑ *Der Wasserfall Las Cascadas im Parque Nacional Laguna San Rafael*

Kajak fahren und wandern

Während Bootsausflüge die klassische Art und Weise sind, die Region des Nationalparks zu erkunden, werden auch andere, abenteuerlichere Aktivitäten angeboten. AguaHielo Expediciones (www.aguahielo.cl) bietet herausfordernde, aber aufregende mehrtägige Seekajakfahrten auf dem San-Rafael-Gletscher an. Außerhalb des Wassers organisiert Patagonia Adventure Expeditions (www.patagoniaadventureexpeditions.com) Eistrekking-Touren auf und rund um den Campo de Hielo Norte, die fünf bis zehn Tage dauern. Für die Touren sollte man topfit sein.

Schon gewusst?

John Byron, Großvater des Dichters Lord Byron, erlitt hier 1742 Schiffbruch.

SEHENSWÜRDIGKEITEN

5

Chaitén

F3 3500 160 km südl. von Puerto Montt

Die Stadt Chaitén an der Carretera Austral (Ruta 7, *siehe S. 245*) bezauberte Besucher mit ihrer attraktiven Kombination aus Küste und Sierra, bis am 2. Mai 2008 der gleichnamige Vulkan knapp zehn Kilometer entfernt ausbrach. Diese Katastrophe zog eine schwere Überschwemmung nach sich, die viele Häuser wegspülte und andere unter Asche begrub.

Viele der angestammten Bewohner trotzten den staatlichen Umsiedlungsprojekten und kehrten in ihre Heimatstadt zurück. Trotz der Nähe zum Vulkan lockt das Gebiet noch immer viele Besucher an. Fähren von Puerto Montt und dem Chiloé-Archipel steuern Chaiténs Hafen an, viele Unterkünfte und andere Einrichtungen sind stets geöffnet.

6

Palena

F3 1700 257 km südöstl. von Puerto Montt
O'Higgins 740; +56 65 2741 217 Rodeo de Palena (Jan) municipalidad palena.cl

Am Dorf Palena nahe der Grenze zu Argentinien fließt der gleichnamige Fluss vorbei. In Palena pflegt man Chiles *Huaso*-Tradition beim Rodeo de Palena. Hier versuchen *huasos* auf Pferden, ein Kalb in einen gepolsterten Ring zu treiben.

Der Sendero de Chile ist ein Wegenetz, das quer durch Chile führt. Er verläuft auch durch Palena, weiter in die kaum bekannte Reserva Nacional Lago Palena bis zur argentinischen Grenze.

Schon gewusst?

Der chilenische Pirat Pedro Ñancúpel wurde 1886 in Melinka ergriffen.

7

Melinka

F3 1400 276 km südwestl. von Puerto Montt

Der Guaitecas-Archipel westlich von Palena besteht aus winzigen Inseln. Hauptort ist das Fischerdorf Melinka auf der Isla Ascensión. Das Dorf liegt am Golfo de Corcovado, in dem eine große Blauwalpopulation lebt – häufig sind die Tiere von der Küste aus zu sehen. Es gibt ein paar einfache, aber gemütliche Unterkünfte und Lokale.

8

Hornopirén

F3 1500 117 km südl. von Puerto Montt

Hornopirén liegt idyllisch an einem Fjord, dahinter ragt der gleichnamige, 1572 Me-

→ *Vertäutes Boot am Fjord an der Grenze zu Hornopirén*

↑ *Blick über einen Holzsteg am Fjord von Puyuhuapi auf die Bergwelt am gegenüberliegenden Ufer*

ter hohe Vulkan auf. Der Ort floriert seit dem 19. Jahrhundert. 2008 wurde Hornopirén vom Ausbruch des Volcán Chaitén schwer getroffen. Heute ist die Ortschaft das Tor zum zwölf Kilometer nordwestlich gelegenen Parque Nacional Hornopirén, in dem man Tiere beobachten und wandern kann. Boote bringen Besucher vom Fährhafen zu nahe gelegenen heißen Quellen. Am Hafen wird fangfrischer Fisch verkauft.

9

Puyuhuapi

F3 8300 434 km südöstl. von Puerto Montt Otto Übel s/n; +56 67 2325 244

Die meisten Ortschaften an der Carretera Austral sind wie die Autobahn selbst relativ neu. Eine Ausnahme bildet das Fischerdorf Puyuhuapi. Deutsche Einwanderer aus dem Sudetenland gründeten den Ort in den 1930er Jahren. Zahlreiche Häuser in dieser Gegend tragen deshalb auch deutlich deutsche Züge, und die Bräuche der frühen Siedler werden von den Bewohnern immer noch bewahrt. Der Bau von Holzbooten und die traditionelle Fischerei sind weiterhin die wichtigsten wirtschaftlichen Aktivitäten in dem Städtchen.

Puyuhuapi ist darüber hinaus eine perfekte Ausgangsbasis für die Erkundung von Attraktionen in der Umgebung, darunter der Parque Nacional Queulat *(siehe S. 236f)* und die Reserva Nacional Lago Rosselot. Ganz in der Nähe des Dorfs locken zudem die Thermalquellen des Luxusresorts Puyupuapi Lodge & Spa *(siehe S. 242)*. Dort kann man auch reiten, Bootsausflüge machen und wandern.

Sechs Kilometer südlich von Puyuhuapi lohnen die **Termas del Ventisquero Puyuhuapi** einen Tagesausflug. Das Thermalbad bietet vier Becken und ein Café.

Lokale

Natour

Der Food Truck in einem umfunktionierten grünen Bus bietet herzhaftes Frühstück, leckere Sandwiches und den vielleicht besten Kaffee Nordpatagoniens. Der Truck ist ein willkommener Zwischenstopp auf dem Weg nach Chaitén.

F3 Playa Santa Bárbara, Chaitén +56 9 4234 2799

$$$

Chocolatería y Heladería Artesanal Hornopirén

Die familiengeführte Eisdiele verwöhnt mit Eissorten wie Sauerkirsche, Guave und Rote Johannisbeere.

F3 Los Canelos, Camino a Chaqueihua, Hornopirén

$$$

Termas del Ventisquero Puyuhuapi

Carretera Austral Sur, km 6 März–Nov: siehe Website; Dez–Feb: tägl. 9–21 termas ventisquerospuyuhuapi.cl

Segeltour in den Fjorden Nordpatagoniens

Die dreitägige Reise von Puerto Montt *(siehe S. 209)* in Richtung Süden nach Puerto Natales *(siehe S. 258)* an Bord der M/V *Edén* gehört zu Nordpatagoniens bedeutendsten Attraktionen. Auf der Fahrt entlang der patagonischen Küste passiert man zahllose Fjorde, Kanäle und Tausende unbewohnter Inseln. Von Deck aus sieht man unglaubliche Landschaften mit dichtem gemäßigtem Regenwald, Seen, massiven Gletschern und schneebedeckten Bergen. Zuweilen folgen Delfine den Booten. Zum Unterhaltungsprogramm gehören naturgeschichtliche Vorträge und chilenische Dokumentarfilme. Wenn die Fähre südlich von Chiloé schippert, sind die Lichter von Melinka in der Ferne zu sehen.

←

Die ruhige Puyuhuapi Lodge & Spa liegt direkt am Wasser

10

Puyuhuapi Lodge & Spa

F4 447 km südöstl. von Puerto Montt; Bahía Dorita s/n puyuhuapilodge.com

In einem Land, das für seine Thermalbäder bekannt ist, gehört die Puyuhuapi Lodge & Spa zu den Top-Adressen. Sie liegt einsam an der Westseite des herrlichen Fjords Seno Ventisquero und passt sich dem Regenwald mit Farnen und Blumen an: Hier wachsen prächtige Pflanzen, etwa Nalcas mit schirmgroßen Blättern.

Die Puyuhuapi Lodge & Spa heißt sowohl Übernachtungs- als auch Tagesgäste willkommen. Der Komplex besteht aus reizenden Gebäuden, deren Fassaden denen der für Chiloé typischen Schindelhäuser ähneln. Die Gästezimmer mit poliertem Holzinterieur überblicken die Bahía Dorita. Tagesgäste haben Zugang zu drei Thermalbecken im Freien und einem Café. Hotelgäste können zudem das beheizte Hallenbad nutzen und unter diversen Therapieanwendungen, Behandlungen und Massagen wählen.

Übernachtungsgästen stehen vielfältige Pauschalangebote zur Verfügung, dazu gehören auch Outdoor-Aktivitäten wie Wanderungen durch den Parque Nacional Queulat *(siehe S. 236f)*, Fliegenfischen in den nahen Flüssen und ein Besuch in dem hübschen Städtchen Puyuhuapi *(siehe S. 241)*. Den Schlusspunkt bildet häufig ein Tagesausflug gen Süden zum Parque Nacional Laguna San Rafael *(siehe S. 238f)* mit dem High-Speed-Katamaran *Patagonia Express*, der durch Fjorde und Kanäle rast. Im Anschluss fährt das Boot gen Norden nach Puerto Chacabuco. Von dort erreicht man Coyhaique *(siehe S. 244)* und den Flughafen in Balmaceda.

Entdeckertipp
Puerto Raúl Marín Balmaceda

Nördlich der Puyuhuapi Lodge & Spa liegt die schöne Flussinsel. Das mit der Autofähre erreichbare Fischerdorf ist eines der schönsten der Region und den Umweg wert.

11

Puerto Cisnes

F4 2500 520 km südöstl. von Puerto Montt Sotomayor s/n; +56 9 7663 7208

Der Ort an der Mündung des gleichnamigen Flusses wurde 1929 als einfache Holzfabrik gegründet. Heute ist Puerto Cisnes ein hübsches Fischerdorf mit bunten Booten am Kai. Auffällig ist die aus Holz gebaute klassizistische Dorfbibliothek Biblioteca Pública Genaro Godoy, deren Fassade Figuren aus der griechischen Mythologie schmücken. Puerto Cisnes ist auch das Tor zum Parque Nacional Isla Magdalena. Einheimische Fischer bringen Besucher in diesen grünen, dicht bewaldeten Park.

An der Carretera Austral, gleich östlich der Abzweigung nach Puerto Cisnes, stellt der Viaducto Piedra El Gato eine bemerkenswerte Ingenieursleistung dar. Der Autobahnabschnitt verläuft hier parallel zum Fluss vor einer nahezu senkrechten Granitwand. Der Viadukt lässt sich von mehreren Aussichtspunkten an der Autobahn bestaunen.

12

Puerto Chacabuco

F4 · 1200 · 60 km westl. von Coyhaique

Das kleine, quirlige Puerto Chacabuco liegt an einem schönen Naturhafen und ist das Zentrum einer florierenden Fischindustrie. Es löste in den 1940er Jahren die nahe Kleinstadt Puerto Aisén als Haupthafen der Region ab. Durch die Abholzung von Patagoniens Wäldern hatte sich damals die Mündung des Río Aisén so sehr mit Sediment gefüllt, dass größere Schiffe in Puerto Aisén nicht mehr anlegen konnten.

Heute ist Puerto Chacabuco das Tor zu Sehenswürdigkeiten wie dem Parque Aiken del Sur und dem Parque Nacional Laguna San Rafael *(siehe S. 238f)*.

13

Puerto Edén

F5 · 300 · 438 km südwestl. von Coyhaique

Puerto Edén liegt auf der Isla Wellington in einem der regenreichsten Gebiete der pazifischen Fjorde. Die Siedlung entstand als Versorgungsstation für die Wasserflugzeuge der Luftwaffe zwischen Puerto Montt *(siehe S. 209)* und Punta Arenas *(siehe S. 256f)*. Nachdem die Luftwaffe wieder abgezogen war, ließen sich Kawéskar nieder.

Heute leben hier die wenigen verbliebenen Nachkommen dieses Jäger- und Sammler-Volks. Die Behausungen der Kawéskar sind durch Holzstege und nicht durch Straßen verbunden. An mehreren Ständen kann Kunsthandwerk erworben werden.

Je nach Wetter und Fahrplan halten hier die Fähren von Transbordadora Austral Broom auf dem Weg von Puerto Natales *(siehe S. 258)* nach Yungay.

↑ *Guanakos in der Reserva Nacional Lago Cochrane*

14

Cochrane

F5 · 3000 · 192 km südl. von Coyhaique

Dr. Steffen und Esmeralda; +56 67 2522 115

cochranepatagonia.cl

Das adrette Städtchen an dem gleichnamigen See ist die letzte Servicestation an der Carretera Austral. Hier steht die letzte Tankstelle an der Autobahn – selbstverständlich ist das Benzin teurer als im Rest des Landes. In dem Ort kann man sich auch gut mit Proviant für die weitere Reise eindecken.

Cochrane ist auch das Tor zum **Sector Tamango** des **Parque Nacional Patagonia** *(siehe S. 244f)*, dem südlichsten Teil des Nationalparks, der sechs Kilometer nordöstlich von Cochrane liegt. Dieses atemberaubende, annähernd drei Hektar große Areal ist ein bedeutendes Schutzgebiet für den vom Aussterben bedrohten Südandenhirsch. Vom Eingang führen Wanderwege zum jadefarbenen Lago Cochrane und zum Cerro Tamango.

Sector Tamango, Parque Nacional Patagonia

6 km östl. von Cochrane; CONAF, Río Nef 417 · +56 67 2522 164 · conaf.cl

Hotels

El Pangue

Übernachten Sie im Hotel oder in einer der frei stehenden Cabañas.

F3 · Carretera Austral, km 240, Puerto Puyuhuapi · elpangue.cl

$$

Nómades Hotel Boutique

Das Hotel mit schönen Zimmern bietet einen Blick über den Fluss.

F4 · Avenida Baquedano 84, Coyhaique · nomadeshotel.com

$$$

Patagon Backpackers

Hostel mit Schlafsälen und Privatzimmern.

F4 · Pdte. Errázuriz 545, Coyhaique · patagon backpackers.com

$

Puyuhuapi Lodge

Rustikal-elegante Lodge mit geräumigen Zimmern in Holzhäusern.

F3 · Bahia Dorita s/n, Puerto Puyuhuapi · puyuhuapilodge.com

$$

Rumbo Sur Deep Patagonia

Idealer Ausgangspunkt für die Erkundung der Eisfelder.

F5 · Carretera Austral, km 1240, Villa O'Higgins · rumbo-sur-deep-patagonia-villa-o-higgins.booked.net

$$$

Restaurants

Mamma Gaucha
Die Pizzeria serviert dünne Pizzas mit kreativen Zutaten. Sie bietet auch eine Auswahl an Craft-Beers und Kunstwerken mit Gaucho-Themen.

F4 Paseo Horn 47, Coyhaique +56 67 2210 721 So

$$(\$)

La Casona
Das Restaurant in einer umgebauten Residenz serviert schmackhaftes chilenisches Essen.

F4 Obispo Vielmo 77, Coyhaique +56 67 2238 894

$$(\$)

15

Coyhaique

F4 50 000 461 km südöstl. von Puerto Montt Bulnes 35; +56 67 2240 290 coyhaique.cl

Coyhaique ist die Hauptstadt der Region Aisén und Nordpatagoniens einziges größeres Zentrum. Ein Labyrinth aus Straßen, die konzentrisch die fünfeckige Plaza de Armas umkreisen und an jedem zweiten Block den Namen ändern, erschwert die Orientierung in der hübschen Stadt unterhalb des Basaltmassivs des Cerro Macay. Coyhaique bietet die beste touristische Infrastruktur der Region, von hier sind Attraktionen wie der Lago Elizalde und die Reserva Nacional Río Simpson leicht zu erreichen.

Die Stadt selbst bietet wenige Attraktionen, auf dem fußgängerfreundlichen Hauptplatz und am nahen Paseo kann man aber wunderbar bummeln und entspannen. Per Mietwagen lässt sich von hier gut die Carretera Austral erkunden.

Gleich an der Stadtgrenze liegt die 27 Quadratkilometer große **Reserva Nacional Coyhaique** mit Wanderwegen durch Coigüe- und Lenga-Wälder, Campingplatz und Panoramablick auf die Stadt und ihr Umland.

Reserva Nacional Coyhaique

Ruta 7 Norte +56 67 2212 225 Apr–Sep: tägl. 8:30–17:30; Okt–März: tägl. 8:30–19 conaf.cl

16

Parque Nacional Patagonia

F4 30 km nördl. von Cochrane conaf.cl

Die zweite umfangreiche Landübergabe von Douglas und Kris Tompkins *(siehe S. 232)* an den chilenischen Staat ist der Parque Nacional Patagonia. Das Gelände wurde von einer Rinderfarm zu

Die Carretera Austral wird von atemberaubenden Landschaften gesäumt

→ *Höhlen am Ufer des Lago General Carrera nahe Puerto Río Tranquilo*

einem Schutzgebiet für eine artenreiche Tier- und Pflanzenwelt umgestaltet. Es umfasst schneebedeckte Berge, die mit Wäldern aus einheimischen Südbuchen und Antarktischen Buchen bewachsen sind. Diese Waldgebiete reichen bis in tief gelegene Flusstäler. Am Fuß der Berge breiten sich die patagonische Steppe und ein malerischer See aus.

Der 2400 Quadratkilometer große Park ist in drei Bereiche unterteilt: Sector Tamango (Zugang von Cochrane; *siehe S. 243*), **Sector Jeinimeni** (Zugang von Chile Chico; *siehe S. 246*) und **Sector Valle Chacabuco**. Der bis an die argentinische Grenze reichende Park ist Lebensraum u. a. von Guanakos, Nandus, Pumas, Flamingos und Südandenhirschen.

Mit Boot oder Kajak kann man sich einen Eindruck von den Höhlen verschaffen, von denen einige durch Gänge miteinander verbunden sind.

Im Sektor **Valle Chacabuco** kann man sehr gut wandern, u. a. auf dem Lagunas Altas Trail (23 km) hinauf zum Cerro Tamanguito.

Interessant sind auch das Museum and Visitor Center des Parque, das die Landschaft und Kulturgeschichte des Chacabuco-Tals sehr eindrucksvoll illustriert. Mehrtägige Wanderungen verbinden diesen Teil des Parks mit Tamango und Jeinimeni.

Sector Jeinimeni
140 km südl. von Coyhaique; Blest Gana 121, Chile Chico W conaf.cl

Sector Valle Chacabuco
170 km südl. Coyhaique; Av. Ogana 1060, Coyhaique W conaf.cl

Unterwegs auf der Carretera Austral

Die Route 7 wurde unter der Diktatur gebaut, um abgelegene Gemeinden zu verbinden. Sie führte durch Patagonien und verlief von Puerto Montt *(siehe S. 209)* bis Villa O'Higgins *(siehe S. 247)*. Ein normales Auto ist für den größten Teil in Ordnung, ein Geländewagen ist jedoch für Abstecher nützlich. In den meisten Städten gibt es Tankstellen, aber es lohnt sich, regelmäßig zu tanken. Nehmen Sie einen Ersatzreifen mit, Wasser, Lebensmittel, einen Schlafsack und einen Erste-Hilfe-Kasten sowie Bargeld, da Geldautomaten in dieser Region selten sind.

17

Puerto Río Tranquilo

F4 500 125 km südwestl. von Coyhaique

Der ein wenig verschlafen wirkende Ort Puerto Río Tranquilo liegt am Westufer des schillernd türkisfarbenen Lago General Carrera – Chiles größtem See, der auch auf argentinisches Staatsgebiet reicht und dort als Lago Buenos Aires bezeichnet wird. Eine besondere Attraktion am Ufer sind die *capillas de mármol* (Marmorhöhlen). Diese bemerkenswerten Höhlen wurden über mehr als 6000 Jahre vom Wasser durch Erosion aus den Felsen gemeißelt.

Mit Boot oder Kajak kann man sich einen Eindruck von den Höhlen verschaffen, von denen einige durch Gänge miteinander verbunden sind.

↑ *Wanderung durch die raue Landschaft des Parque Nacional Cerro Castillo*

18 Parque Nacional Cerro Castillo

F4 45 km südl. von Coyhaique tägl. 8–18 conaf.cl

Der Nationalpark ist nach dem 2581 Meter hohen Cerro Castillo benannt. Das Areal schützt auf einer Fläche von über 1340 Quadratkilometern eine weitgehend unberührte Andenlandschaft. In dem Wandergebiet schlängeln sich Naturpfade durch Wälder aus Lenga-Buchen, vorbei an rauschenden Wasserfällen und eisigen Gletschern. Unterwegs erspäht man mit ein wenig Glück Wildtiere wie Andenhirsche, Pumas und Füchse.

Eine schöne Wanderung ist die viertägige Cerro Castillo Traverse, die zu von Gletschern bedeckten Bergen und tiefblauen Seen führt. Tageswanderer können den Cerro Castillo und den darunter liegenden See über einen Pfad westlich des Ortes Villa Cerro Castillo erreichen, wo es einfache Restaurants und Unterkünfte gibt. Etwas südlich von dem Ort kann man in der natürlichen Felsenhöhle **Paredón de las Manos** einzigartige präkolumbische Malereien bewundern. Die Felsbilder sind rund 3000 Jahre alt.

An der nördlichen Grenze der Reserva Nacional Cerro Castillo liegt der nur knapp zwei Kilometer breite, aber 25 Kilometer lange Lago Elizalde, der zum Angeln, Segeln und Kajakfahren einlädt.

Paredón de las Manos
5 km südl. von Villa Cerro Castillo Di–So 10–17

19 Chile Chico

F4 4500 110 km südöstl. von Coyhaique O'Higgins 333; +56 67 2411 303 chilechico.cl

Chile Chico nahe der argentinischen Grenze gehört zum Obstanbaugebiet am Lago General Carrera. Am besten erreicht man den Ort über eine steile Straße von der Carretera Austral – schon die Fahrt ist ein Erlebnis – oder mit der Fähre über den riesigen See.

Chile Chico wurde 1909 von Argentiniern gegründet und kam 1917 zu Ruhm, als zwischen Siedlern und Ranchern der sogenannte Krieg von Chile Chico ausbrach. 1991 zerstörte der Ausbruch des Volcán Hudson fast alle Plantagen der Umgebung. Die Kultur- und Naturgeschichte der Region dokumentiert das **Museo de la Casa de Cultura**. Ein Teil des Museums befindet sich auf dem auf Grund gelaufenen Dampfer *Los Andes*, der einst den See befuhr.

Museo de la Casa de Cultura
O'Higgins 496 +56 67 2412 042 Mo–Fr 8–13, 14–17

20 Caleta Tortel

F5 600 235 km südwestl. von Coyhaique

Caleta Tortel liegt am Fiordo Mitchell und ist wohl Patagoniens malerischstes Dorf. Bis 2003 besaß es keine Straßenanbindung. Im Dorf selbst gibt es immer noch keine Straßen, aber Plankenwege und Treppen zu den *palafitos* an der Bucht. Die Pfahlbauten gleichen den Häusern auf dem Chiloé-Archipel. Die meisten sind aus Guaiteca-Zypressen erbaut, der südlichsten Koniferenart der Welt.

Seit Kurzem entwickelt sich auch hier der Fremdenverkehr. Gäste wandern zu Zielen wie dem Cerro La Bandera und der Cascada Pisagua. Den Weg zu diesem Wasserfall erreicht man nur per Shuttle-Boot. Das Dorf ist auch eine ideale Ausgangsbasis für Ausflüge in die Nationalparks Laguna San Rafael und Bernardo O'Higgins *(siehe S. 259)* sowie in die Reserva Nacional Katalalixar. Alle erreicht man nur mit einfachen Motorbarkassen.

21

Río Baker

F5 235 km südl. von Coyhaique

Der Río Baker schlängelt sich 170 Kilometer vom Lago Bertrand nach Caleta Tortel und ist Chiles Fluss mit der höchsten Wasserführung. Aufgrund seines Volumens und seiner Fließgeschwindigkeit auf der gebirgigen Strecke war er als Standort für ein Wasserkraftwerk bestimmt. Glücklicherweise konnte die Realisierung des Projekts verhindert werden.

Die Gebiete südlich von Puerto Bertrand, vor allem am beeindruckenden Zusammenfluss von Río Baker und Río Nef, sind ein Paradies für Wanderer, Rafter und Angler. Rafting-Ausflüge können in Puerto Bertrand im Norden von Cochrane *(siehe S. 243)* arrangiert werden.

22

Villa O'Higgins

F5 600 328 km südl. von Coyhaique Plaza de Armas; +56 67 2431 821 villaohiggins.com

Hinter Cochrane sind die letzten 200 Kilometer der Carretera Austral praktisch unversorgt. Jedoch bringt eine kostenlose Fähre Reisende von Puerto Yungay nahe dem Río Bravo zum Ende der Autobahn bei Villa O'Higgins.

Das 1966 gegründete Dorf heißt nach dem chilenischen Nationalhelden Bernardo O'Higgins *(siehe S. 259)*. Seit 1999 ist es an die Carretera Austral *(siehe S. 245)* angeschlossen, was sich auch an den Besucherzahlen bemerkbar macht.

Villa O'Higgins liegt in einer Berglandschaft unweit des Campo del Hielo Sur. Der Ort bietet viele Wanderwege (auch für Ausflüge zum Glaciar O'Higgins). Eine Rad- und Wanderroute führt ins argentinische El Chaltén. Enthusiasten gelangen mit dem Katamaran von Villa O'Higgins zum Grenzposten Candelario Mansilla, können 21 Kilometer wandern und mit der Fähre über den argentinischen Lago del Desierto fahren.

Schon gewusst?

In der Gegend um Villa O'Higgins lag von 1914 bis 1916 eine englische Siedlung.

←

Rafting auf dem blauen Wasser des breiten Río Baker

Die Torres del Paine im gleichnamigen Nationalpark (siehe S. 252–255)

Südpatagonien und Tierra del Fuego

Südpatagonien ist ein Labyrinth aus Archipelen und einer schmalen Festlandmasse – eine atemberaubende Wildnis mit smaragdgrünen Fjorden, riesigen Eisfeldern, zerklüfteten Bergen und vom Wind gepeitschten Grasebenen. Die ungezähmte, kaum besiedelte Tierra del Fuego ist vom Festland durch die Magellanstraße getrennt und erstreckt sich bis zum stürmischen Kap Hoorn.

Südpatagonien und Tierra del Fuego waren einst das Land der Selk'nam (Ona), Yaghan, Tehuelche und Kawéskar. Sie fielen größtenteils dem Genozid durch die weißen Eroberer zum Opfer. Heute leben nur noch wenige Nachfahren dieser indigenen Volksgruppen.

1520 erreichte der Portugiese Ferdinand Magellan als erster Europäer die Region. Doch erst im 19. Jahrhundert errichteten Missionare, Abenteurer sowie Kaufleute aus Spanien, Großbritannien, Kroatien und Nordchile ständige Siedlungen.

Ende des 19. Jahrhunderts brachte die Schafzucht eine wirtschaftliche Blüte im großen Stil. Zugleich florierte die Schiffsindustrie. Sie profitierte von der Magellanstraße, die bis zur Eröffnung des Panamakanals 1914 als Passage zwischen Pazifik und Atlantik diente. Heute basiert die Wirtschaft in der Region auf der Schafzucht, der Erdölförderung und dem Fremdenverkehr.

Isla Wellington
MAGALLANES
Nordpatagonien
Seiten 228–247
Lago O'Higgins
Lago Cardiel
El Chaltén
Parque Nacional Los Glaciares
Tres Lagos
Lago Viedma
Campo de Hielo Sur
Río Santa Cruz
Lago Argentino
Comandante Armando Tola International Airport
El Calafate
ARGENTINIEN
8 Parque Nacional Bernardo O'Higgins
Cerro Paine Grande 3050 m
Lago Nordenskjöld
Esperanza
Lago Grey
Cerro Castillo
Parque Nacional Torres del Paine 1
Lago del Toro
Cerro Balmaceda 2034 m
6 Cueva del Milodón
Puerto Bories
7 Puerto Natales
Teniente Julio Gallardo Airport
MAGALLANES
Puerto Ramírez
Villa Tehuelches 5
Laguna Blanca
Cerro Burney 1750 m
Río Verde
Reserva Nacional Alacalufes
Seno Skyring
Isla Magdalena 4
Cerro Atalaya 1849 m
Cerro Ladrillero 1664 m
Isla Riesco
Presidente Carlos Ibáñez International Airport
Punta Arenas 3
Magellanstraße 10
Cutter Cove
Puerto Hambre 2
Península Brunswick
Pazifischer Ozean
Isla Santa Inés
Cabo San Isidro
Isla Clarence
Isla Dawso
Cerro Sarmiento 2299 m
Cordillera Darwi
Südpatagonien und Tierra del Fuego

Südpatagonien und Tierra del Fuego

Highlight

1. Parque Nacional Torres del Paine

Sehenswürdigkeiten

2. Puerto Hambre
3. Punta Arenas
4. Isla Magdalena
5. Villa Tehuelches
6. Cueva del Milodón
7. Puerto Natales
8. Parque Nacional Bernardo O'Higgins
9. Kap Hoorn
10. Magellanstraße
11. Puerto Williams
12. Porvenir

1

Parque Nacional Torres del Paine

F6 70 km nordwestl. von Puerto Natales von Punta Arenas von Punta Arenas oder Puerto Natales tägl. 8–19 (vorher buchen) CONAF-Hauptquartier: südl. Parkeingang parquetorresdelpaine.cl

Der Parque Nacional Torres del Paine ist zweifellos einer der schönsten Nationalparks Südamerikas. Er umfasst weitläufige Berge, fast senkrecht aufragende Granitsäulen, schillernde Gletscher, glitzernde azurblaue Seen und ausgedehnte smaragdgrüne Wälder.

Der Nationalpark Torres del Paine ist ein UNESCO-Weltbiosphärenreservat und nach dem Paine-Massiv, dessen Granitberge am Südlichen Eisfeld zwischen Anden und Patagoniens Steppe aufragen, benannt. Der Name ist eine Mischung aus Spanisch und der Sprache der indigenen Tehuelche: Das Tehuelche-Wort *paine* bedeutet passenderweise »blau«, leuchten die Gletscher, Eisberge, Flüsse und Seen der Region doch in den verschiedensten Blautönen. Der Park ist ein Wanderparadies: Hier kann man zahllose Tagestouren sowie zwei- bis zehntägige Treks unternehmen. Dominiert wird er vom Paine-Massiv, das die Los-Cuernos-Berge, die Türme der Torres del Paine und den höchsten Berg des Parks, den 3248 Meter hohen Cerro Paine Grande, umfasst.

Expertentipp
Beste Zeit

Der Park ist in den Sommermonaten (Jan/Feb) am stärksten besucht, im Winter (Juni–Sep) können die Temperaturen deutlich unter null fallen. Beste Besuchszeit ist daher Okt–Dez und März/Apr.

↑ *Ein Wanderer bewundert die Cordillera del Paine*

↑ *In der grasigen Tundra das Nationalparks sieht man Guanakos*

Weitere Habitate mit besonderen Mikroklimaten und geologischen Formationen sind Gletscher, Granitspitzen, Buchenwälder, Seen und Steppe. Sie alle können zu Fuß, mit dem Auto, an Bord eines Katamarans oder zu Pferd erkundet werden. Der Park ist zudem mit Campingplätzen und *refugios* sowie einigen Hotels *(siehe S. 255)* ausgestattet.

Die südliche Straße von Puerto Natales ist die schönste Route in den Park und führt zum CONAF-Verwaltungssitz. Hier erhält man viele Informationen über den Park. Darüber hinaus gibt es interessante Ausstellungen über die Flora, Fauna und geologische Merkmale des Schutzgebiets. Ein kleiner Kiosk verkauft Karten, Bücher und verschiedene andere Gegenstände.

Tierbeobachtung

Obwohl der Nationalpark Torres del Paine in erster Linie für seine spektakuläre Landschaft bekannt ist, ist er auch unglaublich artenreich, wie die Einstufung als UNESCO-Weltbiosphärenreservat zeigt. Es gibt 25 Arten von Säugetieren, vor allem Grau- und Rotfüchse, Guanakos, schwer zu entdeckende Südandenhirsche und Pumas. An Vogelarten ist der Nationalpark sogar noch reicher: Hier leben etwa 120 Arten, darunter Andenkondore, Chileflamingos, Magellanspechte, Kordillerenadler und Darwin-Nandus (große flugunfähige Vögel, die Straußen und Emus ähneln).

Den Parque Nacional Torres del Paine entdecken

Von Puerto Natales erreicht man den Park über eine Straße oder per Schlauchboot über den Río Serrano. An den drei Eingängen sind CONAF-Rangerstationen. Im Park sind die Wege auf rund 250 Kilometern markiert. Die längste Route (acht bis zehn Tage) führt auf dem Circuito Grande zum Paine-Massiv. Am fünften Tag stößt die Route auf den beliebtesten Trail des Parks, den Sendero W, der weiter zum Valle del Francés und den Torres führt.

Sendero W

Der mittelschwere Weg folgt einer W-förmigen Route, die beliebteste mehrtägige Wanderung. Die meisten Trekker beginnen in Las Torres, einem Komplex mit Campingplätzen und dem Hotel Las Torres. Die sieben- bis achtstündige, strapaziöse Rundwanderung zu den Torres del Paine führt durch Buchenwälder im Valle Ascencio und endet mit einem 45-minütigen Anstieg über ein Blockfeld an den Torres, drei majestätischen Granittürmen an einem Gletschersee.

Weiter gen Südwesten vom Hotel Las Torres geht es am Ufer des türkisfarbenen Lago Nordenskjöld entlang und um die Flanke der zweifarbigen Felsspitzen Los Cuernos. Nach rund elf Kilometern erreicht man das Hostel und die Campingplätze des Refugio Los Cuernos. Trekker können hier übernachten oder in das sechs Kilometer entfernte Valle del Francés weiterwandern und dort auf dem unbewirtschafteten Campamento Italiano zelten. Der Weg hinauf zum und in das Valle del Francés ist rund acht Kilometer lang und führt weit in das Tal, das von Granitgipfeln umgeben ist und einen Blick auf die patagonische Steppe bietet.

Vom Anfang des Valle del Francés sind es rund acht Kilometer zum Refugio Paine Grande mit Campingplatz und zur Anlegestelle des Katamarans, der über den Lago Pehoé zum Sektor Pudeto fährt. Der Weg führt jetzt im letzten, elf Kilometer langen Abschnitt nach Norden zum Refugio Grey. Dort werden Treks zum Glaciar Grey organisiert. Die meisten Wanderer kehren zurück zum Lago Pehoé und fahren mit dem Katamaran nach Pudeto. Dort gibt es Transportmöglichkeiten nach Puerto Natales.

Circuito Grande

Gründlich erkunden lässt sich der Park auf dem Circuito Grande rund um das

TOP 3 Kürzere Trails

Mirador las Torres
Auf dem Trail (17 km) blickt man auf die berühmten Granittürme.

Sendero Mirador Cuernos
Die leichte Wanderung (6 km) führt vom Katamaran-Hafen in Pudeto zu einem Aussichtspunkt mit Blick auf Los Cuernos.

Mirador Ferrier
Ein steiler Weg (2 km) führt hoch zum Mirador Ferrier. Von dort hat man einen fantastischen Blick auf Gletscher, Seen und Berge.

↑ *Wanderer auf dem Weg hoch zum John Gardner Pass*

Die beeindruckenden, blauen Eisblöcke des Grey-Gletschers

Paine-Massiv. Die Wanderung dauert etwa acht bis zehn Tage. Die Route beginnt am Hotel Las Torres oder an der Rangerstation Laguna Amarga und führt gegen den Uhrzeigersinn. Die Route ab Hotel Las Torres beginnt mit einer vierstündigen Wanderung durch das Valle Ascencio zum Campamento Seron. Sie führt weiter zum 19 Kilometer entfernten Refugio Dickson, wo man freie Sicht auf den Glaciar Dickson hat.

Ab diesem Punkt wird der Weg immer schwieriger. Vom Refugio Dickson gelangt man nach neun Kilometern durch Wald und Moor zum Campingplatz Los Perros. Dann geht es zwölf Kilometer hinauf zum John Gardner Pass. Bei schlechtem Wetter sollte man abwarten. Der Blick auf den Glaciar Grey und das Südliche Eisfeld vom Pass ist der Höhepunkt.

Weniger ehrgeizige Wanderer übernachten auf dem Campamento Paso, da die nächsten zehn Kilometer zum Refugio Grey schwierig sind. Für die letzten Tage der Wanderung folgt man nun dem Sendero W, der gegen den Uhrzeigersinn führt.

Sendero Pingo-Zapata

Auf dem leichten bis mittelschweren Weg kann man gut Vögel beobachten. Er beginnt an der CONAF-Station am Lago Grey und folgt dem Río Pingo mit Blick auf die westlichen Granitwände des Paine-Massivs. Nach rund fünf Stunden erreicht man einen Aussichtspunkt mit Blick auf den mächtigen Glaciar Zapata und seine Moränen. Für diese Wanderung benötigt man einen Führer.

Glaciar Grey

Obwohl geschrumpft, gehört der Glaciar Grey noch immer zu den größten und am leichtesten erreichbaren Gletschern Patagoniens. Die Eisberge, die er kalbt, treiben zum Ende des Lago Grey. Sie sieht man auf einem halbstündigen Spaziergang über den Strand von der Rangerstation des Sektors Grey beim Hotel Lago Grey bis zur Aussichtsplattform auf einer Halbinsel. Von dort reicht der Blick bis zum Glaciar Grey in der Ferne. Ein beliebter Ausflug führt auf dem Katamaran *Grey II* viermal täglich vom Hotel Lago Grey zum Gletscher.

Hotels

EcoCamp Patagonia
Camping in geodätischen Kuppeln.
Sector Las Torres, Parque Nacional Torres del Paine
ecocamp.travel
$$$

Tierra Patagonia
Ausblicke auf das Massiv der Torres del Paine.
Sarmiento-See am Rand des Parque Nacional Torres del Paine
tierrahotels.com
$$$

Explora Patagonia
»Zimmer mit Aussicht« dank des Blicks.
Sector Lago Pehoé, Parque Nacional Torres del Paine
explora.com
$$$

←

Blick aufs Meer von einer Klippe bei Punta Arenas

SEHENSWÜRDIGKEITEN

2 Puerto Hambre

G7 58 km südl. von Punta Arenas tägl. 10:30–18:30

Die erste Siedlung an der Magellanstraße gründeten einige Hundert Kolonisten, die der spanische Kapitän Pedro Sarmiento de Gamboa 1584 rund 50 Kilometer südlich von Punta Arenas absetzte. Er taufte die Siedlung Rey Felipe, 1587 nannte sie der britische Kapitän Thomas Cavendish in Puerto Hambre (Hafen des Hungers) um, als er dort nur noch einen einzigen Überlebenden antraf – die anderen waren verhungert oder erfroren. Die Reste der alten Siedlung gelten heute als Nationaldenkmal.

Rund vier Kilometer südlich liegt das nationale Monument Fuerte Bulnes. Diese zweite, erstmals erfolgreiche Siedlung an der Magellanstraße gründeten 1843 Kolonisten von Chiloé, die aber 1848 in das heutige Punta Arenas umgesiedelt wurden. In der Stätte erhält man einen Einblick in das Leben dieser Siedler.

3 Punta Arenas

G7 116 000 247 km südl. von Puerto Natales José Fagnano 643 Winterkarneval (Juli) puntaarenas.cl

Die Hauptstadt der Region Magallanes ist Startpunkt für Kreuzfahrten nach Tierra del Fuego und Antárctica. Punta Arenas wurde 1848 als Strafkolonie gegründet. Im frühen 20. Jahrhundert flohen Tausende Europäer vor dem Ersten Weltkrieg in das Gebiet. Hier suchten sie in der Schafzucht und Schifffahrtsindustrie, bei der Goldsuche oder im Kohlebergbau ihr Glück. Am besten erkundet man Punta Arenas von der Plaza Benjamín Muñoz Gamero mit dem Magellan-Denkmal. Dort müssen Sie den Zeh der Indianerstatue küssen: Das bringt angeblich Glück oder sorgt dafür, dass Sie nach Punta Arenas zurückkehren.

Den immensen Reichtum der Familie Braun Menéndez – Anfang des 20. Jahrhunderts besaß sie eine gigantische Viehzucht – kann man im **Museo Regional de Magallanes** bestaunen. In dem 1903 erbauten Anwesen ist die aus Europa importierte Originaleinrichtung erhalten. Ein Salon ist zudem der Geschichte der Region gewidmet. Der Palacio Sara Braun an der Plaza Benjamín Muñoz Gamero ist ein weiteres Herrenhaus der Familie Braun Menéndez und heute ein Hotel.

Ebenso interessant ist das **Museo Regional Salesiano Maggiorino Borgatello**, das der Geschichte, Ökologie und Anthropologie der Region Magallanes gewidmet ist. Zu den Exponaten zählen ausgestopfte heimische Tiere, konservierte Meereslebewesen und geologische Proben, die im 20. Jahrhundert von Salesianer-Missionaren gesammelt wurden. Zu sehen sind auch Ausstellungen über die Kawéskar und die Selk'nam. Eine ganze Etage beleuchtet die Industriegeschichte von Punta Arenas.

Auf dem alten **Cementerio Municipal Sara Braun** findet man große Familien- und einige einfache Gräber von Immigranten aus Schottland und Kroatien. Die Statue des Indiecito (»kleiner Indio«) an der Nordwestseite symbolisiert die verschwundenen indigenen Gruppen und soll Glück bringen.

Am Ufer der Magellanstraße zeigt das **Museo Nao Victoria** Nachbildungen von Schiffen großer Entdecker. Besucher können an Bord von Darwins HMS *Beagle* und Magellans *Nao Victoria* klettern oder die Nachbildung des Rettungsboots, das der britische Polarforscher Ernest Shackleton und seine Besatzung bei der Navigation durch den antarktischen Ozean benutzten, erkunden.

Das so überschaubare wie faszinierende **Museo de Historia Natural Río Seco** liegt fünf Kilometer nördlich an der Magellanstraße. Es wird von einem Team aus Biologen und Künstlern mit dem Ziel betrieben, den Naturschutz zu fördern, und ist schier bis unters Dach vollgepackt mit den Skeletten von annähernd 100 Meeres- und Landtieren, die in Chile beheimatet sind.

Museo Regional de Magallanes
H. de Magallanes 949 +56 61 2242 049
Mo, Mi–Fr 10:30–14
museodemagallanes.cl

Museo Regional Salesiano Maggiorino Borgatello
Ave. M. Bulnes und Maipú +56 61 2221 001
Di–Sa 10–12:30, 15–17:30 museomaggiorino borgatello.cl

Cementerio Municipal Sara Braun
Ave. M. Bulnes u. Rómulo Correa tägl. 9–20

Museo Nao Victoria
bei Ruta 9 tägl. 9–18
visitapuntaarenas.cl/naovictoria.html

Museo de Historia Natural Río Seco
bei Ruta 9
nach Anmeldung
fundacionmaradentro.cl

4

Isla Magdalena

G6 35 km nordöstl. von Punta Arenas
comapa.com

Eine zweistündige Bootsfahrt bringt Besucher zur Isla Magdalena mit ihrer riesigen Kolonie von Magellan-Pinguinpaaren. Wenn diese von November bis März je zwei Küken großziehen, wächst die Kolonie auf annähernd 240 000 Vögel an. Ein durch Seile abgetrennter Weg führt durch das Gebiet. Ein Leuchtturm dient als Ranger- und Forschungsstation. Die erwachsenen Pinguine kümmern sich abwechselnd um das Nest. Morgens und nachmittags sieht man sie zum und vom Meer watscheln.

↑ *Magellan-Pinguine an der Küste der Isla Magdalena*

Restaurants

Damiana Elena
Großartige Wein- und Speisekarte.
G7 Magallanes 341, Punta Arenas
+56 61 2222 818
So, Mo
$$$

Cangrejo Rojo
Ein Muss für Seafood-Liebhaber. Probieren Sie *chupe de centolla* (Krabbeneintopf).
F6 Santiago Bueras 782, Puerto Natales
+56 61 2412 436
$$$

The Singular
Toller Meerblick, edle Weine und patagonische Gourmetküche.
F6 Puerto Boríes s/n, Puerto Natales
thesingular.com
$$$

Bar

Taberna Club de la Unión
Charaktervolle Bar im Untergeschoss des Palacio Sara Braun.
G7 Plaza Benjamín Muñoz Gamero 716, Punta Arenas
+56 61 2241 317 So

5

Villa Tehuelches

G6 700 154 km südöstl. von Puerto Natales Festival de la Esquila (Ende Jan)

Die winzige Siedlung wurde 1967 als Versorgungszentrum für die ansässige Bevölkerung gegründet. Bekannt ist der Außenposten für sein jährliches Festival de la Esquila (Schurfest), das mit Schafschurwettbewerben, Rodeos und Grillfleisch Hunderte Besucher aus ganz Patagonien anlockt.

6

Cueva del Milodón

F6 24 km nordwestl. von Puerto Natales tägl. 8–18 cuevadelmilodon.cl

Die Cueva del Milodón ist die bedeutendste paläontologische und archäologische Stätte in Südpatagonien. Sie ist nach dem Riesenfaultier *(Mylodon listai)* benannt, dessen Überreste Hermann Eberhard 1895 entdeckte. Das Mylodon maß aufrecht stehend drei Meter und wog rund 180 Kilogramm. Es lebte bis zum Ende des Pleistozäns vor rund 10 000 Jahren in ganz Patagonien. Eine Figur des ausgestorbenen Tieres in Lebensgröße steht vor dem Höhleneingang. Das kleine Besucherzentrum präsentiert versteinerte Überreste von Mylodonen.

Schon gewusst?

Ein Fetzen Mylodon-Haut lieferte die Inspiration für Bruce Chatwins Bericht *In Patagonien*.

7

Puerto Natales

F6 19 000 2040 km südl. von Santiago Pedro Montt 19; +56 61 2412 125 patagonia-chile.com

Das windige Puerto Natales ist die Hauptstadt der Provinz Última Esperanza. Es liegt an der Sierra Dorotea und blickt auf den Seno Última Esperanza. In dieser »Meerenge der letzten Hoffnung« sah der spanische Entdecker Juan Ladrilleros 1557 seine letzte Chance, die Magellanstraße zu finden. In der Region lebten ursprünglich Tehuelche und Kawéskar.

Die heutige Stadt wurde erst 1911 gegründet, als der Schafzuchtboom Einwanderer aus Europa sowie vom Chiloé-Archipel anzog. Heute basiert die Wirtschaft von Puerto Natales vor allem auf dem Fremdenverkehr.

Das **Museo Histórico Municipal** präsentiert alte Werkzeuge und Haushaltsutensilien sowie historische Fotografien der Kawéskar und Aonikenk. Von der Hauptstraße der Stadt, der Avenida Pedro Montt, hat man einen herrlichen Blick auf die vergletscherten Gipfel und das türkisfarbene Meer, auf dem Kormorane, Schwarzhalsschwäne und andere Meeresvögel schwimmen.

Puerto Natales ist Haupttor zu Südpatagoniens berühmtem Parque Nacional Torres del Paine *(siehe S. 252–255)*. In der Stadt versorgen sich Hunderte Reisende auf ihrem Weg in den Nationalpark.

Der Überhang der paläontologischen Stätte Cueva del Milodón ↑

↑ *Der Glaciar Balmaceda im Parque Nacional Bernardo O'Higgins*

Umgebung: Fünf Kilometer nördlich von Puerto Natales steht in Puerto Bories der Frigorífico de Bories. Die 1915 gegründete Fabrik gehörte zur Sociedad Explotadora de Tierra del Fuego – der einst größten Schaffarm Patagoniens. Heute ist der Frigorífico de Bories ein Nationaldenkmal, ein Teil davon ist das Hotel The Singular *(siehe S. 260)*.

Der zehn Kilometer von Puerto Natales entfernte Mirador Dorotea ist gut zu erreichen (800 m). Nach der Durchquerung des Walds können Besucher vom Gipfel von Puerto Natales atemberaubende Aussichten auf die umliegenden Berge und das Gletschertal genießen. Die Exkursion kann auch zu Pferd durchgeführt werden.

Etwas nordwestlich von Puerto Prat gründete der deutsche Einwanderer Hermann Eberhard (1852–1908) die Estancia Puerto Consuelo als eine der ersten Schafzuchtfarmen im chilenischen Patagonien. Von der Estancia hat man einen grandiosen Blick auf den Parque Nacional Torres del Paine. Bei einigen Gletschertouren kommt man an der Estancia vorbei.

Museo Histórico Municipal
Manuel Bulnes 285
+56 61 2209 534
Mo–Do 8–17, Fr 8–18
registromuseoschile.cl

8

Parque Nacional Bernardo O'Higgins

F6 145 km nordwestl. von Puerto Natales
CONAF, Manuel Baquedano 847, Puerto Natales; +56 61 2411 438 conaf.cl

Der 1969 gegründete Nationalpark schützt ein Labyrinth aus kleinen Inseln, Fjorden und Kanälen. Im Osten grenzt er an das riesige Eisfeld Campo de Hielo Sur. Der mit 35 260 Quadratkilometer Fläche größte Nationalpark Chiles ist nicht über Land erreichbar und daher nur wenig besucht.

Von Puerto Natales erreicht man ihn auf einem Tagesausflug mit dem Katamaran. Die Fahrt folgt der historischen Route von Juan Ladrilleros durch den Seno Última Esperanza. Unterwegs sieht man Seelöwen und Wasserfälle, besichtigt den Glaciar Balmaceda und spaziert zur Lagune des Glaciar Serrano, in der Eisberge schwimmen. Von dort fahren Kajaks und Dingis eine relativ unbekannte Strecke auf dem Río Serrano flussaufwärts durch eine Landschaft mit Gletschern, Bergen, dichten Wäldern bis zum Verwaltungszentrum des Parque Nacional Torres del Paine. Die Fahrt ist auch in umgekehrter Richtung möglich.

Bernardo O'Higgins

Bernardo O'Higgins (1778–1842) wurde in Chillán als unehelicher Sohn einer Einheimischen und des Generalleutnants der spanischen Armee, Ambrosio O'Higgins, geboren. Als dieser Vizekönig von Peru wurde, schickte er seinen Sohn nach Europa. Dort lernte Bernardo Revolutionäre kennen, die Spaniens Macht in Lateinamerika brechen wollten. 1814 führte er Chiles Kampf für die Unabhängigkeit an und wurde erster Präsident.

Hotels

The Singular Patagonia
Spitzenhotel in einem ehemaligen Schlachthof mit Blick auf den Last Hope Sound.
F6 Puerto Bories s/n, Puerto Natales
thesingular.com
$$$

Bories House
Ein englisch-chilenisches Unternehmen hat eine traditionelle Estancia in ein modernes Hotel verwandelt.
F6 Puerto Bories 13-B, Puerto Natales
puertoborieshouse.com
$$$

Lakutaia Lodge
Die luxuriöse Lodge liegt direkt am Beagle-Kanal und ist ein guter Ausgangspunkt für Outdoor-Aktivitäten.
H7 Seno Lauta s/n, Puerto Williams
lakutaia.cl
$$$

Kap Hoorn ist die Südspitze Südamerikas ↑

9

Kap Hoorn

H7 703 km südöstl. von Punta Arenas

Kap Hoorn ist die Südspitze Südamerikas, umfasst jedoch tatsächlich eine Inselgruppe, die als Parque Nacional Cabo de Hornos geschützt wird. Als erste Europäer landeten 1616 holländische Segler am Kap und tauften es nach der niederländischen Stadt Hoorn. Vom 18. Jahrhundert bis zur Eröffnung des Panamakanals 1914 verlief hier eine wichtige Route für Frachtschiffe. Die Gewässer rund um Kap Hoorn sind tückisch: Unberechenbare Wellen, starke Strömung, berüchtigte Stürme und aus dem Nichts auftretenden Wirbelwinde bilden Gefahren. Die unwirtlichen Bedingungen erschweren den Weg zur äußersten Spitze. In der Regel kommen Besucher bis zur nordwestlich gelegenen Isla Hornos. Hier steht das Monumento al Navegante Solitario, das aller Seeleute gedenkt, die auf dem Weg um Kap Hoorn ums Leben kamen. Die Insel hat eine reiche Vogelwelt, vor der Küste sieht man Delfine und Wale.

10

Magellanstraße

G7 100 km südl. von Punta Arenas

Die schiffbare Meerenge zwischen Atlantik und Pazifik heißt nach dem portugiesischen Seefahrer Ferdinand Magellan, der sie 1520 als erster Europäer erreichte. Die Magellanstraße trennt die Tierra del Fuego vom chilenischen Festland und ist eine sicherere Route als die Drakestraße weiter südlich. Bis zur Eröffnung des Panamakanals war die Magellanstraße die wichtigste Passage für Dampfschiffe zwischen Pazifik und Atlantik.

Die Magellanstraße ist in den Sommermonaten die Kinderstube für Buckelwale, Seelöwen, Pinguine und viele andere Meerestiere. Die Kolonien lassen sich auf der Isla Carlos III in der Nähe des westlichen Ausgangs der Meerenge leicht erblicken. Die Gewässer rund um die Insel gehören zum 670 Quadratkilometer großen Meeresschutzgebiet Parque Marino Francisco Coloane. Zu Bootsausflügen zur Isla Carlos III gehört auch ein Stopp am Cabo San Isidro mit einem Leuchtturm von 1904. Der Faro San Isidro führte früher Schiffe durch die Magellanstraße, heute ist darin ein Museum für die Kultur und Geschichte der indigenen Gruppen der Region, z. B. über die Selk'nam und die Yaghan, eingerichtet.

Südlichstes Gefängnis der Welt

Nach dem Militärputsch von 1973 *(siehe S. 48)* verbannte das Pinochet-Regime abgesetzte Regierungsmitglieder auf die winzige Isla Dawson in der Magellanstraße. Deren Abgeschiedenheit machte ein Entkommen unmöglich, die Lebensbedingungen waren überaus hart. Viele der Überlebenden spielten eine wichtige Rolle auf Chiles Weg zurück in die Demokratie. Die Erlebnisse der Häftlinge erzählt der 2009 gedrehte Spielfilm *Dawson: Isla 10* von Miguel Littín.

⓫

Puerto Williams

H7 2500 293 km südöstl. von Punta Arenas
ptowilliams.cl

Puerto Williams ist die einzige größere Siedlung auf der Isla Navarino südlich von Festland-Chile und nennt sich gern »südlichste Stadt der Welt«. Es wurde 1953 als Marinebasis gegründet. Später wurde es zu Ehren des irischstämmigen Offiziers Juan Williams, der die Magellanstraße 1843 für Chile eroberte, in Puerto Williams umbenannt. Das Städtchen liegt vor der Kulisse der Granitspitzen der Dientes de Navarino, eines der besten Trekkinggebiete der Region. Hauptattraktion ist das Museo Martin Gusinde. Der österreichische Priester und Ethnologe Martin Gusinde (1886–1969) war ein führender Erforscher der Yaghan und Selk'nam.

Östlich von Puerto Williams leben in Villa Ukika die wenigen überlebenden Angehörigen der Yaghan.

⓬

Porvenir

G7 5000 40 km südöstl. von Punta Arenas
muniporvenir.cl

Das windige Porvenir entstand 1834 als Außenposten für die Bergarbeiter, die während eines Goldrauschs Mitte des 19. Jahrhunderts im Baquedano-Gebirge arbeiteten. 1894 erfolgte die offizielle Stadtgründung. Während des Wollbooms im 20. Jahrhundert fungierte Porvenir als Versorgungszentrum für die Schaffarmen. Heute ist Porvenir die Hauptstadt der Provinz Tierra del Fuego. Hauptattraktion ist das **Museo Municipal Fernando Cordero Rusque**. Es präsentiert archäologische und ethnologische Exponate über die indigenen Gruppen, die hier einst lebten, sowie über die lokale Tierwelt. Nördlich des Museums stehen auf dem Cementerio Municipal Mausoleen im Schatten von zylindrisch geschnittenen Zypressen. An der Avenida Manuel Senoret sind im Parque del Recuerdo alte Maschinen und Fahrzeuge aus dem 19. Jahrhundert ausgestellt. Auf der Plaza de las Américas erinnert ein Denkmal an die Selk'nam, die ersten Bewohner der Region.

Museo Municipal Fernando Cordero Rusque
Padre Mario Zavattaro 402
+56 61 2581 800
Mo–Sa 8:30–17, So 11–16

→ *Das Denkmal in Porvenir ist den Selk'nam gewidmet*

Ausflüge nach Argentinien

Besucher des Nationalparks Torres del Paine können in wenigen Stunden den argentinischen Urlaubsort El Calafate erreichen. Er ist der Ausgangspunkt für Ausflüge zum Glaciar Perito Moreno im Nationalpark Los Glaciares. Kreuzfahrtpassagieren steht es oft offen, einen Tag und eine Nacht in der argentinischen Hafenstadt Ushuaia zu bleiben.

Expertentipp
Roadtrip
Viele Unternehmen vermieten Allradantriebe und andere Geländewagen. Warum nicht quer durch den Süden zwischen Chile und Argentinien fahren, damit Sie mehr von der schönen Landschaft sehen?

1 Parque Nacional Los Glaciares

336 km nordwestl. von Puerto Natales; 80 km westl. von El Calafate ✈ El Calafate 🚌 El Calafate i Bajada de Palma 44, El Calafate; +54 2902 491 005
W losglaciares.com

Der 1937 gegründete Nationalpark heißt nach den Gletschern, die sich vom Campo de Hielo Patagónico Sur hinabschieben. Besucher des Parque Nacional Torres del Paine unternehmen meist einen Abstecher zu dem Schutzgebiet über zwei nahe Grenzübergänge. Argentiniens zweitgrößter Nationalpark bietet auf 7269 Quadratkilometern Gletscher, Berge, Seen und Flüsse. Er ist zum größten Teil unzugänglich, aber dennoch ein Mekka für Wanderer und Kletterer. Dominiert wird das Gebiet vom mächtigen Granitmassiv Fitz Roy.

Wanderer haben die Wahl zwischen zwei- bis sechsstündigen Touren und mehrtägigen Treks mit Zeltübernachtung. Sie alle beginnen im Bergdorf El Chaltén. Die winzige Siedlung mit Hotels und Restaurants entstand in den 1990er Jahren am Río Las Vueltas.

Besuchermagnet des Nationalparks ist der Glaciar Perito Moreno. Der Gletscher stößt nach 29 Kilometern auf eine Halbinsel, die eine ideale Aussicht auf die Eisfläche bietet. Der Perito Moreno gehört zu den wenigen Gletschern in Patagonien, die noch wachsen – wenn auch nicht sehr weit, da seine Zunge von Land blockiert wird.

Im Verlauf der Jahre steigt der Druck auf das Eis regelmäßig so stark an, dass der Gletscher in einem donnernden Spektakel kalbt. Diesen einmaligen Anblick wollen sich viele Besucher nicht entgehen lassen. Einige Agenturen bieten Touren mit Steigeisen und Seil auf dem Gletscher an. Wanderungen und Bootsfahrten um schwimmende Eisberge zu den Nachbargletschern Upsala und Spegazinni werden ebenfalls organisiert.

Los Glaciares erreicht man von El Calafate. Die Fahrt von Puerto Natales in Chile dorthin dauert etwa fünf Stunden. Der Ort am Ufer des Lago Argentino lebt vor allem vom Tourismus. Alte *estancias* (Schaffarmen) wurden in Hotels und Restaurants umgewandelt, in denen man einen Eindruck vom Leben und der Kultur der Gauchos in Patagonien bekommt.

↓ *Die beeindruckenden blauen Ausläufer des Glaciar Perito Moreno*

←

Seelöwen auf einem Felsen im Beagle-Kanal bei Ushuaia

②

Ushuaia

564 km südöstl. von El Calafate 57 000 Avenida Prefectura Naval 470; +54 2901 432 000 Festival Música Clásica de Ushuaia (Apr) turismoushuaia.com

Ushuaia liegt direkt am Beagle-Kanal, ist Argentiniens südlichste Stadt und Ausgangspunkt für Fahrten in die Antarktis. Ushuaias Name entstammt der Sprache der Yaghan, die in der Region als Erste siedelten. Die »Bucht, die nach Westen blickt« – so die Bedeutung des Namens –, wurde 1884 gegründet. In das Gebiet waren Mitte des 19. Jahrhunderts zunächst britische Missionare gekommen. 1896 ließ Präsident Julio Argentino Roca eine Strafkolonie für Verbrecher und politische Gefangene aus dem Norden einrichten. Sie diente nicht nur dazu, gefährliche Kriminelle zu verbannen, sondern sollte auch Argentiniens Präsenz in Tierra del Fuego untermauern. Das weitläufige Gefängnis wurde 1947 geschlossen. Heute präsentiert hier das Museo Marítimo y del Presidio eine beachtliche nautische, wissenschaftliche und kulturgeschichtliche Sammlung.

③

Parque Nacional Tierra del Fuego

11 km nördl. von Ushuaia von Ushuaia Ruta Nacional 3, km 3047; +54 2901 421 315 parquesnacionales.gob.ar

Der Parque Nacional Tierra del Fuego war Argentiniens erster Nationalpark zum Schutz eines Küstengebiets. Obwohl er größtenteils unzugänglich ist, schätzen ihn Ushuaias Einwohner als Erholungsgebiet. Man kann picknicken, wandern, Boot fahren, Vögel beobachten oder angeln. Wanderwege führen durch Wald und an *turbales* (Sümpfe) vorbei. Unterwegs sieht man Guanakos, Andenfüchse und Kanadische Biber. Sie wurden 1940 wegen ihres Pelzes eingeführt.

④

Cerro Castor

26 km nordöstl. von Ushuaia; Ruta Nacional 3, km 3047 +54 2901 499 301 von Ushuaia Mitte Juni – Mitte Okt cerrocastor.com

Obwohl die Talstation von Argentiniens südlichstem Skiort nur 195 Meter über dem Meer liegt und der höchste Punkt gerade mal 1057 Höhenmeter erreicht, bietet Cerro Castor im Winter Unmengen an Schnee. Zum Skiort gehören die Castor Ski Lodge mit 15 Hütten, vier Restaurants und vier Bergcafés. Das Skigebiet umfasst 600 Hektar Piste mit 800 Meter Höhenunterschied, einen Snowpark für Snowboarder und sieben Lifte. Während der Saison werden zahlreiche Aktivitäten angeboten.

Palmen an der wunderschönen Playa Anakena, Osterinsel (siehe S. 276)

Osterinsel und Isla Robinson Crusoe

Zu Chile gehören auch zwei der abgelegensten und ungewöhnlichsten Inseln der Erde. Auf der Osterinsel, die bei den Einheimischen Rapa Nui heißt, sind die mächtigen *Moai*-Statuen die geheimnisvollen Überreste einer weitgehend untergegangenen Kultur. Etwas näher am Festland liegt die Isla Robinson Crusoe. Sie ist der Schauplatz einer Abenteuergeschichte, die den englischen Autor Daniel Defoe zu seinem weltberühmten Roman inspirierte.

Immerhin fünf Stunden dauert der Flug vom Festland zur Osterinsel. Die kleine vulkanische Insel gehört zwar politisch zu Chile, kulturell jedoch weit mehr zu Polynesien. Ihre ersten Siedler kamen um 1000 n. Chr. mit Booten über den Westpazifik. Trotz der geringen Bevölkerungszahl gelang es ihnen mit Geschicklichkeit und Erfindungsgeist, jene gigantischen Figuren aus dem Tuffstein zu hauen, für die die Insel heute berühmt ist. Seit ihrer Wiedererrichtung auf den ursprünglichen Plattformen ziehen die *moai* alljährlich Zehntausende Besucher an.

Der spanische Seefahrer Juan Fernández erreichte 1574 als Erster die Isla Robinson Crusoe im Juan-Fernández-Archipel. Die Insel ist nach Daniel Defoes (1660–1731) Roman *Robinson Crusoe* benannt, der auf der Geschichte des Schotten Alexander Selkirk aus dem frühen 18. Jahrhundert basiert.

Osterinsel und Isla Robinson Crusoe

Highlights

1. Rano Raraku
2. Ahu Tongariki

Sehenswürdigkeiten

3. Hanga Roa
4. Rano Kau und Orongo
5. Ahu Vinapu
6. Ahu Akivi
7. Ana Te Pahu
8. Playa Anakena
9. Península Poike
10. San Juan Bautista
11. Sendero Salsipuedes
12. Cueva Robinson
13. Mirador Selkirk
14. Plazoleta El Yunque

OSTERINSEL
Playa Anakena
Ahu Ature Huki
8
Ahu Nau Nau
Bahía La Pérouse
Ahu Tepeu
Terevaka 509 m
Península Poike
Volcán Poike 399 m
9
IPA1
IPA2
6 Ahu Akivi
Ana Te Pahu 7
Rano Raraku 1
2 Ahu Tongariki
Ahu Tahai
IPA1
Hanga Roa 3
IPA2
Mataveri International Airport
Ahu Vaihu
5 Ahu Vinapu
Pazifischer Ozean
Orongo 4
4 Rano Kau
Motu Kao Kao
Motu Nui
0 Kilometer 4
N

ISLA ROBINSON CRUSOE
Puerto Inglés
12 Cueva Robinson
Bahía Tres Puntas
Mirador Selkirk
11 Sendero Salsipuedes
Cerro Agudo 684 m
13
Bahía Cumberland
Fuerte Santa Bárbara
10
Cerro Tres Puntas 479 m
Plazoleta El Yunque
14
San Juan Bautista
Cerro Centinela 314 m
Punta Tunquillax
Bahía Villagra
Cerro Damajuana 634 m
Cerro El Yunque 914 m
Puerto Francés
Robinson Crusoe Airport
Bahía Tierra Blanca
Punta Larga
Islote Vinilo
Bahía del Padre
Cerro La Piña 601 m
Islote Los Chamelos
Playa Arenal
Islote El Verdugo
Punta O'Higgins
Isla Santa Clara
Pazifischer Ozean
0 Kilometer 3
N

❶

Rano Raraku

18 km östl. von Hanga Roa · Rangerstation und Ranger vor Ort
parquenacionalrapanui.cl

Zu den atemberaubendsten Merkmalen der Osterinsel gehören die *moai* an den Hängen von Rano Raraku. Etwa 400 der monolithischen Statuen, die von den Menschen aus Rapa Nui errichtet wurden, sind noch zu sehen. Hier liegt auch der Kratersee in einem riesigen prähistorischen Vulkankrater mit Blick auf den Pazifik.

Lange vor Ankunft der Europäer auf der Osterinsel schlugen die Menschen hier die gewaltigen Figuren aus dem Tuffstein des Vulkans und transportierten sie unter unvorstellbaren Mühen quer über die Insel. Heute stehen noch fast 400 *moai* auf ihrer *ahu* (Steinplattform) oder liegen daneben.

Rano Raraku ist einer der beliebtesten Orte auf der Osterinsel, daher sollten Sie zur Öffnungszeit kommen oder bis zur Schließzeit bleiben. Der Eintritt ist durch ein allgemeines Ticket abgedeckt, das Sie bei der Ankunft am Flughafen kaufen. Man kann den Besuch von Rano Raraku nicht im Voraus buchen.

Kratersee

Der ruhige See liegt im Zentrum von Rano Raraku. Den Krater erreicht man nur durch eine Lücke auf der westlichen Seite. Östlich neben dem Tukuturi *(siehe S. 271)* sieht man Basaltfundamente von *hare paenga*. Die bootsförmigen Häuser waren Priestern vorbehalten.

An den Hängen von Rano Raraku sieht man viele Moai-*Statuen* ↑

Chronik

vor 300 000 Jahren

Durch einen Vulkanausbruch entsteht der Krater von Rano Raraku

1200

Die ersten Siedler erreichen die Osterinsel von Polynesien und stellen kurz darauf die ersten *moai* her

1774

Kapitän James Cook berichtet, dass viele Statuen umgestürzt wurden. In den folgenden Jahren werden immer mehr *moai* von *ahus* geschlagen

1950er

Viele der umgestürzten *moai* werden wieder auf ihre *ahus* gestellt

Moai-Statuen von Rano Raraku

Moai sind die stark stilisierten monolithischen Statuen, für die Rapa Nui berühmt geworden ist. Aus Tuff (verdichteter Vulkanasche) geschnitzt und zwischen zwei und 20 Meter hoch, gibt es heute etwa 400 fertiggestellte *moai* auf der Insel sowie viele andere, die nie fertiggestellt wurden, insbesondere in Rano Raraku. Sie stellen wichtige Vorfahren dar und wurden errichtet, um ihre jeweiligen Angehörigen zu bewachen und zu schützen. Die frühesten *moai* sollen um 1200 n. Chr. geschnitzt worden sein.

Hinariru

Im unteren Bereich der Wege steht der vier Meter hohe Hinariru. Er wird wegen seiner nach außen gebogenen Basis auch »*moai* mit dem gebogenen Hals« genannt. Überlieferungen zufolge war Hinariru der Schwager von Hotu Motu'a. Dieser sagenumwobene Führer der ersten Siedler brachte vielleicht auch die *moai* auf die Insel.

↑ *Hinariru mit seinem gebogenen Hals und ein anderer* moai *im Hintergrund*

El Gigante

Klettert man den Rano Raraku weiter hinauf, gelangt man zum El Gigante. Wie der Name schon besagt, ist er mit 20 Metern der größte *moai*, der jemals angefertigt wurde. Der unvollendete *moai* ist noch mit dem Gestein verbunden und soll etwa 240 Tonnen wiegen.

Schon gewusst?

Fünf bis sechs Männer arbeiteten etwa ein Jahr an einem *moai*.

Piropiro

Gleich westlich des Hinariru am Hauptpfad Richtung Steinbruch ragt der Piropiro vier Meter hoch auf. Der Name bedeutet »schlechter Geruch«, was mit der großen Nase des *moai* zum Ausdruck kommt. Die unteren sieben Meter seines Körpers sind in der Erde eingegraben.

Tukuturi

Der umzäunte Tukuturi hebt sich stark von den anderen ab: Er ist der einzige kniende und bärtige *moai* mit einem vollständigen Körper (wenn auch unvollendet). Er zeigt die Pose eines polynesischen Sängers während einer Zeremonie. Der US-Archäologin Jo Anne Van Tilburg zufolge ist er der letzte *moai* mit Verbindung zum Vogelmannkult.

Ko Kona He Roa

Der Ko Kona He Roa genannte *moai* zeugt schon vom Kontakt mit Europäern. In seinem Rumpf ist ein Segelschiff mit drei Masten grob eingeritzt. Die Schnitzerei könnte das Segelschiff des niederländischen Entdeckers Jacob Roggeveen darstellen, der 1722 auf der Osterinsel landete und dort angeblich etwa 3000 Einwohner traf.

Tai Hare Atua

Hierbei handelt es sich um den ersten *moai* auf der Insel, was man auch am rudimentären Stil der Statue sieht. Es macht den Eindruck, als ob die Schnitzer von ihrer Arbeit enttäuscht gewesen wären.

→ *Die Petroglyphen am Torso von Ko Kona He Roa zeigen ein Schiff*

← *Der in den Fels gemeißelte El Gigante in Rano Raraku*

Statuenschnitzer

Als talentierte Handwerker, die ihre Fähigkeiten von Generation zu Generation weitergaben, waren die Schnitzer der *moai* innerhalb der Gesellschaft hoch angesehen. Sie widmeten sich ganz ihrem Handwerk, waren von der Lebensmittelproduktion befreit und wurden für ihre Arbeit von den Bauern und Fischern mit frischen Lebensmitteln versorgt.

2

Ahu Tongariki

20 km westl. von Hanga Roa · von Hanga Roa · Sonnenaufgang–18
keine Toiletten oder Verpflegungsmöglichkeiten

An der Südostküste der Osterinsel befindet sich eine der zweifellos beeindruckendsten Sehenswürdigkeiten der Insel, die zeremonielle Anlage Ahu Tongariki. Hier sind 15 hoch aufragende *Moai*-Statuen auf einer 220 Meter langen zeremoniellen Steinplattform *(ahu)* aufgereiht, die mit Abstand größte der Insel.

Wie die meisten anderen *moai* auf der Insel wurden die 15 Statuen in Ahu Tongariki während der Bürgerkriege des 19. Jahrhunderts umgestürzt. Weitere Schäden erlitt die Stätte 1960, als ein Erdbeben das chilenische Festland erschütterte und einen Tsunami auslöste, der anschließend die Osterinsel traf. *Ahus* und *moai* wurden ins Landesinnere gespült und erlitten erhebliche Schäden. Erst 1996 wurde die archäologische Stätte nach einem fünfjährigen Restaurierungsprojekt wieder in ihrer früheren Pracht präsentiert. Die Arbeiten kosteten zwei Millionen Dollar, die nach einem Aufruf des Gouverneurs der Osterinsel die japanische Regierung übernahm.

Die faszinierende Stätte ist Teil des Nationalparks Rapa Nui, der den größten Teil der Osterinsel umfasst. Sie zahlen die Parkgebühr bei Ihrer Ankunft am Flughafen. Damit hat man Eintritt zu allen Orten.

Fotomotiv
Die *moai* von Ahu Tongariki
Jeder, der die Osterinsel besucht, sollte die *moai* von Ahu Tongariki unbedingt bei Sonnenaufgang fotografieren. Um sich den besten Standpunkt zu sichern, muss man früh aufstehen – wird aber auch dann nicht allein sein.

Die beeindruckenden moai *von Ahu Tongariki vor dem Pazifischen Ozean* ↓

1 *Auf einem Felsen bei Ahu Tongariki ist eine Petroglyphe eines Thunfischs.*

2 *Nach dem Tsunami versuchte der Archäologe Claudio Cristino, die* moai *an ihren rechtmäßigen Platz zurückzubringen. Das Foto zeigt die Arbeiten, die 1992 stattfanden.*

3 *Die* moai *wurden nach einem Tsunami im Jahr 1960 von Archäologen restauriert.*

Schon gewusst?

Am Eingang der Stätte befindet sich der »reisende *moai*«, der nach dem Tsunami durch Japan tourte.

SEHENSWÜRDIGKEITEN

3

Hanga Roa

3765 km nordwestl. von Santiago 3800 Avenida Policarpo Toro, bei Tuu Maheke; +56 32 2100 255 Tapati Rapa Nui (Anfang Feb)

Hanga Roa ist die einzige ständige Siedlung auf der Osterinsel. Fast die gesamte Bevölkerung wohnt in dem weitläufigen Dorf mit breiten Straßen, kleinen Häusern und Vorgärten. Die meisten Bewohner sind Polynesier, die wenigen hier ansässigen Chilenen vom Festland arbeiten vor allem im Fremdenverkehr. Von Hanga Roa aus gelangt man schnell zu den Sehenswürdigkeiten der Insel. Eine Attraktion ist auch die feine Küche, die frische Zutaten mit einem Hauch Südpazifik verbindet.

Tapati Rapa Nui

Das Tapati Rapa Nui im Februar ist seit 30 Jahren das größte Ereignis im Jahresverlauf der Osterinsel. Dann wird in den Straßen Hanga Roas traditionelle Musik gespielt und getanzt. Die Insulaner zeigen ihre Kunstfertigkeit als Holzschnitzer und Steinmetze sowie in der Körperbemalung und polynesischen Küche. Tapati Rapa Nui ist der Versuch, Tradition zu bewahren, auch wenn die Trommeln und Gitarren importiert sind.

4

Rano Kau und Orongo

5 km südl. von Hanga Roa; Sector Orongo tägl. 9–19

Der mit Wasser gefüllte Krater des Rano Kau liegt in einem Nationalpark und ist eines der schönsten Naturdenkmäler der Osterinsel. Am Kraterrand hat man einen Panoramablick über die Insel und die endlose Weite des Pazifiks. Der Abstieg in die Caldera ist mittlerweile verboten, aber auch die Wanderung um den Kraterrand ist ein Erlebnis. An der Südwestseite des Kraters stehen die 53 Häuser der Zeremonialanlage Orongo, in der im 18. und 19. Jahrhundert die Kulthandlungen der Vogelmannsekte stattfanden. Der Inhaber des Vogelmannamts wurde jedes Jahr in einem Ritus bestimmt *(siehe S. 277)*. In Orongo darf man die markierten Pfade nicht verlassen oder die Häuser betreten. Diese bestehen

← *Bunt bemalte Boote am Fischereihafen von Hanga Roa*

Restaurant

Au Bout du Monde
Belgisches Restaurant mit Meeresfrüchtegerichten, hausgemachten Nudeln und Schokoladenmousse.

Avenida Policarpo Toro s/n, Hanga Roa
+56 32 2552 060
Di

$$$

Bar

Te Moana
Cocktails oder Bier bei Sonnenuntergang mit Blick aufs Meer.

Avenida Policarpo Toro s/n, Hanga Roa
+56 32 2551 578
So

aus übereinandergeschichteten Platten und Erde, ihre Türen sind so niedrig, dass man durch sie hindurchkriechen müsste.

Vom Westende des Flughafens Mataveri schlängelt sich eine Straße um die Südseite des Rano Kau bis Orongo. Wanderer nutzen den Fußweg Te Ara O Te Ao von Ana Kai Tangata. Im Ticket für den Rano Kau, das am Flughafen bezahlt wird, ist der Besuch des Rano Raraku inbegriffen *(siehe S. 268f)*.

5

Ahu Vinapu

3 km nordöstl. von Rano Kau; Sector Orongo

Ahu Vinapu galt früher als Beleg für einen südamerikanischen Einfluss auf die Osterinsel, weil seine exakt zusammengefügten Steine den Inka-Bauten in Peru gleichen. Ahu Vinapu besteht aus drei Plattformen, deren *moai* während der Kriege im 18. und 19. Jahrhundert umgestürzt wurden. Hier fand man auch versteinerte Palmen, was die Vermutung untermauerte, dass die Insel bereits um 1300 besiedelt war. Nach einer Theorie verschwanden die Palmen, als die Insulaner die Wälder rodeten, um Platz für das Aufstellen der *moai* zu schaffen.

6

Ahu Akivi

6 km nordöstl. von Hanga Roa; Sector Akivi

Die Anlage wurde 1960 von dem US-Anthropologen William Mulloy und dessen chilenischem Kollegen Gonzalo Figueroa García-Huidobro restauriert. Ahu Akivi ist eine der wenigen *ahus* im Inselinneren. Ungewöhnlicherweise blicken ihre sieben *moai* gen Meer und zugleich auf das zeremonielle Zentrum der Plattform sowie zur Tagundnachtgleiche in die untergehende Sonne.

↑ *Wanderer am Rand des Rano Kau, eines spektakulären Vulkankraters*

↑ *Ein Baum, der aus dem Inneren der Ana-Te-Pahu-Höhle wächst*

7 Ana Te Pahu

6 km nordöstl. von Hanga Roa; Sector Ahu Akivi

Heute werden die meisten Lebensmittel vom Festland importiert. Als das noch nicht möglich war, bauten die Insulaner in eingefallenen Lavaröhren *(manavai)* oder versunkenen Gärten Nutzpflanzen an. Diese tunnelartigen Höhlen bildeten sich, als das Gestein um einen fließenden Strom geschmolzener Lava erstarrte, der durch die regelmäßige vulkanische Aktivität entstanden war, der auch die Osterinsel ihr Entstehen verdankt. Eine dieser Höhlen ist Ana Te Pahu. Da es auf der Insel wegen des porösen Vulkangesteins keine Bäche gibt, war Landwirtschaft im großen Stil immer schwierig. Das feuchte Mikroklima und die relativ dicke Erdschicht ermöglichen es, in den Senken Nutzpflanzen wie Bananen anzubauen. Auch heute noch werden Ana Te Pahu und ähnliche Orte auf der Insel so genutzt. Die Höhle ist leicht zugänglich, man sollte allerdings eine Taschenlampe mitnehmen.

8 Playa Anakena

16 km nordöstl. von Hanga Roa; Sector Anakena

Der einzige breite Sandstrand der Insel liegt im Nordosten von Rapa Nui. Mit ihren hohen Palmen und dem türkisfarbenen Wasser ist die Playa Anakena fast die Karikatur eines Südpazifik-Idylls und perfekt zum Baden und Sonnen. Am Strand findet man Grilleinrichtungen, Picknicktische, Umkleiden und einige Snackbars, in denen die Einheimischen den Tag ausklingen lassen.

Mündlichen Überlieferungen nach landeten an der Playa Anakena die ersten polynesischen Siedler mit ihrem Anführer Hotu Motu'a. Anakena ist dank der sieben stehenden *moai* von Ahu Nau Nau in ganz Polynesien einzigartig. Vier der Statuen erhielten 1979 unter Leitung des Archäologen Sergio Rapu ihren *pukao* (Kopfschmuck) wieder. Zwei sind stark verfallen, die übrigen dagegen ausgezeichnet erhalten. Am selben Strand findet sich etwas südlich auch die kleinere Ahu Ature Huki mit einem einzelnen *moai*. Er wurde 1956 von dem norwegischen Entdecker Thor Heyerdahl mit der Hilfe von Inselbewohnern wieder aufgebaut.

Von Anakena aus kann man um die wenig besuchte Nordküste herum bis nach Hanga Roa *(siehe S. 274)* wandern und dabei zwei weitere *ahus* besichtigen: Ahu Tepeu und Ahu Tahai. Für diese Tageswanderung sollte man sich schon früh auf den Weg machen, da es an der Küste keinen Schatten gibt, und ausreichend Wasser mitnehmen.

→ *Die palmenbestandene Playa Anakena und sieben* moai *von Ahu Nau Nau* (Detail)

9 Península Poike

21 km nordöstl. von Hanga Roa; Sector Poike

Die Halbinsel im Osten der Insel heißt nach dem Vulkan Poike, der höchsten Erhebung des Gebiets und dem ältesten Vulkan der Insel. Vor Ankunft der Europäer lag auf Poike ein Dorf. Petroglyphen aus jener Zeit zeigen unter anderem Schildkröten, einen Vogelmann und einen Thunfisch. Um einige Landmarken spinnen sich alte Legenden. So soll etwa ein vier Kilometer langer »Graben« im Westen der Halbinsel einst im Krieg zweier rivalisierender Clans als Verteidigungsanlage gedient haben.

Am Südwestrand der Halbinsel liegt die faszinierendste Sehenswürdigkeit von Poike: die Ahu Tongariki *(siehe S. 272f)*. Mit ihren 15 *moai*, die mit dem Rücken zum Pazifik stehen, ist sie die größte Plattform der Insel und das wohl wichtigste megalithische Monument in ganz Polynesien.

Legende des Vogelmannes

Im 17. Jahrhundert wurde die Ahnenverehrung auf Rapa Nui durch einen Kult verdrängt, der nach ihrem Schöpfergott *makemake* hieß. Ein Ritus des neuen Glaubens war der alljährliche Wettkampf um das Amt des Tangata Manu (Vogelmann). Jeder Bewerber bestimmte einen Gefolgsmann *(hopu)*, der den Abhang des Rano Kau hinunterkletterte und durch das von Haien wimmelnde Meer zum Felsen Motu Nui schwamm, um von dort ein Ei der Rußseeschwalbe zu holen. Der erste *hopu*, dem das gelang, kletterte nach Orongo hinauf, wo ihn sein Pate empfing. Dieser wurde für ein Jahr zum Vogelmann.

10

San Juan Bautista

760 km westl. von Santiago 650 von Santiago von Valparaíso
Larraín Alcalde s/n
Día de la Isla (22. Nov)
comunajuanfernandez.cl

San Juan Bautista liegt an der malerischen Küste der Bahía Cumberland und ist der einzige Ort auf der Isla Robinson Crusoe. Die Gewässer um sie herum sind Teil eines 301 000 Quadratkilometer großen Meeresschutzgebiets, das 2015 geschaffen wurde, um das Gebiet um die Isla Robinson Crusoe und ihre Nachbarn zu schützen.

Südlich des Dorfplatzes steht auf einer Hügelkuppe der Fuerte Santa Bárbara. Die kleine Steinfestung wurde 1770 von Spaniern als Reaktion auf die Präsenz der britischen Marine im Pazifik errichtet. 1974 wurde sie umgebaut, die Kanonen stehen jedoch noch immer und sind auf den Hafen gerichtet.

In den Cuevas de los Patriotas (Höhlen der Patrioten) in der Nähe der Festung hielten die Spanier Anfang des 19. Jahrhunderts die Führer des chilenischen Unabhängigkeitskampfes gefangen. Auf dem Cementerio San Juan Bautista im Westen des Dorfs liegen die Gräber früher Siedler und deutscher Seemänner, die sich 1915 nach der Versenkung des Kreuzers *Dresden* in der Bahía Cumberland auf der Insel niederließen.

Seit dem Tsunami von 2010, der acht Menschenleben forderte, teilt sich die **Casa de Cultura Alfredo de Rodt**, benannt nach einem frühen Schweizer Siedler, ein Gebäude mit dem Infobüro des CONAF-Nationalparks.

Casa de Cultura Alfredo de Rodt/CONAF
Vicente González 130
Mo – Fr 8 – 13, 14 – 18

←
Das Dorf San Juan Bautista auf der Isla Robinson Crusoe

1966
wurde die Insel Más a Tierra in Isla Robinson Crusoe umbenannt.

11

Sendero Salsipuedes

2 km westl. von San Juan Bautista +56 32 2680 381
conaf.cl

Von der Calle La Pólvora am Westende von San Juan Bautista führt der Sendero Salsipuedes über viele Serpentinen zum Rücken des 350 Meter hohen Cerro Salsipuedes. Der Weg schlängelt sich durch dichten Wald aus Akazien, Eukalyptus, Monterey-Zypressen, Monterey-Kiefern und den einheimischen Chilenischen Guaven *(murtilla)*. Von oben hat man einen wunderbaren Blick auf San Juan Bautista und die blaue Bahía Cumberland.

12

Cueva Robinson

3 km nordwestl. von San Juan Bautista mit dem Boot; Puerto Inglés conaf.cl

Vom Kamm des Salsipuedes führt ein steiler Pfad zum Strand von Puerto Inglés und zur Cueva Robinson hinab, in

↑ *Der Mirador Selkirk mit Bahía Cumberland darunter*

der angeblich Alexander Selkirk lebte. Dieser abschüssige Weg kann gefährlich sein, daher sollten Sie am besten einen lokalen Führer anheuern. Es gibt keinen eindeutigen Beleg dafür, dass Selkirk in dieser Höhle lebte, doch man richtete sie so ein, wie man sich seine Unterkunft vorstellte. Ab 1995 war der Amerikaner Bernard Keiser hier auf der Suche nach einem großen spanischen Schatz (18. Jh.), den Selkirk gefunden und wieder versteckt haben soll.

13

Mirador Selkirk

3 km südl. von San Juan Bautista W conaf.cl

Der Mirador Selkirk ist ein beliebtes Wanderziel, soll doch von diesem Sattel Alexander Selkirk nach Schiffen Ausschau gehalten haben, um seinem Exil zu entkommen. Der steile Pfad zum Aussichtspunkt beginnt an der Südseite des Dorfplatzes von San Juan Bautista und führt durch eine Erosionszone. Weiter oben geht es durch dichten endemischen Regenwald mit hohen Baumfarnen, bevor man den Sattel erreicht. Man kann die Wanderung auch vom Mirador Selkirk beginnen und zum Flugplatz gehen. Besucher können Fischer bitten, sie morgens abzusetzen, und zurück nach San Juan Bautista wandern. Zwei Metallplatten erinnern an Selkirks Aufenthalt. Eine wurde 1868 von der Royal Navy angebracht, die andere 1983 von einem Nachfahren Selkirks. Von hier hat man einen schönen Blick auf die Bahía Cumberland und San Juan Bautista im Osten. Zum Süden hin ändert sich die Landschaft völlig. Der dichte Regenwald geht in die Wüste der Tierras Blancas über, an deren felsigen Ufern der endemische Juan-Fernández-Seebär *(Arctocephalus philippii)* lebt.

14

Plazoleta El Yunque

3 km südl. von San Juan Bautista W conaf.cl

Vom Kraftwerk in San Juan Bautista führt eine Straße, die bald zu einem Naturpfad wird, nach Süden zur Plazoleta El Yunque. Auf dieser friedlichen Waldlichtung mit Zeltplatz sind noch die Fundamente eines Hauses zu sehen. Hugo Weber, ein Besatzungsmitglied des Kreuzers *Dresden*, hatte es errichtet.

Ein steiler, anstrengender Weg führt von der Lichtung durch dichten Wald hinauf zum Sattel El Camote. Von dort oben hat man einen überwältigenden Blick auf die Insel.

Über einen weiteren mühsamen Anstieg erklimmt man den Cerro El Yunque (Ambossberg). Mit seinen 915 Meter Höhe ist er der höchste Punkt der Isla Robinson Crusoe und auch einer der meistbesuchten. Hier sieht man viele Wildtiere. Die CONAF bietet für diese Wanderung auch Führer an.

Alexander Selkirk

Die Geschichte von Alexander Selkirk, der 1704 auf der Isla Más a Tierra ausgesetzt wurde, nachdem er sich über den schlechten Zustand des Schiffs *Cinque Ports* beschwert hatte, war Vorlage für Daniel Defoes Roman *Robinson Crusoe*. Der Schotte ernährte sich von Ziegen, Fischen und Pflanzen und versteckte sich bis zu seiner Rettung 1709 durch ein britisches Kaperschiff. Wie er vorausgesagt hatte, sank die *Cinque Ports* innerhalb eines Monats, der Großteil der Besatzung ertrank.

REISE-INFOS

Straße im Parque Nacional Queulat

CHILE REISEPLANUNG

Mit etwas Planung sind die Vorbereitungen für die Reise schnell zu erledigen. Die folgenden Seiten bieten Ihnen Tipps und Hinweise für alle Eventualitäten.

Auf einen Blick

Währung
Chilenischer Peso (CLP/$)

Ausgaben pro Tag

Sparsam	Preisbewusst	Luxus
45 000 $	90 000 $	150 000+ $

Mineralwasser	Kaffee	Bier	Dinner für zwei
1000 $	2000 $	2500 $	40 000 $

Wichtige Redewendungen

Hallo	Hola
Auf Wiedersehen	Adiós
Bitte	Por favor
Danke	Gracias
Sprechen Sie Englisch?	¿Habla inglés?
Ich verstehe Sie nicht	No entiendo

Strom
Chiles Stromnetz arbeitet wie das europäische mit 220 Volt/50 Hertz. Für die meisten Steckdosen benötigt man Stecker mit zwei runden Kontaktstiften.

Einreise
Bürger aus EU-Staaten und der Schweiz benötigen für einen bis zu 90-tägigen Aufenthalt in Chile kein Visum. Der Reisepass muss noch mindestens sechs Monate gültig sein. Auch Kinder brauchen ein eigenes Ausweisdokument. Bei der Ankunft erhält man kostenlos eine *Tarjeta de Turismo* (Touristenkarte), die 90 Tage gültig ist. Diese muss man bei Verlassen des Landes zurückgeben. Die Aufenthaltserlaubnis kann gegen Gebühr (100 US-$) um weitere 90 Tage verlängert werden.

Sicherheitshinweise
Aufgrund unvorhersehbarer Entwicklungen kann es zu Änderungen und Einschränkungen kommen. Aktuelle Hinweise zur Einreise sowie Sicherheitshinweise finden Sie beim deutschen **Auswärtigen Amt**, beim österreichischen **Bundesministerium für europäische und internationale Angelegenheiten** oder beim **Eidgenössischen Departement für auswärtige Angelegenheiten** der Schweiz.

W **auswaertiges-amt.de**
W **bmeia.gv.at**
W **eda.admin.ch**

Zoll
Frische Nahrungsmittel dürfen nicht eingeführt werden. In den Städten Iquique im Norden sowie in Punta Arenas im Süden gibt es Zollfreizonen. Wer aus diesen Gebieten kommt, muss mit Zollkontrollen rechnen. Zollfrei eingeführt werden dürfen:
Tabakwaren: 400 Zigaretten, 500 Gramm Pfeifentabak und 50 Zigarren.
Alkohol: 2,5 Liter alkoholische Getränke.
Bargeld: Eine Bargeldmenge über 10 000 US-Dollar (oder das Äquivalent in anderen Währungen) muss bei Ein- und Ausreise deklariert werden.

Versicherungen
Man sollte eine umfassende medizinische Reiseversicherung abschließen, um alle Eventualitäten (auch Notfälle) abzudecken, sowie eine Versicherung, die Diebstahl, Stornierungen und Verspätungen abdeckt.

Impfungen
Für einen Besuch in Chile sind keine Impfungen erforderlich. Die Weltgesundheitsorganisation empfiehlt jedoch Impfungen gegen Hepatitis A und Tetanus.

Bezahlen
Die Währung in Chile ist der Chilenische Peso. Viele Hotels und Reiseveranstalter akzeptieren aber auch US-Dollar. Trotzdem sollte man auch immer Pesos dabeihaben, besonders wenn man ländlichere Orte besuchen will. Alle wichtigen Kredit- und Debitkarten werden weitgehend akzeptiert, preisgünstige Unterkünfte und Restaurants akzeptieren oft nur Bargeld. Geldautomaten gibt es in den größeren Städten und Gemeinden, die meisten berechnen eine Gebühr von etwa zwei bis drei Dollar pro Transaktion.

Die Telefonnummer des Sperr-Notrufs bei Verlust einer Kredit- oder Debitkarte lautet: +49 116 116.

Hotels
Chile bietet eine große Auswahl an Unterkünften – von preisgünstigen Hostels und lokalen *hostales* bis hin zu Luxushotels und Resorts. Die Online-Buchung ist weitverbreitet, aber auch Fremdenverkehrsbüros können bei der Suche helfen. Die meisten Städte und touristischen Gebiete bieten eine Vielzahl von Unterkünften an, in der Hochsaison sollte man im Voraus buchen. In Chile gibt es viele Campingplätze in Nationalparks und Naturreservaten, die in der Hochsaison ebenfalls vorab gebucht werden sollten.

Reisende mit besonderen Bedürfnissen
Die Einrichtungen für Besucher mit besonderen Bedürfnissen werden zwar verbessert, sind aber immer noch unzureichend. Neue öffentliche Gebäude müssen Rampen haben, aber nur die größeren Hotels sind vollständig zugänglich oder haben sogar Aufzüge. Rollstuhlrampen und Behindertentoiletten sind selten, die Fortbewegung mit öffentlichen Verkehrsmitteln kann recht kompliziert sein.

Nationalparks und Reservate bieten Rampen, Wanderwege mit Schildern in Brailleschrift und Videos in Gebärdensprache. Über Betreiber wie **Disabled Holidays**, **Korke** und **Wheel the World** können spezielle Vorkehrungen arrangiert werden.

Disabled Holidays
W disabledholidays.com
Korke
W korke.com
Wheel the World
W gowheeltheworld.com

Sprache
Die offizielle Landessprache ist Spanisch. Der chilenische Dialekt ist aber manchmal schwer zu verstehen. Viele indigene Gruppen, wie Mapuche, Aymara und einige kleinere Ethnien, haben eigene Sprachen, doch in der Regel sprechen auch sie Spanisch. Im Tourismusbereich sprechen viele Chilenen Englisch.

Öffnungszeiten
Nachmittage Viele Läden und Dienstleister haben zwischen 13 und 15 Uhr geschlossen.
Montag Einige Museen und Sehenswürdigkeiten sind geschlossen.
Wochenende Die meisten Läden und Unternehmen haben auch sonntags zu eingeschränkten Zeiten geöffnet. Banken sind samstags und sonntags geschlossen.
Feiertage Banken und Regierungsbüros sind geschlossen. Einige Läden und Sehenswürdigkeiten schließen früher oder sind ganztägig geschlossen.

Feiertage

1. Jan	Año Nuevo
März/April	Ostern
1. Mai	Día del Trabajo (Tag der Arbeit)
21. Mai	Día de las Glorias Navales
Ende Juni	Peter und Paul
16. Juli	Día de la Virgen del Carmen
15. Aug	Asunción de la Virgen (Mariä Himmelfahrt)
18. Sep	Fiestas Patrias (Unabhängigkeitstag)
Mitte Okt	Día del Descubrimiento de Dos Mundos (Kolumbus-Tag)
1. Nov	Día de Todos los Santos (Allerheiligen)
1. Dez	Inmaculada Concepción (Mariä Empfängnis)
25. Dez	Navidad

IN CHILE UNTERWEGS

Ob Sie einen Städtetrip planen, einen Aufenthalt im ländlichen Gebiet oder eine Safari – hier erfahren Sie, wie Sie Ihre Destination am besten erreichen und sich im Land bewegen.

Auf einen Blick

Transportkosten

Santiago
720 $
Einfache Busfahrt

Antofagasta
300 $
Einfache Busfahrt

Valparaíso
390 $
Einfache Busfahrt

Tipp
Vermeiden Sie Bußgelder, indem Sie Ihre Tickets immer abstempeln.

Tempolimits

Schnellstraße
120 km/h

Landstraße
100 km/h

Stadtgebiet
50 km/h

Anreise mit dem Flugzeug

Die meisten Besucher aus Übersee kommen am Aeropuerto Internacional Arturo Merino Benítez 16 Kilometer nordwestlich von Santiago an. Von dort gibt es Verbindungen in die Stadt mit Bus, Shuttle und Taxi sowie Inlandsflüge. Andere Flughäfen in Chile werden nur von den Nachbarstaaten aus angeflogen. Der Aeropuerto Mataveri auf der Osterinsel ist auch von Tahiti und Peru aus erreichbar. Die größte chilenische Fluggesellschaft, **LATAM**, fliegt, neben Nordamerika und den Pazifikinseln, auch Europa an. Gute Verbindungen bieten außerdem **Air France**, **Lufthansa**, **Swiss**, **British Airways** und **Iberia** aus Europa. Madrid ist das wichtigste europäische Drehkreuz für Flüge von und nach Südamerika.

LATAM
W latam.com
Air France
W airfrance.com
Lufthansa
W lufthansa.com
Swiss
W swiss.com
British Airways
W britishairways.com
Iberia
W iberia.com

Inlandsflüge

Viele Reisende bewegen sich zwischen den Regionen Chiles mit dem Flugzeug, zu fliegen ist auch die einzige Möglichkeit, die Osterinsel zu erreichen. Es gibt inländische Flughäfen, die von LATAM und unabhängigen Fluggesellschaften wie **Sky Airline** und **JetSmart** angeflogen werden. Kleinere regionale Fluggesellschaften, wie **DAP**, die Teile Patagoniens bedient, sehen sich oft mit Annullierungen aufgrund schlechten Wetters im Winter im Süden konfrontiert.

Sky Airline
W skyairline.com
JetSmart
W jetsmart.com
DAP
W dapairline.com

Von den Flughäfen in die Stadt

Flughafen	Distanz	Taxipreis	ÖPNV	Fahrtdauer
Santiago	17 km	15000 $	Bus	30 Min.
La Serena	5 km	4000 $	*micro*	10 Min.
Copiapó	52 km	34000 $	Bus	45 Min.
Antofagasta	26 km	15000 $	*micro*	30 Min.
Iquique	40 km	20000 $	Bus	45 Min.
Arica	18 km	11000 $	*micro*	20 Min.
Concepción	5 km	4000 $	Bus	15 Min.
Puerto Montt	16 km	7500 $	Bus	20 Min.
Castro	18 km	10000 $	Bus	45 Min.
Punta Arenas	21 km	8000 $	Bus	30 Min.
Hanga Roa	1,5 km	6000 $	N/A	10 Min.

Züge

Das Zugnetz wurde verkleinert, nördlich von Santiago gibt es keinen öffentlichen Zugverkehr mehr. Die einzigen Verbindungen der staatlichen Eisenbahn **EFE** von Santiago führen durch das Valle Central nach Rancagua, San Fernando, Talca und Chillán. Es gibt aber Pläne für eine Hochgeschwindigkeitsverbindung von Santiago nach Valparaíso.

EFE
W efe.cl

Fähren

Im äußersten Süden Chiles, jenseits von Puerto Montt, bedient ein gut ausgebautes Fährnetz die vielen Buchten, Fjorde und Inseln, aus welchen Patagonien größtenteils besteht, und bietet eine landschaftlich reizvolle Alternative zu Flug- und Busreisen. Es gibt auch Fährverbindungen im Chiloé-Archipel und entlang der Carretera Austral. Zu den wichtigsten Anbietern gehören **Andina del Sud**, **Transbordadora Austral Broom**, **Naviera Austral**, **SOMARCO** und **Navimag**.

Andina del Sud
W andinadelsud.com
Transbordadora Austral Broom
W tabsa.cl
Naviera Austral
W navieraustral.cl
SOMARCO
W barcazas.cl
Navimag
W navimag.com

Fährrouten

Caleta Yungay–Puerto Natales	41 Std.
Petrohué–Peula	5 Std.
Puerto Montt–Laguna San Rafael	4 Tage
Puerto Montt–Chaltén	10 Std.
Puerto Montt–Puerto Natales	3 Tage
Punta Arenas–Porvenir	2 Std. 30 Min.
Punta Arenas–Puerto Williams	32 Std.
Quellón–Chacabuco	32 Std.
Quellón–Chaltén	5 Std.
Quellón–Puerto Cisnes	12 Std.

Busse

Internationale Busverbindungen

Eine Reihe von Buslinien verbindet Chile mit den Nachbarländern. Zu den Verbindungen mit Argentinien gehören Valparaíso/Santiago nach Mendoza, Puerto Montt/Osorno nach Bariloche, Punta Arenas nach Río Gallegos und La Serena nach San Juan. Von Arica fahren Busse über den Parque Nacional Lauca nach La Paz und von San Pedro de Atacama nach Uyuni in Bolivien. Die am häufigsten benutzte und am wenigsten anspruchsvolle Fahrt ist die von Arica nach Tacna in Peru, wo Verbindungen nach Arequipa und anderen Zielen möglich sind.

Busfahrplan

Diese Karte stellt die wichtigsten Buslinien nach Fahrzeiten geordnet dar und ist sehr praktisch für Reisen zwischen den größten Städten Chiles. Die angegebenen Zeiten spiegeln die schnellsten und direktesten verfügbaren Routen wider.

Legende

••• Hauptbusrouten

Antofagasta – San Pedro de Atacama	4 Std. 30 Min.
Antofagasta – Iquique	6 Std.
Concepción – Puerto Montt	10 Std.
Iquique – Arica	5 Std.
Puerto Montt – Castro	3 Std.
Puerto Montt – Coyhaique	18 Std.
Puerto Montt – Punta Arenas	24 Std.
Santiago – Valparaíso	1 Std. 45 Min.
Santiago – La Serena	6 Std. 30 Min.
Santiago – Copiapó	11 Std. 30 Min.
Santiago – Antofagasta	19 Std.
Santiago – Concepción	6 Std.

Regionaler Busverkehr

Mit einem großen, von privaten Unternehmen betriebenen Streckennetz ist der Bus das effizienteste und am meisten genutzte Verkehrsmittel. **Turbus** und **Pullman Bus** sind die größten landesweiten Unternehmen, daneben gibt es noch mehrere regionale Betreiber.

Es gibt drei Busklassen: *Clásico* hat normale Sitze, *semicama* bietet mehr Beinfreiheit, die Sitze lassen sich weiter zurücklehnen, und *salón cama* hat breitere Sitze, die sich fast horizontal zurücklehnen lassen. Alle Busse haben Bordtoiletten, die luxuriöseren bieten in der Regel kostenloses Wasser, Erfrischungsgetränke und einen kleinen Snack an.

Die Preise sind aufgrund des intensiven Wettbewerbs relativ niedrig – Tickets kosten zwischen 1500 und 2000 Dollar pro Stunde Fahrt mit einem einfachen Bus. Luxusbusse sind etwa viermal so teuer. Vor allem auf beliebten Strecken sollte man vorher reservieren. Tickets kann man auf dem Portal **Recorrido**, den Websites des Busunternehmens und an Busbahnhöfen buchen. Größere Städte haben oft mehrere Busbahnhöfe.

Turbus
W turbus.cl
Pullman Bus
W pullmanbus.cl
Recorrido
W recorrido.cl

Öffentlicher Nahverkehr

Das wichtigste öffentliche Verkehrsmittel in den Städten sind Nahverkehrsbusse, ergänzt durch *micros* und *colectivos*. Nur Santiago verfügt über ein ausgebautes U-Bahn-System, zwischen Valparaíso und Viña del Mar gibt es eine einspurige Überlandbahn. In Santiago braucht man für die Nutzung der **Red Metropolitana de Movilidad** die elektronische Karte Tarjeta bip!. Man kann diese Karten an Automaten oder Fahrkartenschaltern in Bahnhöfen und Busbahnhöfen kaufen und aufladen. Die Tarife variieren je nach Tageszeit. Außerhalb von Santiago zahlt man örtliche Verkehrsmittel bar. Viele Busse verfügen über eine Plastikbox, in die man das abgezählte Geld einwerfen kann, in anderen zahlt man beim Schaffner an Bord.

Auf der Website des **Ministerio de Transportes y Telecomunicaciones** findet man Fahrpläne, Ticketinformationen, Streckennetzpläne und vieles mehr.

Red Metropolitana de Movilidad
W red.cl
Ministerio de Transportes y Telecomunicaciones
W mtt.gob.cl

Metro

Die Züge von **Santiago Metro** sind modern. Das Netz besteht aus sechs sich kreuzenden Linien, die die wichtigsten Verkehrsknotenpunkte (mit Ausnahme des Flughafens) und die meisten Sehenswürdigkeiten abdecken. Die Züge verkehren werktags von 6 bis 23:00 Uhr und am Wochenende von 8 bis 23 Uhr.

Santiago Metro
W metro.cl

Stadtbusse

Santiago verfügt über ein ausgedehntes Busnetz, mit dem man auch Orte erreicht, die von der U-Bahn nicht angefahren werden. Die Busse sind modern und komfortabel, können aber zu Hauptverkehrszeiten überfüllt sein.

Colectivos

Diese Sammeltaxis haben Festpreisrouten. Die Tarife sind nicht viel höher als Busfahrpreise. Das Ziel wird normalerweise auf einer Tafel auf dem Dach angezeigt. Die Taxis fahren ab, wenn sie voll besetzt sind. Sie werden hauptsächlich für Fahrten innerhalb städtischer Gebiete eingesetzt, manchmal verbinden sie auch abgelegene Städte und Dörfer.

Micros

Der lokale Busverkehr wird durch diese nummerierten Kleinbusse ergänzt, die nützlich sein können, um einige Ziele zu erreichen, die nicht vom offiziellen Netz abgedeckt werden.

Taxis

Taxis gibt es in allen Städten, sie sind schwarz mit gelbem Dach. Ein Licht in der rechten oberen Ecke der Windschutzscheibe zeigt die Verfügbarkeit an. Die Tarife sind verglichen mit Europa relativ niedrig. Taxidienste wie Uber und Beat sind in Santiago sehr beliebt und verbreiten sich auch in anderen Städten. Kleinstadttaxis und Taxis auf dem Land haben selten Taxameter. Informieren Sie sich vorab über den angemessenen Preis.

Autofahren

Die meisten Besucher nutzen Flugzeuge oder Busse zur Fortbewegung, aber das öffentliche Verkehrsnetz zu vielen Nationalparks und anderen Sehenswürdigkeiten ist begrenzt oder nicht vorhanden. Wenn Besucher nicht an einer organisierten Tour teilnehmen wollen, bleibt nur ein Mietauto als Alternative.

Derzeit gibt es eine vierspurige Autobahn von La Serena im Norte Chico nach Puerto Montt im Norden Patagoniens sowie gut befestigte Straßen in allen Teilen des Landes. Die wichtigsten Autobahnen sind allesamt gebührenpflichtig, in der Umgebung von Santiago benötigt man eine elektronische oder gebührenpflichtige Tageskarte, die online bei **Servipag** gekauft werden kann.

Der berühmte Gringo-Trail führt auf teilweise schmalen, aber gut gepflasterten Straßen durch spektakuläre Landschaften. Ein großer Teil der südlichen Carretera Austral ist eine Schotterstraße mit teils unübersichtlichen Kurven. Hier ist Vorsicht geboten. Die abgelegenen Teile der Atacama-Wüste, die meisten Nationalparks und der Altiplano lassen sich am besten mit einem Jeep oder einem Geländewagen befahren.

Servipag
W servipag.com

Mietwagen

Internationale Firmen wie Avis und Hertz haben Filialen in allen größeren Städten und Touristenzentren. Es gibt auch lokale Unternehmen, darunter **Lys** und **Recasur**, die günstigere Tarife anbieten. Die Preise sind im Allgemeinen höher als in Europa.

Fahrer müssen mindestens 21 Jahre alt und im Besitz eines gültigen Führerscheins, Reisepasses und einer Kreditkarte sein. Die Versicherungspolicen haben eine Selbstbeteiligung von bis zu 20 Prozent des Fahrzeugwerts. Grenzüberschreitende Vermietungen erfordern eine Vollmacht und eine zusätzliche Versicherung.

Lys
W lys.cl
Recasur
W recasur.cl

Verkehrsregeln

Alle Insassen sind gesetzlich verpflichtet, Sicherheitsgurte anzulegen. Es gibt strenge Strafen für Trunkenheit am Steuer. Auf der Carretera Austral müssen die Fahrer Warndreieck, Feuerlöscher und einen Erste-Hilfe-Kasten mitführen.

Fahrradfahren

In den meisten Städten und Touristenzentren kann man Räder ausleihen. Will man längere Strecken bewältigen, sollte man sein eigenes Fahrrad, ein Reparaturset und Ersatzteile mitbringen. In Chile gilt Helmpflicht. Die größte Gefahr geht von Autofahrern aus, daher ist eine reflektierende Ausrüstung wichtig.

PRAKTISCHE HINWEISE

Ein paar wenige Kenntnisse der lokalen Gegebenheiten genügen – hier finden Sie die wichtigsten Hinweise und Tipps für Ihren Aufenthalt in Chile.

Auf einen Blick

Notrufnummern

Notfall	Krankenwagen	Feuerwehr	Polizei
113	131	132	133

Zeit

Chile liegt vier Stunden hinter der Mitteleuropäischen Zeit. Sommerzeit ist von Anfang September bis Anfang April.

Leitungswasser

Sofern nicht anders angegeben, kann man Leitungswasser in Chile trinken, außer in der Region der Atacama-Wüste.

Trinkgelder

Bedienung	10 Prozent
Gepäckträger im Hotel	500 $
Zimmermädchen	Wird nicht erwartet
Portier	500 $
Taxifahrer	Wird nicht erwartet

Persönliche Sicherheit

Chile ist eines der sichersten Länder Südamerikas, wenn nicht sogar das sicherste. Gewaltverbrechen gegen ausländische Reisende sind extrem selten. Das heißt aber nicht, dass es keine Bagatelldiebstähle gibt, vor allem in Teilen von Santiago, Valparaíso und in Grenzstädten wie etwa Arica. An stark frequentierten Plätzen, an Bahnhöfen und in öffentlichen Verkehrsmitteln sollte man zum Schutz vor Taschendieben die üblichen Vorsichtsmaßnahmen treffen.

Beim Verlust von Pass oder Personalausweis oder wenn Sie anderweitig in größeren Schwierigkeiten sind, wenden Sie sich an die Botschaft Ihres Heimatlandes.

Botschaft Deutschland
Las Hualtatas 5677, Vitacura, Santiago
+56 2 2463 2500
santiago.diplo.de

Botschaft Österreich
Barros Errázuriz 1968, Piso 3, Santiago
+56 2 2223 4774
bmeia.gv.at

Botschaft Schweiz
Américo Vespucio Sur 100, Piso 14, Santiago
+56 2 2928 0100
eda.admin.ch

Gesundheit

Chile verfügt über ein gutes Gesundheitssystem und ausgezeichnete Krankenhäuser in den größeren Städten. Es gibt nur sehr wenige Fälle, in denen Touristen Infektionen durch Krankheiten wie Denguefieber, die Chagas- oder die Hantavirus-Krankheit entwickeln. Angesichts der Fülle der angebotenen Abenteueraktivitäten sind Traumaverletzungen die häufigste Ursache für eine medizinische Behandlung. Gegen solche Eventualitäten sollte man sich durch den Abschluss einer Reiseversicherung absichern.

Da die nördlichen und zentralen Anden einige der höchsten Erhebungen der westlichen Hemisphäre aufweisen, sollten Sie sich der Gefahr der Höhenkrankheit (AMS) bewusst sein. Zu den Symptomen gehören

Kopfschmerzen, Übelkeit, Müdigkeit, Schwindel und Dehydrierung. Die beste Vorsichtsmaßnahme ist die langsame Akklimatisierung. Wenn Sie Symptome zeigen, sollten Sie sofort in niedrigere Höhen absteigen.

Rauchen, Alkohol und Drogen

Viele Chilenen rauchen, aber die Gesetze, die diese Gewohnheit in allen geschlossenen öffentlichen Bereichen, einschließlich Restaurants und Bars, verbieten, werden streng eingehalten.

Chile ist für seine guten Rotweine und natürlich für Pisco Sour bekannt. Alkohol gehört insofern zur Kultur, öffentliche Trunkenheit ist jedoch verpönt.

Im Gegensatz zu einigen anderen südamerikanischen Ländern sind fast alle Freizeitdrogen illegal. Strafen bei Zuwiderhandlung können hart sein.

Ausweispflicht

Sowohl chilenische Staatsbürger als auch Ausländer sind verpflichtet, einen Ausweis mit sich zu führen, daher ist es ratsam, den Reisepass immer dabeizuhaben.

Etikette

Chile ist ein mäßig konservatives Land, die katholische Kirche übt hier immer noch großen Einfluss aus. Die Chilenen legen Wert auf Höflichkeit und sind auch höflich im Umgang mit Fremden. Unhöflichkeit ist verpönt.

Kleiden Sie sich angemessen, wenn Sie eine Kirche oder eine andere religiöse Stätte besuchen: keine kurzen Hosen oder Röcke, die über dem Knie enden, und keine ärmellosen Oberteile.

LGBTQ+

Aufgrund der eher konservativen Haltung werden öffentliche Liebesbekundungen gleichgeschlechtlicher Paare außerhalb von Santiago oftmals verurteilt. Die Regierung hat jedoch in den letzten Jahren strenge Antidiskriminierungsgesetze erlassen, und es besteht nur eine geringe Wahrscheinlichkeit, dass es zu homophober Gewalt kommt.

Mobiltelefone und WLAN

Lokale SIM-Karten funktionieren ohne Weiteres im eigenen Mobiltelefon. Vor dem Kauf einer SIM-Karte muss man sich online registrieren müssen. Auf der nur auf Spanisch verfügbaren Website von **Multibanda** gibt es weitere Informationen. Prepaid-Karten bieten in der Regel die besten Tarife für internationale Anrufe. Man erhält Sie in den größeren Städten und Touristenzentren.

Multibanda
W multibanda.cl

Post

Postämter, erkennbar an dem blauen **Correos**-Schild, haben in der Regel von 9 bis 17 Uhr in der Woche geöffnet, einige größere auch samstags.

Correos
W correos.cl

Mehrwertsteuer

Die *Impuesto al Valor Agregado* (IVA) entspricht der Mehrwertsteuer. Sie beträgt 19 Prozent auf alle Waren und Dienstleistungen und ist in den meisten Preisen enthalten. Für Reisende, die in US-Dollar oder mit ausländischen Kreditkarten bezahlen, entfällt die IVA, achten Sie bei Rechnungen darauf.

Besucherpässe

Gültige Jugend- und Studentenausweise ermöglichen Besuchern ermäßigten oder freien Eintritt in Museen und andere touristische Einrichtungen. Das **Costanera Center** in der Gran Torre Santiago bietet Ausländern eine Rabattkarte.

Costanera Center
W costaneracenter.cl

Websites und Apps

chile.travel
Offizielle Tourismus-Website Chiles.

conaf.cl
Die Website bietet alle Infos über Nationalparks, allerdings nur auf Spanisch.

Chile 360°
Diese App bietet 360-Grad-Bilder, Videos und Karten von Sehenswürdigkeiten.

Recorrido
Praktische App, um Busunternehmen zu vergleichen und Tickets zu buchen.

REGISTER

Seitenzahlen in **fetter** Schrift verweisen auf Haupteinträge.

K

L

M

Q

R

S

T

U

SPRACHFÜHRER

Chilenen entschuldigen sich manchmal für ihr »schlechtes« Spanisch. Wer Spanisch andernorts gelernt hat, für den ist es tatsächlich eine Herausforderung. Das chilenische Spanisch hat sich ganz eigen entwickelt, weil das Land geografisch so isoliert ist. Darüber hinaus flossen einige Mapuche-Wörter ins chilenische Spanisch ein, deren Aussprache mitunter Schwierigkeiten bereitet. Grundsätzlich verschlucken die Chilenen bei der Aussprache gern Buchstaben mitten im oder am Ende des Wortes.
Chilenen lassen oft das **S** am Wortende weg, sodass man Singular und Plural nur schwer unterscheiden kann. Manchmal wird sogar ein **S** in der Wortmitte verschluckt. So wird etwa aus **las escuelas** (die Schulen) **la ecuela**. Das **D** am Wortende kann zum **T** werden oder wegfallen, aus **usted** wird so us**teh**.
B, D, G und **Y** können zwischen Vokalen verschluckt werden. **Cansado** wird so zu kans**a**-o. Zudem wird das **S** vor Konsonanten oft zu **H**, sodass **fresco** zu fre**h**ko wird.
In alltäglichen Situationen verwenden Chilenen auch gern abgewandelte Verbformen. Verben in der zweiten Person z. B. lassen sie gern mit einem betonten **í** enden. Statt **¿Quieres?** (Möchtest du?) z. B. sagen sie also **¿Querí?**.
Eine Besonderheit ist auch der *seseo*: Während im europäischen Spanisch **C** vor *e* und *i* sowie **Z** wie das englische **th** ausgesprochen werden, spricht man sie in Lateinamerika als stimmloses **S**.
Die folgenden peruanischen/spanischen Wörter und Wendungen stehen im Lautschriftsystem der IPA (International Phonetic Association).

Chilenische Ausdrücke

al tiro	['al' 'tiro]	sofort
la aldea	[al'dea]	Weiler
el barrio	['barrĭo]	Stadtviertel, Bezirk
la bomba	['bɔmba]	Tankstelle
el carrete	['karrɛ'te]	Party, Kneipentour
el chupe	['tʃupe]	(Fisch- oder Fleisch-) Eintopf
el completo	['kɔmple'to]	chilenischer Hotdog
la copa	['kopa]	Glas (Wein, Bier)
la galería	[gaʎe'ria]	Einkaufszentrum
la gamba	['gamba]	100 Pesos
la oficina	[ofi'zina]	Büro (in den Minen der Atacama-Wüste)
la parcela	[par'zela]	kleines Gehöft
la parrilla	[pa'rriʎa]	Grillrestaurant
el paseo	[pa'seo]	Fußgängerzone
re-…	[rrɛ]	super…
¡Sepa Moya!	['sepa mɔ'ja]	Wer weiß!
la tasa	['tasa]	Tasse (Kaffee oder Tee)

Notfälle

Hilfe!	**¡Socorro!**	[so'kɔrɔ]
Stopp!	**¡Pare!**	[pare]
Polizei!	**¡Policía!**	[poli'zia]
Rufen Sie einen Arzt!	**¡Llame a un médico!**	[ʎame a 'un 'méđiko]
Rufen Sie einen Krankenwagen!	**¡Llame a una ambulancia!**	[ʎame a 'una ambu'lanzĭa]
Wo ist das nächste Krankenhaus?	**¿Dónde queda el hospital más cercano?**	[dɔnde keđa ɛl ɔspi'tal mas zer'kano]
Können Sie mir helfen?	**¿Me puede ayudar?**	[me pŭeđe aiu'đar]
Man hat mir mein … gestohlen.	**Me robaron mi …**	[me rro'βaron mi …]

Grundwortschatz

Ja	**Sí**	[si]
Nein	**No**	[no]
Bitte	**Por favor**	[pɔr fa'βɔr]
Danke	**Gracias**	['grazĭas]
Pardon	**Perdón**	[pɛr'đɔn]
Entschuldigung	**Disculpe**	[dis'kulpe]
Tut mir leid	**Lo siento**	[lo 'sĭento]
Hallo	**Hola**	['ola]
Guten Tag	**Buenos días**	['bŭenos 'dias]
Guten Tag (nachmittags)	**Buenas tardes**	['bŭenas 'tarđes]
Guten Abend	**Buenas noches**	['bŭenas notʃes]
Nacht	**la noche**	[notʃe]
morgens (Tageszeit)	**mañana**	[ma'ɲana]
morgen (Zeitpunkt)	**mañana**	[ma'ɲana]
gestern	**ayer**	['a'jɛr]
hier	**acá**	[a'ka]
Wie?	**¿Cómo?**	['komo]
Wann?	**¿Cuándo?**	['kŭando]
Warum?	**¿Por qué?**	[pɔr ke]
Wie geht's?	**¿Qué tal?**	[ke tal]
Sehr gut, danke.	**Muy bien, gracias.**	[mŭi bĭen, 'grazĭas]
angenehm	**encantado**	[eŋkan'tađo]
Sehr erfreut!	**¡Mucho gusto!**	[mutʃo 'gusto]
Auf Wiedersehen	**Adiós, hasta luego**	[a'đĭɔs, 'asta 'lŭego]

Nützliche Redewendungen

Das ist in Ordnung.	**Está bien.**	['esta bĭen]
Sprechen Sie ein bisschen Deutsch/Englisch?	**¿Habla un poco de alemán/inglés?**	['aβla 'un 'poko de ale'man/ iŋ'gles]
Ich verstehe nicht.	**No entiendo.**	[no en'tienđo]
Könnten Sie etwas langsamer sprechen, bitte?	**¿Puede hablar más despacio, por favor?**	['pŭeđe a'βlar mas des'pazĭo, pɔr fa'βɔr]
In Ordnung/okay	**De acuerdo/bueno**	[de a'kŭɛrđo/ 'bŭeno]
Alles klar!	**¡Claro que sí!**	['klaro ke si]
Wie kommt man nach …?	**¿Cómo se llega a …?**	['komo se ʎega a …]
Wo geht es nach …?	**¿Por dónde se va a …?**	[pɔr donde se ba a …]

Nützliche Wörter

groß	**grande**	['grande]
klein	**pequeño**	[pe'kɛɲo]
heiß	**caliente**	[ka'lĭente]
kalt	**frío**	['frio]
gut	**bueno**	['bŭeno]
gut (Adv.)	**bien**	[bĭen]
schlecht	**malo**	['malo]
mehr oder minder	**más o menos**	[mas o 'menos]
mittel	**regular**	[rrɛgu'lar]
genug	**suficiente**	['sufi'zĭente]
geöffnet	**abierto**	['a'bĭɛrto]
geschlossen	**cerrado**	[ze'rrađo]
Eingang	**entrada**	[en'trađa]
Ausgang	**salida**	[sa'liđa]
voll	**lleno**	[ʎeno]
leer	**vacío**	['ba'zio]
rechts	**derecha**	['de'retʃa]
links	**izquierda**	[iz'kĭɛrđa]
(immer) geradeaus	**(todo) recto**	['tođo 'rrekto]
unter, unten	**debajo**	[de'baxo]
oben, hinauf	**arriba**	[a'rriβa]
bald	**pronto**	['prɔnto]
früh	**temprano**	[tem'prano]
spät	**tarde**	['tarđe]

jetzt	**ahora**	[a'ɔra]
mehr	**más**	[mas]
weniger	**menos**	['menos]
wenig	**poco**	['poko]
viel	**mucho**	[mutʃo]
sehr	**muy**	[mŭi]
zu viel	**demasiado**	[dema'sĭađo]
vor	**delante**	[de'lante]
gegenüber	**enfrente**	[em'frente]
hinten, zurück	**detrás**	[de'tras]
erster Stock	**el segundo piso**	[se'gundo 'piso]
Erdgeschoss	**el primer piso**	[pri'mer 'piso]
Fahrstuhl	**el ascensor**	['aszen'sɔr]
Bad	**el baño**	['baɲo]
Frauen	**las mujeres**	[mu'xeres]
Männer	**los hombres**	['ɔmbres]
Toilettenpapier	**el papel higiénico**	[pa'pɛl i'xĭeniko]
Kamera	**la cámara**	[ka'mara]
Batterien	**las pilas**	['pilas]
Reisepass	**el pasaporte**	[pasa'pɔrte]
Visum	**la visa**	['bisa]
Touristenkarte	**la tarjeta turística**	[tar'xeta tu'ristika]

Gesundheit

Ich fühle mich schlecht.	**Me siento mal.**	[me 'sĭento mal]
Ich habe Bauch-/Kopfschmerzen.	**Me duele el estómago/ la cabeza.**	[me 'dŭele ɛl es'tomago/ la ka'ƀeza]
Er/sie ist krank.	**Está enfermo/ enferma.**	[esta em'fɛrmo/ em'fɛrma]
Ich muss ausruhen.	**Necesito descansar.**	[neze'sito deskan'sar]
Apotheke	**la farmacia**	[far'mazĭa]

Post/Bank

Bank	**el banco**	['baŋko]
Ich suche eine Wechselstube.	**Busco una casa de cambio.**	['busko 'una 'kasa de 'kambĭo]
Wie steht der Dollar/ Euro?	**¿A cómo está el dólar/euro?**	[a 'komo esta ɛl 'dolar/'eŭro]
Ich möchte einen Brief versenden.	**Quiero enviar una carta.**	['kĭero em'bĭar 'una 'karta]
Postkarte	**la tarjeta postal**	[tar'xeta pɔ'stal]
Briefmarke	**la estampilla**	[estam'piʎa]
Geld abheben	**sacar dinero**	[sa'kar di'nero]

Shopping

Wie viel kostet das?	**¿Cuánto cuesta?**	['kŭanto 'kŭesta]
Ich hätte gern …	**Me gustaría/ quiero …**	[me gus'taria/ 'kĭero …]
Haben Sie …?	**¿Tiene …?**	['tĭene …]
Kann ich mit Kreditkarte zahlen?	**¿Puedo pagar con tarjeta de crédito?**	['pŭeđo pa'gar kɔn tar'xeta de 'kređito]
teuer	**caro**	['karo]
100 Gramm/ein Kilogramm von …	**cien gramos/un kilo de …**	['zĭen 'gramos/ 'un 'kilo de …]
ein Stück …	**un trozo de …**	['un 'trozo de …]
Wann öffnen/ schließen Sie?	**¿A qué hora abre/ cierra?**	[a 'ke 'ora aƀre/ ziɛrra]

Sightseeing

Festung, Burg	**el castillo**	[kas'tiʎo]
Fremdenführer	**el guía**	['gia]
Garten	**el jardín**	[xar'đin]
Gasse	**el callejón**	[kaʎe'xɔn]
Kathedrale	**la catedral**	[kate'đral]
Kirche	**la iglesia**	[i'glesıa]
Museum	**el museo**	['mu'seo]
Park	**el parque**	['parke]
Platz	**la plaza**	['plaza]

Rathaus	**la municipalidad**	[muni'zi-palidad]
Ruine	**la ruina**	['rrŭina]
Strand	**la playa**	['plaja]
Viertel	**el barrio**	['barrĭo]

Transport

Wann fährt der nächste Zug/Bus nach …?	**¿A qué hora sale el próximo tren/bus a …?**	[a 'ke 'ora sa'le ɛl 'prɔgsimo tren/bus a …]
Könnten Sie mir ein Taxi rufen?	**¿Me puede llamar un taxi?**	[me 'pŭeđe ʎamar 'un tagsi]
Flughafen	**el aeropuerto**	[aero'pŭɛrto]
Bahnhof	**la estación de ferrocarriles**	[esta'zĭɔn de fɛrrɔka'rriles]
Busstation	**la terminal de buses**	[tɛrminal de buses]
Einschiffungshafen	**el puerto de embarque**	['pŭɛrto de em'barke]
Autovermietung	**alquiler de carros**	[alki'ler de 'karrɔs]
Fahrrad	**la bicicleta**	[bizi'kleta]
Fahrpreis	**la tarifa**	[ta'rifa]
Versicherung	**el seguro**	[se'guro]
Tankstelle	**la estación de gasolina**	[esta'zĭɔn de gaso'lina]
Ich habe eine Reifenpanne.	**Se me pinchó una llanta.**	[se me 'pintʃo 'una 'ʎanta]

Im Hotel

Ich habe reserviert.	**Tengo una reserva.**	['teŋgo 'una rrɛ'sɛrƀa]
Haben Sie noch Zimmer frei?	**¿Tiene habitaciones disponibles?**	['tĭene aƀi'tazĭɔnes dispo'niƀles]
Einzel-/Doppel-zimmer	**la habitación sencilla/doble**	[aƀi'tazĭɔn sen'ziʎa/ 'doƀle]
Dusche/Bad	**la ducha/la tina**	['dutʃa/'tina]
Balkon	**el balcón**	[bal'kɔn]
Ich möchte um … geweckt werden.	**Necesito que me despierten a las …**	[neze'sito ke me des'pĭer-ten a las …]
warmes/kaltes Wasser	**el agua caliente/ fría**	['agŭa ka'lĭente/ 'fria]
Seife	**el jabón**	[xa'ƀɔn]
Handtuch	**la toalla**	[to'aʎa]
Schlüssel	**la llave**	['ʎaƀe]

Im Lokal

Ich bin Vegetarier.	**Soy vegetariano.**	[sɔi ƀexeta'rĭano]
Kann ich bitte die Speisekarte sehen?	**¿Me deja ver el menú, por favor?**	[me 'dɛxa ƀer ɛl me'nu, pɔr fa'ƀɔr]
Festpreis	**precio fijo**	['prezĭo 'fixo]
Chinarestaurant	**la chifa**	['tʃifa]
Was haben Sie zu essen?	**¿Qué hay para comer?**	[ke aĭ 'para ko'mɛr]
Die Rechnung, bitte.	**La cuenta, por favor.**	[la 'kŭenta, pɔr fa'ƀɔr]
Ich hätte gern etwas Wasser.	**Quiero un poco de agua.**	['kĭero 'un 'poko de agŭa]
Wein	**el vino**	['bino]
Das Bier ist nicht kalt genug.	**La cerveza no está bien fría.**	[la zer'ƀeza no 'esta bĭen 'fria]
Frühstück	**el desayuno**	[desa'juno]
Mittagessen	**el almuerzo**	[al'mŭɛrzo]
Abendessen	**la cena**	['zena]
roh	**crudo**	['kruđo]
gekocht	**cocido**	[ko'ziđo]

Auf der Speisekarte

la parrillada	[pa'rriʎada]	Grillplatte
el lomo	['lomo]	Rinderlende
lomo a la pimienta	['lomo a la pi'mĭenta]	Pfeffersteak

lomo vetado	[ˈlomo beˈtado]	Entrecôte
el chorizo	[tʃoriˈzo]	Schweinswurst
el choripán	[tʃoriˈpan]	Wurstsandwich
barros luco	[ˈbarrɔs ˈluko]	Sandwich mit Rindfleisch und Schmelzkäse
el churrasco	[tʃuˈrrasko]	Steak-Sandwich
el pebre	[peˈƀre]	Sauce/Tunke
la cola de mono	[ˈkola de ˈmono]	Cocktail u. a. aus Kaffee, Milch, Zimt und *pisco*
la cazuela de vacuno	[kaˈzŭela de baˈkuno]	Rind-/Gemüse-eintopf
la cazuela de ave	[kaˈzŭela de abe]	Hühnchen-/Gemüseeintopf
la centolla	[zenˈtoʎa]	Königskrabbe
el curanto	[kuˈranto]	Schmortopf mit Muscheln und Fleisch
el lúcumo	[ˈlukumo]	Frucht der Breiapfelgewächse
las mollejas	[moˈʎexas]	Kalbsbries
el pastel de choclo	[pasˈtɛl de tʃɔˈklo]	süßer Maisauflauf
la plateada	[plateˈada]	Fleisch und Gemüse gedünstet
el terremoto	[tɛrrɛˈmoto]	Cocktail aus Weißwein, Fernet und Ananaseiscreme
la humita	[uˈmita]	Maisbrei mit Zwiebeln und Milch
el aceite	[aˈzɛĭte]	Öl
agua mineral	[ˈagŭa mineˈral]	Mineralwasser
el ajo	[ˈaxo]	Knoblauch
el arroz	[aˈrrɔz]	Reis
el atún	[aˈtun]	Thunfisch
el azúcar	[aˈzukar]	Zucker
el café	[kaˈfe]	Kaffee
el café con leche	[kaˈfe kɔn ˈletʃe]	Milchkaffee
los camarones	[kamaˈrɔnes]	Garnelen
la carne	[ˈkarne]	Fleisch
la cebolla	[zeˈƀoʎa]	Zwiebel
la cerveza	[zerˈƀeza]	Bier
el choclo	[ˈtʃoklo]	Mais
la ensalada	[ensaˈlađa]	Salat
la fruta	[ˈfruta]	Obst
el helado	[eˈlađo]	Eis
el huevo	[ˈŭeƀo]	Ei
el jugo	[ˈxugo]	Fruchtsaft
la langosta	[lanˈgɔsta]	Languste
la leche	[ˈletʃe]	Milch
la mantequilla	[manteˈkiʎa]	Butter
los mariscos	[maˈriskos]	Meeresfrüchte
el pan	[pan]	Brot
la papa	[ˈpapa]	Kartoffel
el pescado	[pesˈkađo]	Fisch
la pimienta	[piˈmĭenta]	Pfeffer
el plátano	[ˈplatano]	Banane
el pollo	[ˈpoʎo]	Hähnchen
el pomelo	[poˈmelo]	Grapefruit
el postre	[ˈpɔstre]	Dessert
el queso	[ˈkeso]	Käse
la sal	[sal]	Salz
la salsa	[ˈsalsa]	Sauce
la sopa	[ˈsopa]	Suppe
sopa de pescado	[ˈsopa de pesˈkađo]	Fischsuppe
el té	[te]	Tee
el vinagre	[biˈnagre]	Essig
el zapallito	[zaˈpaʎito]	Kürbis

Zeit

eine Minute	**un minuto**	[ˈun miˈnuto]
eine Stunde	**una hora**	[ˈuna ˈora]
halbe Stunde	**media hora**	[ˈmeđĭa ˈora]
Viertelstunde	**un cuarto de hora**	[ˈun ˈkŭarto de ˈora]
Woche	**semana**	[seˈmana]
nächste Woche	**próxima semana**	[ˈprɔgsima seˈmana]
Monat	**mes**	[mes]
vergangenen Monat	**mes pasado**	[mes paˈsado]
Montag	**lunes**	[ˈlunes]
Dienstag	**martes**	[ˈmartes]
Mittwoch	**miércoles**	[ˈmĭerkoles]
Donnerstag	**jueves**	[ˈxŭeƀes]
Freitag	**viernes**	[ˈbĭɛrnes]
Samstag	**sábado**	[ˈsaƀađo]
Sonntag	**domingo**	[doˈmiŋgo]
Januar	**enero**	[eˈnero]
Februar	**febrero**	[feˈƀrero]
März	**marzo**	[ˈmarzo]
April	**abril**	[aˈƀril]
Mai	**mayo**	[ˈmajo]
Juni	**junio**	[ˈxunĭo]
Juli	**julio**	[ˈxulĭo]
August	**agosto**	[aˈgɔsto]
September	**septiembre**	[seˈtĭembre]
Oktober	**octubre**	[ɔkˈtuƀre]
November	**noviembre**	[noˈƀĭembre]
Dezember	**diciembre**	[diˈzĭembre]

Zahlen

0	**cero**	[ˈzero]
1	**uno/una**	[ˈuno/ˈuna]
2	**dos**	[dɔs]
3	**tres**	[tres]
4	**cuatro**	[ˈkŭatro]
5	**cinco**	[ˈziŋko]
6	**seis**	[sɛĭs]
7	**siete**	[ˈsĭete]
8	**ocho**	[ˈotʃo]
9	**nueve**	[ˈnŭeƀe]
10	**diez**	[ˈdĭez]
11	**once**	[ˈɔnze]
12	**doce**	[ˈdoze]
13	**trece**	[ˈtreze]
14	**catorce**	[kaˈtɔrze]
15	**quince**	[ˈkinze]
16	**dieciséis**	[dĭeziˈsɛĭs]
17	**diecisiete**	[dĭeziˈsĭete]
18	**dieciocho**	[dĭeˈzĭotʃo]
19	**diecinueve**	[dĭezĭˈnŭeƀe]
20	**veinte**	[ˈƀeĭnte]
21	**veintiuno**	[ƀeĭnˈtĭuno]
22	**veintidós**	[ƀeĭntĭˈdɔs]
30	**treinta**	[ˈtreĭnta]
31	**treinta y uno**	[ˈtreĭnta ˈjuno]
40	**cuarenta**	[kŭaˈrenta]
50	**cincuenta**	[ziŋˈkŭenta]
60	**sesenta**	[seˈsenta]
70	**setenta**	[seˈtenta]
80	**ochenta**	[oˈtʃenta]
90	**noventa**	[noˈƀenta]
100	**ciento/cien**	[ˈzĭento/ˈzĭen]
101	**ciento uno**	[ˈzĭento ˈuno]
200	**doscientos**	[dɔsˈzĭentos]
300	**trescientos**	[tresˈzĭentos]
400	**cuatrocientos**	[kŭatroˈzĭentos]
500	**quinientos**	[kiˈnĭentos]
600	**seiscientos**	[seĭsˈzĭentos]
700	**setecientos**	[seteˈzĭentos]
800	**ochocientos**	[otʃoˈzĭentos]
900	**novecientos**	[noƀeˈzĭentos]
1000	**mil**	[mil]
3000	**tres mil**	[tres mil]
100 000	**cien mil**	[zĭen mil]
1 000 000	**un millón**	[ˈun miˈʎɔn]
erster/erste	**primero/a**	[priˈmero/a]
zweiter/zweite	**segundo/a**	[seˈgundo/a]
dritter/dritte	**tercero/a**	[tɛrˈzro/a]
vierter/vierte	**cuarto/a**	[ˈkŭarto/a]
fünfter/fünfte	**quinto/a**	[ˈkinto/a]
sechster/sechste	**sexto/a**	[ˈsesto/a]
siebter/siebte	**séptimo/a**	[ˈsɛptimo/a]
achter/achte	**octavo/a**	[ɔkˈtaƀo/a]
neunter/neunte	**noveno/a**	[noˈƀeno/a]
zehnter/zehnte	**décimo/a**	[ˈdezimo/a]

DANKSAGUNG

DK bedankt sich bei folgenden Personen für ihre Beiträge zur letzten Ausgabe: Shafik Meghji, Stephanie Dyson, Nick Edwards, Wayne Bernhardson, Declan McGarvey, Kristina Schreck, Hilary Bird.

BILDNACHWEIS

o = oben; u = unten; m = Mitte; l = links; r = rechts

123RF.com: Antonio Abrignani 45mlu.

4Corners: Guido Cozzi 192–193u.

akg-images: 46mr; Album/Oronoz 45or; 46ol; historic-maps 45ol.

Alamy Stock Photo: age fotostock/Tolo Balaguer 221or, 225ml, 226o, /Gábor Kovács 200–201o, /Dave Stamboulis 235; Albertoloyo 178–179u; Sally Anderson 67mlu; Arco Images GmbH/G. Lacz 189mru; Al Argueta 25or, 68o; Sven Arved 27o; Krys Bailey 238mr; Joao Barcelos 234ur; Norman Barrett 156ul; Aaron Beck 164ol; Hal Beral/VWPics 270mro, 271mo; Bildagentur-online/Begsteiger 181ur; BIOSPHOTO/Jean-Claude Malausa 33ml, 133or, 137u; Blickwinkel/Hummel 237ur; Tibor Bognar 55o, 69ul, 72ol, 84–85; Michele Burgess 24ol, 41mru, 157ur; byvalet 24mro, 70u; Cal Sport Media 108–109o; Cannon Photography LLC/BrownWCannonIII 27ur, 268–269u; Blanca Saenz de Castilllo 204–205o; Cavan/Aurora Photos/Tim Martin 16m, 50–51; Cephas Picture Library/Matt Wilson 28–29o; Chris Schmid Photography 272–273u; Jan A. Csernoch 167or; Cultura Creative Ltd/Ben Pipe Photography 20o; Ian Dagnall/Graffiti by Gabriel Eduardo Maulen Muñoz 105or; Danita Delimont/DanitaDelimont.com/Walter Bibikow 172–173u, 224mro, /Fredrik Norrsell 246–247u; David Noton Photography 148ul; Chile DesConocido 124ol; Design Pics Inc/Destinations/Deddeda 26–27u, /Peter Langer 94mr; DGB 279ur; Doleesi 161or; Reiner Elsen 76ol; Everett Collection Inc/© Sony Pictures Classics/Ron Harvey 61ur; FerrizFrames 32ur; Constanza Flores 8mlu; Florilegius 45mr, 47mu, 269or; Folio Images/Felix Oppenheim 10mlu; Galopin 43or; Jorge Garrido 56mr; David Gee 259ur; Diego Grandi 104u; Granger Historical Picture Archive/NYC 47or, 105ur; Mark Green 11ur; Marcel Gross 10mo, 34–35o; Have Camera Will Travel | Central & South America 59ur; hemis.fr/Walter Bibikow 171mro, /De Winter – Van Rossem 184–185o; Hemis.fr/Hughes Hervé 58–59u; Heritage Image Partnership Ltd/Index 44um, /Werner Forman Archive/N. J. Saunders 269ol; Cindy Hopkins 22mlo; Ian Dagnall 12–13u; Image Professionals GmbH/Enno Kapitza 208o; imageBROKER/Christian Handl 192o, /Christian Heinrich 233or, /Martina Katz 43mru, /Karol Kozlowski 40–41u, /Michael Runkel 27ml, /Stefan Schurr 129o, /Harald von Radebrecht 243ul; incamerastock/ICP 45mlo; John Warburton-Lee Photography/Paul Harris 59or; Jon Arnold Images Ltd 20ul, /Walter Bibikow 158–159u, 224–225u, 255o; Paul Kennedy/*Street-Art Bellavista Sunflower Energy* von Gonzalo Matiz Salinas 30–31u; Keystone Press/Keystone Pictures USA 48ol; Russell Kord 17ol, 109ul, 114–115; MARKA/maurizio virgili 167mo; Daniel Korzeniewski 245o; Stefano Politi Markovina 38–39o; mauritius images GmbH/Stefano Paterna 55ul, 83ol, 98–99, /Jutta Ulmer 212u; mikecranephotography.com 213o; MJ Photography 274–275o; Ashot Mnatsakanyan 89ur; Raquel Mogado 241ol; Gianni Muratore 43ol; National Geographic Image Collection/Babak Tafreshi 11o; National Geographic Image Collection/Nigel Hicks 216ur, /Maria Stenzel 18mu, 228–229, /Dave Yoder 160ol; The Natural History Museum 46ur, 137or; Nature Picture Library/Merryn Thomas 25mlo; Francisco Negroni 211ur; Niebrugge Images 72–73u; M. Timothy O'Keefe 110ol; Panther Media GmbH/braeumer 276um; Stefano Paterna 254ur; Pictorial Press Ltd 48mu; Maurizio Polese 28ul; Porky Pies Photography 257ul; Prisma Archivo 46–47o; Mauricio Quevedo 179or; Ricardo Ribas 164–165u; Jeremy Richards 278–279o; Robertharding 168–169u, /Jordan Banks 56mru, /Geoff Renner 273or, /Yadid Levy 30–31o, 78u, /*Street-Art* von Izak One ft Henruz, 2013 93u; Pep Roig 236ul; Francisco Javier Ramos Rosellon 130o; RP Images/SrA Sarah Mattison 136mro; Michael Runkel 135ur; Philip Scalia 36or, 60–61o; Cristian Silva 119mr; David South 180om; South America 226mro; Marina Spironetti 20mru, 183ur; Dave Stamboulis 120mlo; Jose Luis Stephens 56o, 97or; Johnny Stockshooter 122ul; Keren Su/China Span 184ul; Süddeutsche Zeitung, Photo/Jose Giribas 40o, 41mlo, 89ml, 90u, 125mru; Tetra Images/Henryk Sadura 256o; Markus Thomenius 162–163o; Toniflap 67mru; travel-bild.com 278ul; Universal Images Group North America LLC/DeAgostini/DEA Picture Library 31mru; UPI 49mlu; Lucas Vallecillos 23or, 66–67o, 160–161u, 177ur; Simon Vine 203or; Shiona Webster 203mro; WENN Rights Ltd 49um; Leon Werdinger 26ol; Andreas Werth 13ur, 233mro; Westend61 GmbH/Stefan Schütz 32–33o, 239ol, 246ol; Karin De Winter 167mro; Wim Wiskerke 67ur; Xinhua/© Jorge

Villegas 42mlo; Alessandro Zappalorto 182mro; Zoonar GmbH/Barbara Boensch 170ul.

AWL Images: Walter Bibikow 187o; Karol Kozlowski 2–3, 25ol, 56ul, 71o, 79or, 92o, 276ol; John Warburton-Lee 275ur; Alex Robinson 260–261o.

Bridgeman Images: Archivio Arici/Graziano Arici 38ul; Sophie Bassouls 39mlo; Look and Learn 45mru; Photo Josse 46mlu.

Depositphotos Inc: pierivb 4; tjalex4life@gmail.com 17mu, 150–151; Toniflap 215u.

Dorling Kindersley: Demetrio Carrasco 31mlo.

Dreamstime.com: Hernan Perez Aguirre 132u; Hoang Bao Nguyen/*Street-Art* von Aibar 22–23mo; Albertoloyo 176–177o; Antonella865 182o; Pierre-Yves Babelon 122–123o; Rui Baião 42mr; Bigapplestock 125u; Lukas Bischoff 54m, 62–63; Larisa Blinova 210–211o; David Brooks 58or; Byvalet 39u; Dmitry Chulov 176ul; Danflcreativo 88–89o; Ionut David 19o, 248–249; Francisco Javier Espuny 96u; Marcelo Vildosola Garrigo 188ol; Diego Grandi 8–9u, 22ol, 36–37u, 42ml, 77u, 91ol, 102–103o, 106–107u, 118–119o, 120–121u, 130–131u, 139or; Mario Gyss 219ur; Ildipapp 29mo; Burt Johnson/*Street-Art* von Sammy Espinosa 37or; Jesse Kraft 80–81u, 178ol; Marabelo 136o; Maximoangel 205mu; Andres Morales 42mru; Oksanabratanova 175ur; Pabloborca 217or; Kseniya Ragozina 12o, 166–167u, 169ur; Jeremy Richards 42mlu, 154ul, 180ul, 227ul; Rodolfosteck 146–147u; Martin Schneiter 37mlu, 174m, 174–175o, 198um; Patrick Silveira 82ul; Sonechka 19ul, 264–265; Stuart456 37u; Tifonimages 18ol, 75ur, 194–195, 222o; Vladgalenko 261ur; Wastesoul 74–75o.

Getty Images: AFP/Martin Bernetti/*Street-Art* von Sammy Espinosa 126–127o, /Martin Bernetti 13o, 43mr, 59ml, 142ul, 186–187u, 238–239u, /Rodrigo Buendia 206ul; Agencia Makro 207ur; Anadolu Agency/Muhammed Emin Canik 48–49o; Corbis Historical/Julio Donoso 12mlu; De Agostini Picture Library/DEA Picture Library 269mo, /W. Buss 42mro, /V. Giannella 33ur, /G. Nimatallah 277or; Design Pics/Alvis Upitis 34ul; Michael Duva 154–155o; FIFA/Alex Grimm 145o; Gamma-Rapho/Yves Gellie 273mro; Hulton Fine Art Collection/Heritage Images 44o; imageBROKER/Ulrich Reichel 237m; LatinContent WO/Marcelo Hernandez 20mr, /Alejandro Zoñez 207o; Keith Levit 253mlu; The LIFE Picture Collection/Carl Mydans 48ul; LightRocket/SOPA Images/John Milner/*Street-Art* von Gonzalo Matiz Salinas 60u; Lonely Planet Images/John Elk III 180–181o, /Aaron McCoy 198mro, /Witold Skrypczak 209u; Moment/Marco Bottigelli 112–113, 262u, / DircinhaSW 190–191u, /Ruben Earth 24or, /Fotografías Jorge León Cabello 138u, 198mlu, 199, / Claudio Sepúlveda Geoffroy 210ul, /Image by Nonac_Digi for the Green Man 22–23o, / Pakawat Thongcharoen 202–203u, /Traumlichtfabrik 11mr, /Yongrong Yu 263ol; Moment Open/florentina georgescu photography 220u, /Foto por Juan Cristóbal Hurtado 203mu, /Ganagafoto 276–277u, /Joy Ride By Taylor 214or, /Photography by Jessie Reeder 13mr; Moment Select/Niall Corbet @ www.flickr/photos/niallcorbet 157o; NurPhoto/Fernando Lavoz 43mlu; Ignacio Palacios 259o; Photodisc/Andrea Pistolesi 240u, / James Strachan/*Street-Art* von Izak One 134o; Robertharding/Bruno Barbier 273ol; David Silverman 205ur; Universal Images Group/Hoberman Collection 23mlo, 140o, 141ur, 149or, /Insights 94–95u, /PHAS 44mru, / Universal History Archive 47ul; Westend61 8mlo, 232–233u.

iStockphoto.com: abriendomundo 189u; Ampueroleonardo 129mro; Claudio Arriagada 143o, 144ul; Neil Bowman 143mro; Agustina Camilion 236–237o; Christhilf 274um; E+/AscentXmedia 216ul, /Andrew Peacock 280–281; EAQ 170–171o; Alexis Gonzalez 147mru; iFerol 203ur; leonardospencer 110–111u; miralex 270–271u; NataliaCatalina 258u; Taku_S 218–219o; Tituz 43ml.

Museum of Contemporary Art Santiago © Colección MAC: Ausstellung »Post 90«, MAC; Parque Forestal. 31. März–10. September, Kunstwerke vom Contemporary Art Museum, Arts Faculty; Universidad de Chile/Luna Quezada 61mlo, 80ol.

naturepl.com: Kristel Richard 35mo.

Robert Harding Picture Library: 8ml; Jordan Banks 6–7; Antonio Busiello 35mlu; Robert Francis 203mr; Christian Handl 29mru.

Shutterstock: AP/Victor R Caivano 49o; Luiz Barrionuevo 89mro; Birdymeo 252–253o; Christina Fink 233ol; Guaxinim 234mlu; Sunsinger 244u; Warehouse of Images 203ol.

Unsplash: Loïc Mermilliod/@loacfr 10–11u.

Umschlag
Vorderseite und Buchrücken: **Getty Images:** Aaron Huang.
Rückseite: **Alamy Stock Photo:** Cannon Photography LLC/Brown W CannonIII m; **Dreamstime.com:** Francisco Javier Espuny ml; **Getty Images:** Marco Bottigelli or.

Karten
Die Karten von Santiago sind abgeleitet von © www.openstreetmap.org und Mitwirkenden, lizenziert unter CC-BY-SA; weitere Details unter www.creativecommons.org.

Alle anderen Bilder © Dorling Kindersley

MIX
Papier | Fördert gute Waldnutzung
FSC® C018179
www.fsc.org

Dieser Reiseführer wird regelmäßig aktualisiert. Angaben wie Telefonnummern, Öffnungszeiten, Adressen, Preise und Fahrpläne können sich jedoch ändern. Der Verlag kann für fehlerhafte oder veraltete Angaben nicht haftbar gemacht werden. Für Hinweise, Verbesserungsvorschläge und Korrekturen ist der Verlag dankbar. Bitte richten Sie Ihr Schreiben an:

Dorling Kindersley Verlag GmbH
Redaktion Reiseführer
Arnulfstraße 124 • 80636 München
reise@dk.com

DK Penguin Random House
www.dk-verlag.de

DK London (aktualisierte Neuauflage)

Mitwirkende Stephanie Dyson

Lektorat Georgina Dee, Halima Mohammed, Ilina Choudhary, Anjasi N.N., Chhavi Nagpal, Parnika Bagla, Zoë Rutland, Alison McGill, Beverly Smart, Shikha Kulkarni, Hollie Teague

Gestaltung und Bildredaktion Maxine Pedliham, Priyanka Thakur, Sarah Snelling, Ben Hinks, Vinita Venugopal, Tanveer Zaidi, Vagisha Pushp, Taiyaba Khatoon

Herstellung Jason Little, Manjit Sihra

Kartografie Suresh Kumar, Subhashree Bharati

Illustrationen Chinglemba Chingtham, Surat Kumar Mantoo, Arun Pottirayil, T. Gautam Trivedi

Zuerst erschienen 2011 in Großbritannien bei Dorling Kindersley Ltd., London

Aktualisierte Neuauflage 2023/2024

Verlagsleitung Monika Schlitzer, DK Verlag
Programmleitung Heike Faßbender, DK Verlag
Redaktionsleitung Stefanie Franz, DK Verlag
Herstellungskoordination Antonia Wiesmeier, DK Verlag

Übersetzung Barbara Rusch, München; Dr. Gabriele Rupp, München
Redaktion Gerhard Bruschke, München
Schlussredaktion Philip Anton, Köln
Umschlaggestaltung Ute Berretz, München
Satz und Produktion DK Verlag, München
Druck TBB, a.s., Slowakei

ISBN 978-3-7342-0739-6

4 5 6 7 25 24 23

Nordchile
Abkürzungen
PN Parque Nacional
RN Reserva Nacional
MN Monumento Natural
PERU
Tacna
Arica
Putre
Parque Nacional Lauca
Iglesia de San Gerónimo de Poconchile
Reserva Nacional Las Vicuñas
Oruro
Challapata
Cuya
Parque Nacional Volcán Isluga
Potosí
El Gigante de Atacama
Termas de Mamiña
Humberstone
Iquique
La Tirana
Pica
Cerro Pintados
Uyuni
BOLIVIEN
Atacama-Wüste
Ollagüe
Tupiza
Quillagua
Tocopilla
Pukará de Lasana
Géiseres del Tatio
Chuquicamata
Caspana
Pumahuasi
Calama
Chiu Chiu
Termas de Puritama
San Pedro de Atacama
Salar de Tara
Mejillones
Valle de la Luna
Salar de Atacama
Humahuaca
La Portada
Antofagasta
Socaire
Observatorio de Cerro Paranal
Salta
Pazifischer Ozean
Taltal
Catalina
La Viña
Seclantás
PN Pan de Azúcar
El Salvador
Chañaral
San Miguel de Tucumán
Laguna Verde
Caldera
PN Nevado de Tres Cruces
Copiapó
Santa María
Juntas
Belén
Catamarca
Huasco
Vallenar
Alto del Carmen
Domeyko
ARGENTINIEN
Reserva Nacional Pingüino de Humboldt
La Rioja
La Higuera
La Serena
Coquimbo
Patquía
Vicuña
Valle del Elqui
Guandacol
MN Pichasca
Pisco Elqui
PN Bosque Fray Jorge
Ovalle
Chañar
Termas de Socos
Monumento Nacional Valle del Encanto
San Juan
Salamanca
Los Vilos
El Encón
Petorca
Papudo
Zapallar
Cachagua
Los Andes
Termas de Jahuel
Portillo
Viña del Mar
Valparaíso
PN La Campana
Mendoza
San Luis
Quintay
Valle de Casablanca
Algarrobo
Santiago
Casa Museo Isla Negra
Cajón del Maipo
Cartagena
Sewell
Rancagua
El Teniente
Valle de Cachapoal
Termas de Cauquenes
Pichilemu
RN Río de los Cipreses
Santa Cruz
Hacienda Los Lingues
Lago Vichuquén
San Fernando
San Rafael
Curicó
Constitución
Talca
PN Radal Siete Tazas
Maule
RN Altos de Lircay
Termas de Panimávida
Linares
Cobquecura
Parral